北京文化产业与出版传媒研究报告（2018）

Beijing Cultural Industry and Publishing Media
Research Report 2018

王关义　主编

李治堂　陈丹　副主编

经济管理出版社

ECONOMY & MANAGEMENT PUBLISHING HOUSE

图书在版编目（CIP）数据

北京文化产业与出版传媒研究报告.2018／王关义主编.—北京：经济管理出版社，2019.3
ISBN 978-7-5096-6388-2

Ⅰ.①北…　Ⅱ.①王…　Ⅲ.①文化产业—研究报告—北京—2018 ②出版业—发展—研究报告—北京—2018 ③传播事业—发展—研究报告—北京—2018　Ⅳ.①G127.1②G239.271 ③G219.271

中国版本图书馆 CIP 数据核字（2019）第 027872 号

组稿编辑：任爱清
责任编辑：任爱清
责任印制：黄章平
责任校对：董杉珊

出版发行：经济管理出版社
　　　　　（北京市海淀区北蜂窝 8 号中雅大厦 A 座 11 层　100038）
网　　　址：www.E-mp.com.cn
电　　　话：（010）51915602
印　　　刷：北京晨旭印刷厂
经　　　销：新华书店
开　　　本：787mm×1092mm/16
印　　　张：19.5
字　　　数：381 千字
版　　　次：2019 年 5 月第 1 版　　2019 年 5 月第 1 次印刷
书　　　号：ISBN 978-7-5096-6388-2
定　　　价：89.00 元

前　言

《北京文化产业与出版传媒研究报告（2018）》由北京文化产业与出版传媒研究基地 2018 年的阶段性研究成果汇集而成。本报告涉及文化产业创新发展研究、出版传媒产业升级与融合发展研究、数字出版与传播研究三个主题，其中，文化产业创新发展研究包含 13 篇文章，出版传媒产业升级与融合发展研究包含 15 篇文章，数字出版与传播研究包含 10 篇文章。

北京文化产业与出版传媒研究基地是经北京市社会科学规划办公室和北京市教委批准成立的哲学社会科学研究基地，其前身为北京文化安全研究基地、北京出版产业与文化研究基地。2018 年 4 月，北京文化安全研究基地在顺利通过北京市社会科学规划办公室组织的第一期建设检查验收后，根据专家建议，结合北京印刷学院学科建设特色和发展目标，整合学校在文化产业管理、传媒经济与管理、数字出版与传播等方面的学科和研究资源及优势，在北京文化安全研究基地、北京出版产业与文化研究基地的基础上组建了北京文化产业与出版传媒研究基地。北京文化产业与出版传媒研究基地负责人和学术委员会主任由北京印刷学院王关义副校长担任，基地首席专家由中国人民大学新闻学院胡百精教授担任，学术委员会由来自清华大学、中国人民大学、北京师范大学、对外经济贸易大学、北京交通大学、北京工商大学、北京信息科技大学、国家新闻出版署、商务印书馆、中国新闻出版传媒集团、中国新闻出版研究院等机构十余名知名专家教授组成。基地下设文化产业创新发展研究、出版传媒产业升级与融合发展研究、数字出版与传播研究三个方向，汇集了校内外 50 多名中青年研究人员。

本报告所包含的文章是北京文化产业与出版传媒研究基地研究人员的最新研究成果，相关研究大多尚处于前期探索阶段，作为前期研究成果结集出版，期望引起业内专家关注并开展深入研究。由于研究者和编者水平所限，研究方法、结论、观点难免有偏颇或疏漏，敬请同行专家批评指正。

编者
2019 年 4 月

目　录

⫷ 第三篇·数字出版与传播研究

第一篇

文化产业创新发展研究

文化创意产业研究文献回顾与展望

李治堂　高亚丹

摘要： 本文采用文献分析的方法，依据中国知网中文期刊文献数据库，以主题词"文化创意产业"为检索条件，检索 2004~2018 年（2018 年 12 月 31日）发表的中文期刊文献，对文化创意产业研究文献进行统计，分别从研究主题、发表年度、研究层次、作者、机构、基金等几个方面进行分析，并对文化创意产业研究进行了简要回顾。我国文化创意产业研究大约开始于 21世纪初，经历了兴起、快速发展、逐渐深化三个阶段。未来要更加注重研究的政策导向和实践导向，加强文化创意产业发展内在机理和作用机制研究，将定性分析方法和实证分析方法相结合，开展多学科交叉研究。

关键词： 文化创意产业研究；文献分析；文献回顾

一、引言

近年来，在政策推动和需求拉动的共同作用下，我国文化创意产业迅猛发展，逐渐成为国民经济的支柱性产业。在产业发展的同时，文化创意产业研究也成为一个研究热点，许多学者从不同的角度进行了大量的研究，取得了较为丰富的研究成果。对文化创意产业研究进行系统的梳理，有利于理清该领域的研究历史、现状，发现问题与不足，以更好地规划未来的研究方向。

本文主要采用文献分析的方法，以中国知网（中国学术资源总库 CNKI）收录期刊为研究对象，以主题词"文化创意产业"为检索条件，检索 2004~2018 年（2018 年 12月 31 日）发表的中文期刊文献，从研究主题、发表年度、研究层次、作者、机构、基金等几个方面进行分类分析，并对相关重点文献进行分析总结，以把握文化创意产业研究的整体状况和关键问题。

二、文化创意产业研究文献统计分析

（一）文献主题分析

根据中国知网关于文献检索的主题分类，以主题词"文化创意产业"为检索条件进行检索，符合检索条件的文献共 6394 篇，涉及相关研究主题 28 个，包括文化创意产业、创意产业、文化创意、文化创意产品、文化创意产业园区等。研究文献主题的频数分布如表 1 所示：

表 1　研究文献主题频数分布

研究主题	文献篇数（篇）	占比（%）
文化创意产业	4646	72.7
创意产业	610	9.5
文化创意	540	8.4
文化创意产品	429	6.7
文化创意产业园区	307	4.8
企业管理	282	4.4
文化产业	271	4.2
创意人才	261	4.1
中华人民共和国（文化创意产业）	256	4.0
文创产业	229	3.6
文化创意产业园	218	3.4
创意产业园	174	2.7
文化产业发展	173	2.7
文化创意产业集聚区	172	2.7
文化创意产业集群	159	2.5
文化创意产业人才	140	2.2
北京市（文化创意产业）	133	2.1
文化创意人才	109	1.7
大不列颠及北爱尔兰联合王国（文化创意产业）	103	1.6
融合发展	101	1.6
旅游业	101	1.6

续表

研究主题	文献篇数（篇）	占比（%）
动漫产业	100	1.6
旅游产业	99	1.5
知识产权保护	98	1.5
思维形式	98	1.5
人才培养	97	1.5
竞争力	95	1.5
陶瓷文化创意产业	91	1.4

资料来源：根据中国知网文献检索结果整理。

以文化创意产业为主题的文献 4646 篇，占 72.7%，以创意产业为主题的文献 610篇，占 9.5%，以文化创意为主题的文献 540 篇，占 8.4%，以文化创意产品为主题的文献 429 篇，占 6.7%，以文化创意产业园区为主题的文献 307 篇，占 4.8%。从研究主题来看，文化创意产业研究主要包括创意产业研究，创意和创意产品研究，文化创意产业园区研究，文化创意产业集聚与集群研究，文化创意人才及人才培养研究，文化产业及文化产业发展石粉，旅游及动漫产业研究，以及中国北京、大不列颠及北爱尔兰联合王国的文化创意产业研究，等等。文化创意产业研究在产业层面，除一般意义上的文化创意与文化产业、文创产业之外，主要集中于旅游和动漫细分产业的研究方面，说明旅游和动漫的文化创意属性得到较多研究者的关注。文化创意产业研究在微观层面，主要集中于文化创意、文化创意产品、文化创意产业园区、文化创意企业管理、文化创意人才培养等方面。从文化创意产业研究涉及的空间范围来看，除一般意义上研究全国的文化创意产业发展问题之外，主要集中在北京市文化创意产业发展研究，以及大不列颠及北爱尔兰联合王国的文化创意产业研究，这和北京作为全国文化中心，重视发展文化创意产业，以及英国文化创意产业发展较早、影响较大有直接关系。

（二）文献发表时间分析

2002 年 11 月 8 日，中国共产党第十六次全国代表大会召开。党的十六大报告提出积极发展文化事业和文化产业，继续深化文化体制改革。自党的十六大以后，关于文化产业以及文化创意产业的研究开始不断涌现。根据知网文献检索结果，2004 年发表文化创意产业研究文献 5 篇，2005 年有 15 篇，2006 年有 92 篇，随后逐年不断增加，到 2012 年最多达到 710 篇，2012 年之后每年发表的文献数量有所减少，但仍保持比较高的水平，2017 年仍有 584 篇，2018 年较 2017 年下降较多，为 396 篇。文献发表时间频数分布如表 2 所示：

表2 研究发表时间频数分布

发表时间	文献篇数（篇）	占比（%）
2004 年	5	0.1
2005 年	15	0.2
2006 年	92	1.5
2007 年	204	3.2
2008 年	250	4.0
2009 年	319	5.1
2010 年	455	7.2
2011 年	510	8.1
2012 年	710	11.3
2013 年	707	11.2
2014 年	676	10.7
2015 年	688	10.9
2016 年	685	10.9
2017 年	584	9.3
2018 年	396	6.3

资料来源：根据中国知网文献检索结果整理。

文化创意产业发展受到经济、政治、文化、技术以及市场等多方面因素的影响，10 余年来，我国经济快速发展，国家大力推动文化产业和文化事业发展，以数字化为代表的新技术发展迅猛，文化市场规模持续扩大，文化创意产业得到很大的发展。在文化创意产业快速发展的同时，文化创意产业研究也呈现出与产业发展相一致的趋势，文化创意产业研究逐步从数量扩张转向质量提升的阶段。

（三）研究层次分析

根据中国知网关于研究层次的划分，主要包括基础研究、行业指导、政策研究等层次，其中对社会科学（以下简称"社科"）和自然科学（以下简称"自科"）又进行了区分，其中，基础研究（社科）2881 篇，占47.5%，行业指导（社科）1906 篇，占31.4%，政策研究（社科）631 篇，占10.4%。可见，我国文化创意产业研究主要集中于社科领域的基础研究、政策研究以及行业指导研究。研究层次频数分布如表3所示：

表3　研究层次频数分布

研究层次	文献篇数（篇）	占比（%）
基础研究（社科）	2881	47.5
行业指导（社科）	1906	31.4
政策研究（社科）	631	10.4
工程技术（自科）	196	3.2
职业指导（社科）	150	2.5
高等教育	82	1.4
经济信息	76	1.3
基础与应用基础研究（自科）	39	0.6
大众文化	32	0.5
行业技术指导（自科）	22	0.4
文艺作品	22	0.4
基础教育与中等职业教育	16	0.3
高级科普（社科）	6	0.1
政策研究（自科）	5	0.1

资料来源：根据中国知网文献检索结果整理。

（四）研究者分析

从文献检索结果来看，在发表文化创意产业研究相关成果的研究者中，首先是发表篇数在5篇及以上的研究者共有34人，其中，中国人民大学金元浦教授发表文化创意产业研究文献最多，达到22篇；其次是张振鹏、马仁锋、厉无畏等研究者。整体来看，这34位研究者合计发表文献234篇，占全部文献比例不到5%，相对仍比较分散。文化创意产业主要研究者及其发表文献篇数如表4所示：

表4　作者和发表篇数

作者	发表篇数（篇）	作者	发表篇数（篇）
金元浦	22	梁贤军	6
张振鹏	16	梁福兴	5
马仁锋	13	古广胜	5
厉无畏	11	柳邦坤	5
翁旭青	9	解学芳	5
钱静	8	陈要立	5

续表

作者	发表篇数（篇）	作者	发表篇数（篇）
王玲	7	王琳	5
任高飞	7	黄芳	5
陈瑶瑶	7	王喜丹	5
范宇鹏	6	王丽芳	5
姜丽丽	6	赵倩	5
李寅瑞	6	宣烨	5
周强	6	黄信瑜	5
王兆峰	6	周宇	5
姚腾霄	6	束霞平	5
纪峰	6	陈莎莉	5
周世明	6	张玉蓉	5

资料来源：根据中国知网文献检索结果整理。

（五）研究机构分析

从研究机构可以看出，国内很多机构都对文化创意产业的发展有相应的研究，发表文化创意产业研究文献排在第一位的是景德镇陶瓷学院，发表了71篇；排在第二位的是首都经济贸易大学，发表了69篇；排在第三位的是中国传媒大学，发表了66篇；排名第四的是中国人民大学，发表了60篇；排名第五的是福建师范大学，发表59篇。整体来看，文化创意产业研究成果比较多的机构，主要是大学，既包括综合性大学，也包括财经院校、师范院校、理工科院校以及部分特色鲜明的艺术类院校；在发表文献数量方面，综合实力强大的综合性大学并没有体现出绝对的优势，一些普通的高校则表现不俗。表5是国内发表文化创意产业研究文献最多的40家机构的情况。

表5　研究机构和发表篇数

研究机构	发表篇数（篇）	研究机构	发表篇数（篇）
景德镇陶瓷学院	71	同济大学	27
首都经济贸易大学	69	北京服装学院	26
中国传媒大学	66	吉林大学	26
中国人民大学	60	安徽财经大学	25
福建师范大学	59	武汉大学	25
北京大学	47	北京交通大学	25

续表

研究机构	发表篇数（篇）	研究机构	发表篇数（篇）
四川大学	45	中央财经大学	24
上海大学	41	上海社会科学院	24
南京大学	36	上海交通大学	24
吉首大学	33	厦门大学	24
北京工业大学	33	华侨大学	24
深圳大学	32	中央民族大学	23
浙江大学	32	沈阳师范大学	23
复旦大学	32	郑州大学	23
清华大学	31	河南大学	23
北京联合大学	31	济南大学	23
北京工商大学	31	湖南大学	23
华东师范大学	30	南昌大学	22
宁波大学	29	浙江工业大学	22
武汉理工大学	28	浙江传媒学院	22

资料来源：根据中国知网文献检索结果整理。

（六）基金支持情况分析

在已发表研究文献中，有一部分是各类基金支持的研究成果，大约占总文献的10%。这些基金包括国家社会科学基金、国家自然科学基金、国家软科学计划以及各省市的社科基金、自科基金、软科学计划等。在已发表的研究文献中，包括国家社会科学基金支持的成果180篇，国家自然科学基金支持的成果98篇，江苏省教育厅人文社会科学研究基金支持的成果58篇，湖南省社会科学基金支持的成果48篇，河南省软科学研究计划支持的成果43篇。整体来看，各种基金之间以及各省市各种基金之间对文化创意产业研究项目的支持以及取得的成果还是有较明显的差距的。各基金支持的成果发表文献篇数如表6所示：

表6　基金和发表篇数

基金	发表篇数（篇）	基金	发表篇数（篇）
国家社会科学基金	180	福建省教委科研基金	6
国家自然科学基金	98	浙江省软科学研究计划	5
江苏省教育厅人文社会科学研究基金	58	北京市优秀人才基金	5

续表

基金	发表篇数（篇）	基金	发表篇数（篇）
湖南省社会科学基金	48	安徽省软科学研究计划	5
河南省软科学研究计划	43	国家软科学研究计划	5
湖南省教委科研基金	24	湖南省科委基金	4
北京市教委科技发展基金	18	浙江省自然科学基金	4
湖南省软科学研究计划	17	江西省软科学研究计划	4
浙江省教委研究基金	16	重庆市软科学研究计划	4
北京市自然科学基金	14	江苏省青蓝工程基金	4
江苏省科委社会发展基金	13	内蒙古教育厅基金	4
陕西省软科学研究计划	13	广东省软科学研究计划	3
山东省软科学研究计划	13	上海市软科学研究计划	3
福建省软科学研究计划	12	山西省软科学研究计划	3
广东省自然科学基金	11	国家科技支撑计划	3
跨世纪优秀人才培养计划	7	四川省教委重点科研基金	3
中国博士后科学基金	7	河北省软科学研究计划	3
河南省教委自然科学基金	7	福建省自然科学基金	3
陕西省教委基金	7	上海市重点学科建设基金	3

资料来源：根据中国知网文献检索结果整理。

三、文化创意产业研究简要回顾

十几年来，我国文化创意产业研究从兴起到快速发展再到逐渐深化，大概经历了三个阶段：2002 年党的十六大召开至 2007 年党的十七大召开期间的兴起阶段；2007 年党的十七大召开至 2012 年党的十八大召开期间的快速发展阶段；2012 年党的十八大召开以后逐渐深化阶段。

（一）文化创意产业研究的兴起

我国文化创意产业研究大约开始于 2003 年，这和党的十六大召开以及十六大报告提出积极发展文化事业和文化产业有直接的关系，同时其他国家对于文化创意产业的重视以及研究也具有推动作用。2003 年，上海社会科学院研究员花建提出进一步更新观念，加快文化产业发展，比较早地谈到了"文化创意产业"这一概念。2004 年，荣跃明发表了《超越文化产业：创意产业的本质与特征》的文章，他认为，创意产业脱胎于文化产业，又超越了文化产业，文化产业的创意部分逐渐从产业链和价值链中独立出来并不断强化，创意产业处于文化产业价值链的上游。文章还讨论了城市复兴与创意产业兴起之间的关系，他认为创意产业首先形成于世界经济中心城市，城市的复兴催生了创意产业，创意产业的兴起进一步促进了城市的发展和繁荣。文章进一步讨论了技术发展、结构调整和创意产业的关系，认为计算机网络技术的发展和应用，导致了经济结构的调整，典型表现就是知识经济的兴起，知识经济的标志性的产业形态就是创意产业。作者创造性地提出，创意产业居于价值链的高端地位，将渗透于所有产业，最终决定生产过程的利润分配，仅把创意产业看成是文化产业的一种或者只从内容产业的角度来理解创意产业显然有很大的片面性和局限性，应深刻认识创意产业的本质，只有在整体上调动和配置创意要素，形成创意产业，才能更好地实现中国经济的结构转变和跨越式发展，从而在国际分工体系中占据有利地位。2005年，佟贺丰研究了英国文化创意产业发展概况，并指出了对我国发展文化创意产业的启示。文章介绍了英国政府对文化创意产业的定义和范围界定。英国政府把文化创意产业定义为"那些发源于个人创造力、技能和天分，能够通过应用知识产权创造财富和就业机会的产业"。对于文化创意产业，英国政府强调个人的创造力，个人的灵感、理念、技能是创造价值的核心。在文化创意产业范围的界定上，将软件开发、出版、广告、电影、电视、广播、设计、视觉艺术、工艺制造、博物馆、音乐、流行行业以及表演艺术等产业作为文化创意产业的范畴。2005年，厉无畏、于雪梅研究了上海文化创意产业基地发展的问题，他提出，文化创意产业是新型产业的代表，上海具有发展文化创意产业的巨大优势和环境。集群化、规模性、互动性是文化创意产业发展的内在要求。针对上海文化创意产业基地存在的问题，提出了加大集群规模效应，保护开发工业遗产，大力培养文化经纪和经营人才，促进创意成果转化为经营资源等对策建议。2005年，学者们还研究了出版与文化创意产业、体育与文化创意产业等主题，其中，有4篇文献探讨了上海的文化创意产业发展问题。2006年文化创意产业相关研究文献大幅度增加，学者们对文化创意产业的概念、特征、分类等进行了进一步的研究。该年度比较有代表性的研究有文化创意资本研究、文化创意产业集群研究、发展文化创意产业政策研究等。胡晓鹏提出了创意资本的概念，并将创意资本划分为消费型创意资本和生产型创意资本。刘丽研究了北京文化创意产业集群发展问题。王琳研究了经济增长模式的转变与发展文化创意产业的政府策略。刘牧雨、赵弘则研究了北京文化创意产业的国际化战略问题。2006年的文献，有很大一部分学者讨论的是北京的文化创意产业发展问题，同年还举办了北京文化创意产业国际论坛。2007年，文化创意产业研究文献达到200多篇，对国际国内的文化创意产业进行了更广泛的研究，如对英国、美国和德国的文化创意产业研究，对我国北京、上海、香港、台湾以及国内其他城市的文化创意产业研究等。学者们除了继续对文化创意产业的相关概念及界定进行研究之外，更多地对文化创意产业发展的战略和政策问题展开研究。花建从产业融合知识源的角度分析了文化创意产业集聚区的内在规律和发展动力。孔令刚等则从产业融合的角度分析了文化创意产业发展战略，要通过产业融合，整合文化资源，把文化资源转化为文化创意产业。

（二）文化创意产业研究的快速发展

2008 年，关于文化创意产业集群或产业集聚的文献增加，成为一个新的研究热点，另外，文化创意产业竞争力及评价问题、文化创意产业投融资问题等也开始受到重视。陈建军等研究了文化创意产业的集聚效应及影响因素，提出文化创意产业的聚集效应包括外部性、规模效益、源市场效应、创新能力和竞争力、降低风险等，影响因素包括环境因素、文化因素、人才因素和制度因素。2009 年的研究更加突出了文化创意产业的政策和文化创意产业发展模式。蔡荣生等提出了政府促进文化创意产业发展的总体政策框架，提出通过建设文化园区，同时通过强化市场化开发和政策扶持的方法打造有竞争力的文化创意产业。邢华研究了文化创意产业的价值链整合，他认为文化创意产业价值链包括网状和线性两种形式，文化创意产业的发展有赖于价值链的整合，他提出了文化创意产业发展的四种路径，分别是通过挖掘文化内涵引领产业发展、以内容产业为重点带动产业增长、以现代科技为手段来提升产业发展水平、以版权贸易为主线整合产业链。张养志分析了主要发达国家的文化创意产业发展模式，提出英美市场主导型发展模式和日韩政府主导型发展模式。周秀玲等则通过研究提出了以文化产品为主体发展文化创意产业、以文化与创意相结合发展文化创意产业、通过虚拟经营从制造业中分离出文化创意产业、以中心城市为依托发展文化创意产业的发展模式。2010 年，高红岩研究了文化创意产业政策创新的问题，并提出由文化与创意融合的政策创新定位、产业与空间共生的政策创新过程以及经济与社会协调的政策创新目标构成的文化创意产业政策的创新内涵。2011 年，厉无畏研究了文化创意产业的投融资与风险控制问题，需要做好政府层面的风险控制、投融资的风险控制以及市场和交易的风险控制。2012 年，学者们对文化创意产业集聚的动力机制、文化创意产业的空间演化等进行了较深入的研究，另外，关于文化产业园区、文化创意产业融合发展研究也逐渐增加。

（三）文化创意产业研究的逐渐深化

2012 年，每年发表的文化创意产业研究文献达到峰值，以后逐渐减少，但仍保持在比较高的水平，每年的研究文献有五六百篇（2018 年除外），说明这一领域的研究经过快速发展之后进入深化阶段，以前的研究为这一阶段以及今后的研究奠定了较好的基础。2013 年，关于文化创意产业的案例研究增加，以文化创意产业为研究主题的博士硕士学位论文增加。2014 年，相关的实证研究增加，研究方法进一步多元化。如文嫱、胡兵的《中国省域文化创意产业发展影响因素的空间计量研究》，潘玉香等的《基于数据包络分析的文化创意产业融资模式及其效率研究》，肖雁飞等的《中国文化创意产业发展影响因素与实证研究》，钟廷勇等的《文化创意产业技术效率的空间差异及影响因素——基于异质性随机前沿模型型（HSFM）的实证分析》。2015 年，知识产权与文化创意产业发展的研究受到重视，另外，旅游业与文化创意产业融合发展也是较为集中的研究主题。2016 年，金元浦研究了我国文化创意产业发展的新形态、新趋势与新问题，他提出创意经济是当前世界文化经济发展的最新趋势之一，创新创意已经成为推进全球经济与文化实践的核心动力。从文化产业走向文化创意产业是调整经济结构、通过创意改变和提升低端制造业水平的需要。马骏研究了我国文化创意产业发展模式演变问题，提出文化创意产业发展模式的演化机理和演变模型。易华等讨论了文化创意产业商业模式创新动力问题，提出政府政策推动、技术创新、创意团队推动、产品和服务创新等动力。2017 年，关于旅游与文化创意产业融合发展的研究再度升温，另外，对文化创意产业发展的金融、税收、产业政策研究也进一步凸显。2018 年，李建军等研究了文化创意产业与城市经济发展互动机制，研究发现文化创意产业与城市经济发展互动运行遵循特有的逻辑路径，文化创意产业与城市经济发展互动会经历一个由初级到高级的动态耦合过程，两大系统向更高层次的良性互动发展必须突破两大系统之间的交互胁迫这一瓶颈阶段。蒋园园等研究了我国文化创意产业政策与产业生命周期演化的匹配性，研究结果表明：国家和区域的文化创意产业政策总效力和政策措施演化，与产业生命周期阶段相匹配；推动产业发展和文化市场规范的政策目标，与产业十年来生命周期演化特点的要求相符合；增加公共文化供给和加强文化遗产保护与产业生命周期演化关系不紧密。

四、结语

通过对文化创意产业研究文献分析与回顾，发现进入 21 世纪后我国文化创意产业研究迅速兴起并升温，发表了大量的研究文献，取得了一批研究成果，加深了对文化创意产业发展规律的认识，推动了我国文化创意产业的发展壮大。尽管如此，我国文化创意产业研究在研究层次、基金支持、研究机构、研究团队以及研究方法和研究深度方面仍存在改进的空间，还没有形成主流的研究范式和重大的研究成果，研究成果对实践的指导性还不够明显。今后的研究要在以下三点提高：

（1）要突出政策导向和实践导向，加强案例研究，提炼总结文化创意产业发展中的成功经验和失败的教训。

（2）要加强对文化创意产业发展的内在机理和作用机制研究，为政策制定提供理论基础。

（3）在研究方法方面，把定性分析方法和实证分析方法相结合，开展多学科交叉研究。

参考文献

［1］荣跃明．超越文化产业：创意产业的本质与特征［J］．毛泽东邓小平理论研究，2004（5）：18-24．

［2］佟贺丰．英国文化创意产业发展概况及其启示［J］．科技与管理，2005（1）：30-32．

［3］厉无畏，于雪梅．关于上海文化创意产业基地发展的思考［J］．上海经济研究，2005（8）：48-53．

［4］胡晓鹏．基于资本属性的文化创意产业研究［J］．中国工业经济，2006（12）：5-12．

［5］刘丽．北京文化创意产业集群发展问题研究［J］．中国农业大学学报（社会科学版），2006（3）：47-52．

［6］王琳．经济增长模式的转变与发展文化创意产业的政府策略［J］．国家行政学院学报，2006（5）：59-62．

［7］花建．产业丛与知识源——论文化创意产业集聚区的内在规律和发展动力［J］．上海财经大学学报，2007（4）：3-8，31．

［8］孔令刚，蒋晓岚．基于产业融合视角的文化创意产业发展战略［J］．华东经济管理，2007（6）：49-52．

［9］陈建军，葛宝琴．文化创意产业的集聚效应及影响因素分析［J］．当代经济管理，2008（9）：71-75．

［10］蔡荣生，王勇．国内外发展文化创意产业的政策研究［J］．中国软科学，2009（8）：77-84．

［11］邢华．文化创意产业价值链整合及其发展路径探析［J］．经济管理，2009，31（2）：37-41．

［12］张养志．发达国家文化创意产业发展模式研究［J］．国外社会科学，2009（5）：90-94．

［13］高红岩．文化创意产业的政策创新内涵研究［J］．中国软科学，2010（6）：80-86，105．

［14］厉无畏．文化创意产业的投融资与风险控制［J］．毛泽东邓小平理论研究，2011（2）：1-5，83．

［15］文嫱，胡兵．中国省域文化创意产业发展影响因素的空间计量研究［J］．经济地理，2014，34（2）：101-107．

［16］潘玉香，强殿英，魏亚平．基于数据包络分析的文化创意产业融资模式及其效率研究［J］．中国软科学，2014（3）：184-192．

［17］肖雁飞，王细韵，万子捷．中国文化创意产业发展影响因素与实证研究［J］．科技管理研究，2014，34（11）：102-105．

［18］钟廷勇，安烨．文化创意产业技术效率的空间差异及影响因素——基于异质性随机前沿模型（HSFM）的实证分析［J］．中南财经政法大学学报，2014（1）：69-75，103，159．

［19］金元浦．我国当前文化创意产业发展的新形态、新趋势与新问题［J］．中国人民大学

学报，2016，30（4）：2-10.

［20］马骏 . 我国文化创意产业发展模式演变［J］. 学术交流，2016（6）：130-135.

［21］易华，玉胜贤 . 文化创意产业商业模式创新动力分析［J］. 现代管理科学，2016（2）：90-92.

［22］李建军，万翠琳 . 文化创意产业与城市经济发展互动机制研究［J］. 上海经济研究，2018（1）：44-52.

［23］蒋园园，杨秀云 . 我国文化创意产业政策与产业生命周期演化的匹配性研究——基于内容分析的方法［J］. 当代经济科学，2018，40（1）：94-105，127.

作者简介

李治堂，1969 年出生，博士，北京印刷学院经济管理学院教授，硕士生导师。

高亚丹，1994 年出生，北京印刷学院经济管理学院企业管理专业 2018 级硕士研究生。

我国电影行业法律制度简析

周艳敏

摘要：我国电影审查体制的主要特点包括，由政府直接实施，进行强制性、全面性审查，审查采取两审制、审查结果"一刀切"。我国政府一向重视电影促进。电影基金主要包括电影事业发展专项资金、电影精品专项资金等。我国电影法律制度的特点是：重视电影发展、电影立法滞后；电影管制严格；内容审查机制有待体系化建设；电影促进由政府全面主导，机制有待健全。

关键词：电影审查；电影促进；电影制度

中国政府重视电影事业的发展，也重视对电影业实施必要的管制，并致力于以制度促进电影的发展，包括电影的制作与放映。但是，与电影业的发展相比，我国在健全电影业立法、完善电影业治理体制方面，一直比较滞后。本文从电影审查与电影促进两方面对我国电影业治理制度的基本情况进行概述和分析。

一、电影审查制度

1. 历史演变

电影传入我国不久，清政府便开始实行电影审查制度。清宣统三年即 1911 年 6 月，上海"自治公所"公布《取缔影戏条例》，是我国电影管制制度的滥觞，其中，"不得有淫邪之影片"便是电影内容审查的规定。

民国初期，北洋政府与国民党政府有关部门都曾颁布过电影检查规则。1923 年，为适应电影业的发展，江苏省教育会成立了首个电影审阅委员会。1930 年 11 月，中国历史上第一部电影法颁布，即民国政府《电影检查法》。《电影检查法》后来在台湾地区延续施行，历经 8 次修改，后于 1983 年废除。

1949 年中华人民共和国成立以后，政府重视电影发展，但电影不被视为经营性产业，未形成市场化运作，电影的制作与放映一直受到政府的严格管制，虽无成文法可依，但电影审查是政府电影工作的主要内容。文化部电影局颁布了一系列规范性文件，如《中央电影局各厂剧本及影片审查办法》（文化部，1950年）、《关于改进艺术片生产管理的暂行规定》（电影局，1956年）、发布《电影剧本、电影审查试行办法》（文化部，1979年）。改革开放之后，我国电影行业进入快速发展时期，政府管理部门对于电影的审查也不断加强，电影审查制度得到了进一步建立和健全，先后制订实施了多种规范文件；，如1993年《电影审查暂行规定》、1997年《电影审查规定》、2004年《电影剧本（梗概）立项、电影审查暂行规定》和2006年《电影剧本（梗概）备案、电影片管理规定》。1996年，国务院颁布实施《电影管理条例》，并于2001年修订，其第24条明确规定，"国家实行电影审查制度"，并以专章规定了电影审查制度。2000年之后，我国电影行业长足发展。为了推进电影产业化，我国于2016年11月通过了《电影产业促进法》，电影审查制度也随之纳入国家立法，这是目前我国政府在规范电影审查方面位阶最高的规范性文件。

2. 我国电影审查体制的主要特点

总的来看，当前我国实施电影审查的体制特点主要包括强制性、政府直接审查、内容全面审查、两审制、审查结果无区分等。

（1）审查的强制性。我国实行强制性的电影审查，审查是电影公映、甚至是投拍的前置条件。凡是没有取得电影公映许可证的电影，是不能发行、放映的。当然，也不能制作成音像制品，不能通过网络传播。只有取得了公映许可证的电影才可以参加电影节或电影展，否则是要受到相应处罚的。[①] 另外，未经审查通过的电影片，也不得进口或出口。[②]

（2）政府实施审查。我国电影审查由政府机构直接实施，不同于有些国家和地区实行的行业组织审查。

我国实施电影审查的主体是"国务院电影主管部门或者省、自治区、直辖市人民政府电影主管部门"，[③] 具体负责审查工作的，是主管部门下设的审查机构，如中央层面的审查机构是国家广播电影电视总局（以下简称广电总局）下设的电影审查委员会、电影复审委员会。[④]

（3）审查标准上的全面性。全面性主要体现在两个方面：一是电影类型的全面性，凡是电影，无论是故事片、纪录片、科教片、美术片、专题片等，全部都需经过审查；二是在审查标准上，要实行各个角度的审查，包括合宪与合法性、国家利益、

---

① 参见《电影产业促进法》第20、21条。
② 《电影管理条例》第24条。
③ 《电影产业促进法》第17条。
④ 《电影剧本（梗概）备案、电影片管理规定》第4条。

公序良俗、民族团结、宗教信仰、社会公德、他人权益和青少年保护等，具体体现于《电影产业促进法》第16条规定的八项禁止内容。其中第八项规定的"法律、行政法规禁止的其他内容"，为审查空间提供了更大的可能性。《电影剧本（梗概）备案、电影片管理规定》等有关条款还进一步细化，并对影片的删剪修改作了更具体和可操作性的规定。

另外，《电影管理条例》第25条还要求"电影技术质量应当符合国家标准"，《电影剧本（梗概）备案、电影片管理规定》第12条原则性地规定，"国家提倡创作思想性、艺术性、观赏性统一……的优秀电影"，这些似乎都意味着，电影审查的范围可以超出思想内容，而涉及艺术与技术等方面。

（4）审查程序上的两审制。所谓两审制，表现在如下两个方面：

第一，电影从拍摄到放映需要经过两次审查，即拍前审查与公映审查。

如前所述，在电影投拍之前，我国实行剧本梗概备案制度，要求摄制者将剧本梗概报电影主管机构备案（《电影产业促进法》第13条）。按照该条规定，备案并公告后，报送人可获颁摄制电影批准文件，所以说具有强制性；尤其是，"涉及重大题材或国家安全、外交、民族、宗教、军事等方面题材的，应当按照国家有关规定将电影剧本报送审查"。[1] 显然，备案实质上相当于一道审查程序。因为通常来说，备案是指将有关事项报告给权力机关，保存相关资料以备事后查考；负责备案的机关不必、也无权对该事项及有关资料进行实质性审查和批准。所以，备案相当于登记，不同于许可。但剧本梗概备案的效力显然不仅如此。

第二次审查就是完片审查、公映审查。按照《电影产业促进法》第17、第20条，电影公映前必须送经审查，审查合格者获得公映许可证，然后方可发行、放映。

第二，电影公映审查的具体程序分为审查与复审两次评审。电影审查具体由5名以上专家评审；如果当事人对评审意见不服的，进入到复审程序，即由主管部门另外再组织其他专家，进行再次评审。专家评审意见应作为作出审查决定的重要依据。[2]

（5）审查结果"一刀切"。即按照统一标准，对所有影片采取"一刀切"的审查。所有电影面临同样的审查结果：审查合格的，发给电影片公映许可证；需要修改的，修改后再报审查；审查不合格的，不予公映或投拍。与美国等国家和地区实行的分级制不同，这就是所谓"一刀切"体制。

值得一提的是，1989年5月，当时的广播电影电视部曾颁布《关于对部分影片实行审查、放映分级制度的通知》，明确规定了几种"少年儿童不宜观看"的影片（①凡有强奸、盗窃、吸毒、贩毒、卖淫等情节的影片；②凡有容易引起少年儿童恐怖

---

① 《电影产业促进法》第13条。
② 《电影产业促进法》第18条。

感的暴力、凶杀、打斗情节的影片；③凡表现性爱及性行为情节的影片；④凡表现社会畸形现象的影片），并对"少儿不宜"影片的审查办法、发行、发映、观看等做出了具体说明。① 这被视为中国开始以电影分级制的方式实行电影审查，但这一政策性规定仅实施了几年。

二、电影促进制度

2016 年颁布的《电影产业促进法》是我国文化领域第一部以"促进法"命名的法律，这表明了我国政府对电影事业的重视。实践中，在各个文化领域里，电影事业也一直是政府和社会各界着力较大的部门，从政策和资金等各方面给予了较大力度的支持。可以说，现阶段我国电影产业票房收入大幅度的增长，与此有直接关系。

1. 电影产业促进法概况

《电影产业促进法》第 1 条第一句就明确了该法的宗旨：为了"为促进电影产业健康繁荣发展"，第四章"电影产业支持、保障"专门就促进电影产业发展做出规定。总的来说，该法为促进电影产业发展做出了各方面的规定。

（1）重点支持某些内容的电影制作。国家对于电影的创作、摄制予以重点支持，主要体现在以下五个方面：第一，就题材而言，主要支持的是传播中华优秀文化、弘扬社会主义核心价值观的重大题材；第二，国家关注青少年的健康成长，重点支持促进未成年人健康成长的电影；第三，电影是一种重要的文化艺术形式，优秀的艺术能够启迪心智，带给人们美好的享受，对于那些展现艺术创新成果、促进艺术进步的电影，国家予以大力扶持；第四，电影还具有宣传教育、科技普及等作用，国家重点支持能够推动科学教育事业发展、科学技术普及的电影；第五，其他符合国家支持政策的电影。②

（2）经济基础是电影发展的重要条件，因而也是《电影产业促进法》着力的重点。第一，引导专项资金支持：一方面，国家引导、设立相关文化产业专项资金、基金加大对电影产业的投入力度；另一方面，还要根据电影产业发展情况，结合财力状况和经济社会发展需要，综合考虑、统筹安排财政资金支持。第二，实行税收优惠：国家为促进电影产业发展实施必要的税收优惠政策，具体办法由财税部门另行制定。第三，保障电影设施建设：电影院是保障电影产业发展的重要设施，政府部门（特别是县级以上地方人民政府）应当支持电影院建设和改造，结合当地需要，将电影院建设和改造纳入经济和社会发展规划、土地利用规划和城乡规划等，同时在符合国家有关规定

---

① 《关于对部分影片实行审查、放映分级制度的通知》。
② 参见《电影产业促进法》第 36 条。

的情况下，积极盘活现有电影院用地资源，有效保障电影院用地需求。第四，鼓励金融扶持：国家鼓励金融机构为电影活动、改善电影基础设施提供融资服务，通过信贷等方式支持电影发展；鼓励开发相关保险产品；鼓励向电影产业提供融资担保。第五，支持到境外合作摄制电影，保障其用汇需求。第六，调动社会支持：鼓励社会力量以捐赠、资助等方式支持电影产业发展。[1]

（3）实施电影人才扶持计划。电影事业的发展需要大量的专门人才。国家支持有条件的各级院校和相关教育机构开设与电影相关的专业和课程，采取形式多样的方式培养适应电影产业发展需要的人才。国家还鼓励从事电影活动的法人和其他组织参与学校相关人才培养。[2]

（4）为特殊地区和人群的电影事业提供重点支持。为保证农村地区、边疆地区、贫困地区和民族地区的人民能够获得平等的观影需求，国家采取各种措施，如鼓励、支持创作少数民族题材电影，加强电影的少数民族语言译制工作，扶持这些特殊地区开展电影活动。[3]

（5）支持中国电影的境外推广。国家鼓励和支持任何个人和组织对优秀电影的外语翻译制作，以及利用各种对外交流资源进行电影的境外推广活动。[4]

在《电影产业促进法》之前，《电影管理条例》也为促进电影发展规定了支持性政策或措施。

尤为重要的是，该条例第48条规定，"国家建立电影事业发展专项资金"。依照规定，电影资金扶持、资助的项目主要是：国家倡导并确认的重点电影片的摄制和优秀电影剧本的征集；重点制片基地的技术改造；电影院的改造和放映设施的技术改造；少数民族地区、边远贫困地区和农村地区的电影事业的发展；需要资助的其他项目。[5]截至目前，该专项资金成为我国政府促进电影事业发展的最重要举措。另外，该条例第7条规定，"国家对为电影事业发展做出显著贡献的单位和个人，给予奖励"。

2014年5月财政部等七部门联合下发《关于支持电影发展若干经济政策的通知》，提出了基金支持、税收优惠、资金补贴、金融支持、差别化用地政策等支持电影发展的若干经济政策。

2. 电影基金

以专门基金的形式资助电影发展，是各国政府与行业普遍的做法，也是我国政府不断强化的促进电影发展的措施。目前，我国政府直接主导下的电影基金主要包括电

---

① 参见《电影产业促进法》第37~41条。
② 参见《电影产业促进法》第42条。
③ 参见《电影产业促进法》第43条。
④ 参见《电影产业促进法》第44条。
⑤ 《电影管理条例》第48、49条。

影事业发展专项资金、电影精品专项资金等。

（1）国家电影事业发展专项资金。早在 1991 年，原国家物价局、原广电部等五部门联合发文设立电影专项资金，在适当调整电影票价的基础上，从出售的每张电影票收入里提取 5 分钱，用于国家电影事业发展。① 之后，国务院"将国家电影专项资金由每张电影票 5 分钱改为按票房收入的 5% 提取。基于 1996 年 7 月 1 日起开始实施的《电影管理条例》规定，1996 年 11 月财政部、原广电部联合印发《国家电影事业发展专项资金管理办法》；2015 年财政部等又发布《国家电影事业发展专项资金征收使用管理办法》。据此，我国政府实行的电影资金制度得以建立、健全，为电影事业发展提供了规范基础。

电影专项资金属于政府性基金。中央和省两级分别设立国家和省级电影专项资金管理委员会，负责资金的征收、使用和管理。

资金缴纳主体是各类经营性电影放映单位；缴纳数额是其电影票房收入的 5%，并按照 4∶6 的比例分别缴入中央和省级国库。②

关于专项资金的资助范围，按照 2015 年的《国家电影事业发展专项资金管理办法》规定，主要包括影院建设和设备更新；少数民族语电影译制；重点制片基地建设；优秀国产影片制作、发行和放映；文化特色、艺术创新影片发行和放映等。③

（2）电影精品专项资金。开始称影视互济金，发起于 1996 年，由国家电影主管部门从电视广告收入中拿出一定比例资金资助电影业，主要资助精品的主旋律影片。该资金与前述电影发展专项资金构成了我国政府主管的两项重要电影资助金。

按照 2015 年《电影精品专项资金管理办法》规定，精品资金主要用于支持优秀国产影片创作生产和宣传推广、电影人才队伍建设、国产电影新技术推广应用等，使用范围主要包括：电影华表奖和夏衍杯优秀电影剧本奖的评选、奖励；资助优秀国产影片的剧本创作、摄制以及宣传推广；资助国产电影"走出去"，如组织海外推广、参加国际电影节、境外中国电影展等；在国内举办外国电影展；资助电影人才队伍建设；举办电影人才培训和研修活动等；资助电影新技术、新工艺的推广应用；资助购买农村电影公益性放映版权等。④

（3）电影领域的其他扶持基金。除了上述两个政府性基金，民间捐献的电影基金也正在茁壮成长。创立于 1989 年的中国电影基金会（CFF），属于全国性公募基金会，业务范围广泛。创立于 2014 年的吴天明青年电影专项基金，是中国电影基金会下设的支持青年电影事业的公益基金，重点培养青年导演、编剧、制片人。另外还有中国电

---

① 参见《关于明确电影票价管理权限和建立国家电影事业发展专项资金的通知》（1990 年）。
② 参见《国家电影事业发展专项资金征收使用管理办法》（2015）第 7、8、10 条。
③ 参见《国家电影事业发展专项资金征收使用管理办法》（2015）第 16 条。
④ 参见 2015 年《电影精品专项资金管理办法》（2015）第 3 条。

影扶持计划，是文化部龙基金支持和管理下设立的专项公益项目，致力于为年度优秀电影新作提供纯公益性展映和推介行动，打破院线局限，让更多的优秀电影成片获得面向公众展映的机会。

三、我国电影法律制度的特点

综上所述，中国政府一向重视电影发展，中国电影法制的主要特点清晰可见；同时，中国电影法制的不足也不容忽视。

1. 重视电影发展、电影立法滞后

至今，大多数重视电影发展的国家或地区就电影业制定了成文法。回顾历史，早在1930年民国政府就颁布了我国历史上第一部电影法《电影检查法》，后在我国台湾实施，几经修改。而1949年以后，直到2016年才出台电影领域的第一部法律《电影产业促进法》。在此之前，1996年的《电影管理条例》是国务院颁布的第一部法规。可以说，在60多年的时间里，我国电影业治理处于"无法"的状态；而在近半个世纪的时间里，我国政府完全可以通过政策、行政部门的规章和其他文件来管理和促进电影业的发展。

例如，我国政府于1991年开始设立电影事业发展专项资金，并为此提高电影票价、向电影放映企业增税，该措施固然有助于电影发展，但却是在没有法律依据的情况下实施的。严格说来，这种做法有违依法治国的基本原则。即使《电影产业促进法》已经颁行，但该法规定的粗疏之处显而易见，我国电影立法与制度的完善依然需要继续加强。其中，电影事业发展专项资金的设立、税额征收等却依然没有做出明确规定，这不能不说是其不足。

2. 电影管制严格

历史表明，我国政府所重视的电影法制首先是管制，从而建立了十分严格的管制机制；与此同时，对电影发展的促进重视不够，且体制有待健全。

1949年以后出台的行政规章多是电影审查，第一部国务院法规《电影管理条例》对电影制片、发行与放映、进出口以及电影审查做出了详尽的规定，而"电影事业的保障"一章则条文简练、规定粗疏。

电影领域第一部法律以"产业促进"为名，而事实上，《电影产业促进法》依然大量重复了《电影管理条例》中的管制性规定，而促进性规定依然条文简单、规定粗疏，几乎没有建立可行性强的电影促进机制；"法律责任"一章较多内容是针对电影从业者违反管制性规定的惩罚措施。可以说，这部法律显得名实不符。

我国电影管制体制的严格性表现在多个方面：制片企业设立门槛高，内容审查实行官方审查、强制审查、两级审查等，具体已如上文所述。

3. 内容审查机制简单，有待体系化建设

如上所述，在分级制已在大多数国家和地区普遍实行的情况下，我国电影内容审查仍采取了所有影片"一刀切"的审查体制。实践证明，无论是从电影管制还是从电影促进的角度，分级制的优势都是非常明显的。相反，拒绝分级制，既不利于电影管制和保护青少年的观影利益，也不利于电影的创作自由保障和电影产业的发展。

4. 电影促进由政府全面主导，机制有待健全

与电影管制相比，电影促进可以较多地交给社会和市场，政府可为此制定制度，发挥引导与激励作用。而在我国，政府在严格管制的同时也全面主导了电影促进，甚至可以说，政府几乎垄断了电影业的促进。

法律上，《电影产业促进法》第45条规定，"国家鼓励社会力量以捐赠、资助等方式支持电影产业发展，并依法给予优惠"。但是，对于如何鼓励社会力量，该法却没有建立更可行的机制。

实践中，我国电影领域的两大基金——电影事业发展专项资金、电影精品专项资金均由政府设立，政府部门也对资金的征收与使用进行直接的参与和管理。例如，按照《电影精品专项资金管理办法》有关资金使用的详尽规定，政府部门直接参与资金审批全流程：新闻出版广电总局要每年提出专项资金预算和使用方案建议、发布年度申报通知、组织开展申报工作、对项目申请进行审核、最终确定资助方案等。

另外，对于政府电影促进的运作机制，法律法规未做明确规定。《电影产业促进法》开列了多方面的电影促进措施，包括基金资助、税收优惠、电影院建设、金融扶持、特殊地区倾斜等，却仅仅停留于原则性宣示。对这些宣示性规定最终能否落实、如何落实，该法并无可行性办法或保障性规定；并且，我国也没有其他法律法规或行政性文件做相应规定。可以说，这与管制性制度的可行性形成了鲜明对比。

我国采取内容选择性资助，即根据影片内容差异，确定资助重点和资助金额。《电影产业促进法》第36条规定，国家支持"传播中华优秀文化、弘扬社会主义核心价值观的重大题材电影"。更具体的是，按照《电影精品专项资金管理办法》，"重大革命历史题材和重点题材影片"被规定为资助重点，原则上每部影片资助金额不超过2000万元，而少儿、农村题材或少数民族题材影片摄制每部不超过50万元。其可能产生的后果是，作为一种导向，大量制片人会涌向所谓重大或重点题材，而农村与少儿题材，尤其是现实题材可能少有人问津。

比较而言，与我国实行的内容选择性资助不同，当今国际社会（以法国为代表）普遍采取的选择性扶持主要面向艺术探索性影片。我国《电影产业促进法》规定支持的范围也包括了"展现艺术创新成果、促进艺术进步的电影"，但该法以及其他规范性

文件没有对艺术类影片的重点资助做任何规定。尤其值得一提的是，与《电影精品专项资金管理办法》对重大与重要题材电影提供的高额度资助相比，此种情形更显突出。

　　总之，如何对电影促进制度进行具体化，设计出既符合法治原则、又体现电影艺术规律和市场特性的可行性促进机制，尚需我国政府与电影行业未来予以重点关注。

作者简介

　　周艳敏，北京印刷学院教授，主要研究领域为文化与传媒法、知识产权法等。

我国传媒业引入"黄金股"制度初探[①]

张书勤　冯雨霄　张丽丽

摘要： 为了加快传媒业的发展，深化国有传媒企业现代企业制度建设，我国拟引进国外已有较为成熟经验的特殊管理股制度——"黄金股"制度。该制度是特殊管理股的一种。文中在分析国外"黄金股"制度的具体实践和我国引入"黄金股"制度的政策与法律环境的基础上，提出修改现有法律规定、完善制度建设、明确相关政策制定的原则与推进规则等对策。

关键词： 传媒产业；特殊管理股；"黄金股"

引言

随着我国网络的快速发展，传统的媒体也在不断地向其靠拢，如今传媒产业已经变成中国数字经济的核心组成部分。尽管产业规模还在不断上涨，但中国的数字经济仍有较大发展空间，传媒产业与互联网的交叉融合使未来传媒行业的"去中心化"特征越来越明显。互联网产业，特别是移动互联网的收入增长已经可以弥补传统媒体（例如，纸媒）的萧条，进而带动整体产业向好的方向发展。从传媒产业内部结构来看，传统媒体市场的活力一直不景气，报刊、图书等传统纸媒在市场上的份额占比仅能达到6%。传媒产业的核心也越来越倾向于多元化的互联网，因此，就目前中国传媒企业的发展现状，国家做出了一系列文化产业制度改革。

特殊管理股制度，现今已在国外许多国家积极实行，其中制度的设立大都根据每个国家不同的政策、经济以及文化，表现为不同的制度模式。虽然这些制度的形式不同，性质也不尽相同，但都表现为对于传媒产业或多或少的相对控制，是企业与重要决策者之间的一种契约。近年来，中国也在尝试将特殊管理股制度引入已经转制的重

---

① 本文受北京市社科基金课题"重要国有传媒企业特殊管理股制度研究"（项目号：16JDXCB006）的支持。

要传媒国企中，目前已有多家国有传媒企业正在有序地开展试点工作，其中不乏许多经典的成功案例。但由于中国的政治制度、经济制度、法律制度等原因，对我国的国有传媒企业来说，如何有效展开引入"黄金股"制度的重要工作还有很大的探索空间，本文将从国外企业实行"黄金股"制度的案例，引申思考我国传媒业应用"黄金股"制度的初步探索。

一、"黄金股"制度的缘起

（一）"黄金股"制度的性质

目前世界各国践行的特殊管理股模式不尽相同，大体上按照其目的和功能不同，可分为两大类：一类倾向于企业自治，另一类倾向于国家监管。

目前在英美国家企业中实行的特殊管理股制度多为偏向于企业自治型的模式。以美国报业为例，美国文化崇尚言论自由和新闻自由，鼓励大众应当从具有新闻多样性的信息中获取知识，而大众自身产生的结论和反应往往比政府真实得多，使管理者想要控制的真相得以大白。故而，美国报纸行业的"双重股权"制度并非着重于政府层面的监管，而是更偏向于通过控制投票权股，以达到控制企业的目的。而新加坡报业的目的，更多地是为了保证本国人对报企绝对的掌控，从而保证国家的利益。

欧洲的"黄金股"模式是典型的偏向于国家监管的特殊管理股模式。简单来说，即倘若企业决策与国家利益背道而驰，此时，国家仅凭持有的 1 英镑股票，仍然能够使用特权去阻止企业的不良行为。但在企业日常经营中的投票表决中，政府即便拥有"黄金一股"，却没有表决权，政府仅仅可以在企业"脱轨"的时刻，使用一票否决权及时叫停。这样一来，企业就有相当庞大的自主经营能力，从而不受国家控制。但在某些特定的重大事务上，或在企业做出某些有悖国家精神的不良行为时，政府拥有绝对的控制权。

（二）"黄金股"制度的发展历程

"黄金股"制度，起初是为了解决私人企业公众化过程中的一些具体问题，最先将该制度引进企业中的是美国福特汽车公司。1960 年，当福特公司上市后，发行了一种 B 股，B 股具有重大表决权，只要家族所持 B 股数超过 0.6 亿股，就可以享有 40% 的表决权。除此之外，福特家族还有一项重要的约定，即如果有人想要出售 B 类股票，那么其出售的对象要首先考虑家族内的人，如果 B 类股票出售给非家族成员，即大众，那 B 类股票就变成普通股。这就有效降低了由于公司发展所引起的家族控制权被稀释的风险。

英国"黄金股"制度的目的意在保证国企的民营化实现。在 1967～1973 年，英国政府在推行国企私有化时，为了保证关键性质的国有企业安全，防止因国企私有化而导致的政府对于企业丧失控制能力，发行了只有财务部和政府拥有的黄金股。黄金股代表政府对企业重大事项拥有否决权，例如，只要英国政府在电信公司拥有哪怕一股黄金股，此时，如果英国电信做出有可能损害公众利益的决议，政府可以通过使用这一黄金股的权力，使英国电信董事会的决定作废。这也就是英美国家实行黄金股的意义，只要拥有黄金股，哪怕政府只持有一股，也可以对一些有较大控制力的企业的某些特定决定实行一票否决权。就这样，英国的国有企业产权改革取得显著成功，欧洲各国开始仿照，包括法国、意大利等国开始在国有企业中进行试点，逐步推行"黄金股"制度。

（三）欧洲黄金股制度的实践与探索

金股模式最早盛行于20世纪80年代英国国企私有化改革的进程中，为了让政府能够对关系国计民生的企业所做的重要决定具有引导决定权，英国设立"黄金股"制度。"黄金股"给予政府特殊的权利，可以影响国企的股权结构和重要经营决定。欧洲国家实行"黄金股"制度最经典的案例是英国政府修订《电信法》的案例，规定在英国电信公司涉嫌垄断侵害国家或公众利益时，英国政府可以凭借其持有的"黄金股"，使用一票否决权。另一个典型的例子是，20世纪80年代的法国引入"黄金股"制度，作为公用事业民营化的条件。其权力由经济和财政部长拥有，董事任命也需要得到经济和财政部长的许可；涉及国家利益的财产转让计划必须得到经济和财政部长的支持；在进行收购时，未经批准收购的股份，必须在三个月内售出，三个月后未售出的即强制售出，且三个月内无表决权。

在比利时设立的特殊管理股也是"黄金股"制度的典型例子。1994年，比利时颁布了一项法律，规定政府持有"Société Natienale de Transportpar Canalisation"公司的"特殊管理股"；当这家公司做出任何重大决策时，必须向主管部长报告；在能源领域涉及重要财产事项，损害国家利益的行为，部长应有权提出异议；外国人持股超过限制的，需经主管部门同意。

从欧洲各国实行"黄金股"制度的具体实践来看，虽然"黄金股"制度的设置各不相同，但也有共同特征，主要体现在以下四点：一是根据政府的需要建立起来的。不同的目标可能导致不同国家在设立"黄金股"制度时表现方式不同，但其内容都是根据政府的需求，再与其他股东协商而定。二是"黄金股"模式的核心是事后否决，而不是投票和运营。三是"黄金股"制度具有一锤定音的否决权力，其持有者和行使权力者都只能是政府，且为非流通性的。四是"黄金股"制度不设置收益权，没有经济价值。它的目标只是保留对企业的有效控制，防止企业侵害大众利益，违背市场原则等，而不是希望从企业的经营中获利。

二、我国传媒企业实施"黄金股"的政策环境与法律困境

（一）我国传媒业的政策环境

党的十九大报告强调，"要完善各类国有资产管理体制，改革国有资本授权经营体制"；"发展混合所有制经济，培育具有全球竞争力的世界一流企业"。这是站在新的历史起点上，以习近平同志为核心的党中央对新时代国有企业改革做出的重大战略部署。

在特殊管理股的运营实践上，我国积极进行了多次改革和调整，主要体现在以下四点：

第一，党的十八届三中全会通过的《中共中央关于全面深化改革若干重大问题的决定》提出，要对按规定转制的重要国有传媒企业探索实行特殊管理股制度。

第二，国务院办公厅发布《关于印发文化体制改革中经营性文化事业单位转制为企业和进一步支持文化企业发展两个规定的通知》，其中明确提出对按规定转制的重要国有传媒企业探索实行特殊管理股制度，经批准可开展试点。

第三，国家新闻出版广电总局召开会议，建议国资特殊管理股比例至少1%，拥有董事席位，对内容有一定审查权。

第四，中共中央办公厅、国务院办公厅印发了《关于促进移动互联网健康有序发展的意见》。意见指出，在互联网新闻信息服务、网络出版服务等领域开展特殊管理股试点。

综上所述，我国对于引入"黄金股"制度，没有形成较为完善的思路和方向，也没有制定出明确的规章制度和详细的操作规范，在制度建设和政策制定方面，还处于"摸着石头过河"的实践阶段。但是，如果没有相应完善的规制，将会导致执行力低下，阻碍制度的推行，因此，对于我国传媒业引入"黄金股"制度的对策，还需进行深入的探索和讨论。

（二）我国传媒业的法律环境

党的十八届三中全会辅导读本中写到："特殊管理股是通过特殊股权结构设计，使原始股东在股份制改造和融资过程中，能有效地避免恶意收购，保持最大决策权和控制权。"

但目前特殊管理股制度在中国国企的生态环境中是一个新的概念，我国官方与学界在该领域还未达成统一的认识，在试点企业的实践中，也没有积攒足够的经验，因此，在现有的法律法规层面，存在着诸多的障碍。

例如，在我国《公司法》第103条中明确规定，"股东出席股东大会会议，所持每一股份有一份表决权"；第126条规定，"股份的发行，实行公平、公正的原则，同种类的每一股份应当具有同等权利"。这意味着，根据我国法律规定，在传媒国企中，应

实行同股同权的政策，该法恰恰与"黄金股"的性质相悖。但仔细观察会发现，《公司法》第131条规定，"国务院可以对公司发行本法规定以外的其他种类的股份另行作出规定"，这也就为我国重要传媒国企引入"黄金股"制度的法律规定留有余地。

实际上，在部分法律条款中，还会出现一些模糊的界限，甚至缺乏相关法律规定，在立法修法方面，我国相关法律法规还亟待完善，也缺乏对于"特殊管理股"制度的大力支持，还需要法律能够将"特殊管理股"制度在概念定义、范围界限等方面给出一个清晰明确的解释，以便各类国有企业逐步开始实行该制度，不断探索并总结经验教训。

三、"黄金股"制度在我国传媒企业中的实行对策

（一）我国传媒国企引入"黄金股"制度的实质

文化体制改革的热潮，使得股份制传媒集团竞相出现，从而使企业的资金多元、出资人背景复杂，随之而来的许多决策问题浮出水面。而面对这些情况，"黄金股"制度能够做到确保在日益复杂的传媒企业中，不忘初心，坚持良性发展，造福人民。

我国国有传媒企业也有引入"黄金股"制度的实践案例。例如，人民网参股北京铁血科技公司，在持股比例方面，借鉴融合了英国的"黄金股"制度，人民网在认购北京铁血科技公司的非限售流通股股票后，其参股权重达1.5%，北京铁血科技公司将由人民网直接持股。此外，人民网将推荐一名董事参与北京铁血科技公司股东大会，为了确保舆论导向的正确性，人民网派出的董事对于总编辑有"一票否决权"。

由此可见，引入"黄金股"制度的实质就是在某些特定的情况下，政府通过在企业中持有的"黄金一股"来掌握企业的控制权。对于传统的国有企业，政府为了防止国有资产的流失频繁干预企业的经营，结果就是严格限制了重要国有企业的经济增长率及其潜力，从而导致企业的低效和不经济，使国有企业较民营企业缺乏活力。如何激活企业活力又保证国家对特定产业的管理，可以选择的途径之一就是进行混合所有制改革，逐步撤回国有资本，而撤回的底线则是在必要时保持政府对企业的控制，即在特定重大事务上，政府不能放任不管，这就需要政府和企业之间彼此妥协，达成一种相互制衡的契约。"黄金股"制度就是这种妥协的体现。即企业同意将部分权力转让给政府，并与政府之间通过协商确立以"黄金股"等特殊管理权的形式进行权力的转让，实现企业和政府的双赢，同时实现政府对国有企业的控制权和企业自主权的双轨并行。

（二）我国传媒业引入"黄金股"制度的对策建议

在我国重要国有传媒企业中实施"黄金股"制度是为了保障国家和人民的利益不受侵害，而其适用对象的范围并不具体。这时企业必须明确"黄金股"制度行使权力

的条件，并建立具体的制度体系。明确划清特定重大事项与日常经营事项的界限，以避免对企业日常经营和管理造成过多的干预。

1. 修订相关法律

目前我国在国有传媒企业当中实行"黄金股"制度，与现行《公司法》中一些相关条款会产生一定的矛盾，建议对现行《公司法》的相关条款进行修订与完善。建议如下：

（1）设立"实行'黄金股'制度公司的特别规定"条款，以特有的规章制度或规范性文件，明确其所能行使的职权范围边界。

（2）当公司涉及"舆论导向、意识形态、外资收购、文化安全"等重大经营事项的决议时，建议增加一项特别条款，即"必须经'黄金股'持有者表决通过"等。

（3）在具体实行"黄金股"制度的过程中，各类事宜错综复杂，建议初期可借鉴德国《大众法案》的模式，初步探索"一案一法"等方式，并最终通过各种案例，丰富经验，总结方法，制定系统的相关法律。

2. 建设制度体系

（1）有关"黄金股"的设立及延期。在拟定"黄金股"的设立时，要充分考虑其有效期限为多久；规定延期的条件；规定到期结束的方式。

（2）有关"黄金股"的行权方式。"黄金股"可以以多种行权方式在企业中实行，包括政府事先审批和政府事后否决等方式。为了降低政府对于传媒企业日常经营的影响，建议在设立制度时，能够尽可能地考虑到该传媒企业的发展阶段、特点等。

（3）界定权力边界。在传媒企业中实行"黄金股"制度，应明确规定其行使权力的边界，例如，为了保障党和政府对重要国有传媒企业的监管，应限制发行有表决权的股份，限制有关重大资产的权力。但在企业的日常经营方面，必须严格限定政府的特权。

3. 完善政策制定

（1）政策制定主体。建议由综合部门领头，各职能部门共同制定相关制度，并明确各项操作的具体实行机制、工作任务和注意事项等。

（2）政策制定过程。在制定"黄金股"制度政策的过程中，要充分考虑到诸多原因，包括对于资本自由流动是否会产生影响甚至阻碍、对于企业的日常事务政府的干预程度，以及政府在企业中行使权力的基本界限等。因此，在制定有关"黄金股"制度的政策时，建议学习和借鉴欧洲法院的经验，制定出适用于"黄金股"制度的几个基本原则。

（3）政策制定后稳步推进。在国企改革的进程中加入"黄金股"制度，是十分复杂的，建议严谨且有针对性，先选取部分能够适用"黄金股"制度且有特点的重要国有传媒企业作为试点，例如，一些规模较小、市场竞争性强的传媒国企，而后充分探索，总结经验，在制度日趋成熟的基础上，再向大型国有传媒企业逐步推进。按照"先试点、后推广，先竞争性、后公益性"的发展路径进行推广。

结　论

中国国有传媒企业的双重属性要求政府保持对传媒企业的领导，但与此同时，企业也需要引进新鲜血液来弥补和增强市场活力，这两方面决定了适合我国的特殊管理股模式为"黄金股"模式，但具体制度的设计应根据具体情况而定。

中国的"黄金股"制度是在国有企业转制的实践中诞生的，在重要传媒国企中实行"黄金股"制度，是政府为保障国家及人民的权益而对传媒企业进行控制的现实举措，是为国有资产持有者在面临传媒国企中特定重大事项时，能够享有特殊股权，从而掌握控制权。因此，在构建我国"黄金股"制度的过程中，首先，必须考虑到国家安全和社会利益，保证企业在处理有关"舆论导向、意识形态、外资收购、文化安全"等重大事项时，政府能够拥有绝对控制权；其次，应明确"黄金股"制度的适用对象及其在企业中的占股比例，既防范国有资产的流失，又充分调动民营资本经营管理的积极性；此外，必须严格管控"黄金股"的行权范围及行权方式，不能随意扩大行权范围，随意改变行权方式，防止该特权对传媒国企的日常经营管理产生过多的影响。

随着改革和发展的不断深入，"黄金股"制度逐渐可以通过调整股权比例，使公平与效率趋于平衡。最终目的都是为了在不影响市场活力的情况下，同时使政府能够掌握国有传媒企业的控制权，只有这样，才能实现国有资本与民营资本、社会效益和经济效益的双赢，从而推动混合所有制经济的发展，推动国有传媒企业改革的不断深化。

参考文献

［1］徐杉．出版产业实施特殊管理股制度的缘起、困境及建议［J］．编辑之友，2016（11）．

［2］周正兵．传媒企业中的特殊管理股：理论、应用及其启示——以纽约时报公司为例［J］．编辑之友，2016（3）．

［3］卫志民，高美丽．重要国有传媒企业实行特殊管理股制度的探索［J］．理论视野，2014（10）．

［4］王殳昊．国有企业国家特殊管理股制度基础理论研究［D］．吉林大学硕士学位论文，2016．

［5］潘爱玲，郭超．国有传媒企业改革中特殊管理股制度的探索：国际经验与中国选择［J］．东岳论丛，2015（3）．

［6］王建文，袁艺伟．论我国国有传媒企业特殊管理股的制度构建［J］．江苏行政学院学报．

2014（4）.

　　［7］任翔.数媒全球化与传媒监管创新——从欧美经验思考中国特殊管理股改革［J］.科技与出版，2017（8）：4-9.

　　［8］吴高臣.国家特殊管理股的法律性质［J］.法学杂志，2018，39（1）：47-53.

　　［9］王枢.关于我国文化及传媒业实施特殊管理股制度的思考［J］.新闻研究导刊，2017，8（2）：242-243.

　　［10］梁君，邓彪.国有传媒企业特殊管理股制度研究综述［J］.文化产业研究，2018（1）：41-52.

　　［11］陈振荣，倪静静.国有传媒企业实行特殊管理股制度的国际经验及启示［J］.新闻研究导刊，2015，6（7）：171-172.

　　［12］宋慧玲，刘鹏.国有企业混合所有制改革中的特殊管理股制度研究［J］.经贸管理，2016（3）.

　　［13］李暴.对国家特殊管理股法律规制的思考［J］.企业管理，2018（6）：100-103.

　　［14］宁青青.我国出版传媒产业特殊管理股制度实施问题研究［J］.编辑之友，2018（2）：55-59.

　　［15］杨畅.国企改革探索"黄金股"特殊管理制度研究［J］.上海市经济管理干部学院学报，2018，16（2）：1-7+42.

　　［16］曾福城.公益性国企混改与黄金股的运用［J］.发展研究，2017（11）：88-92.

　　［17］岳宇君，胡汉辉.电信业改革中黄金股制度的探索——国际经验与中国选择［J］.北京邮电大学学报（社会科学版），2017，19（1）：56-63.

　　［18］唐骏.国有企业混合所有制改革中的黄金股制度研究［D］.华东政法大学硕士学位论文，2016.

　　［19］赵鑫臻.欧洲"黄金股"制度评析与启示［J］.科技与法律，2016（1）：186-210.

　　［20］张立省.欧洲黄金股研究及对我国的启示［J］.管理现代化，2012（1）：9-11.

　　［21］杨永红.欧洲资本自由流动的黄金时代之开端——评欧洲法院有关黄金股机制案例法对资本市场的影响［J］.特区经济，2007（5）：80-82.

　　［22］金雪涛.我国传媒领域有效推进特殊管理股制度的思考［J］.中国发展观察，2016（21）：51-54.

作者简介

　　张书勤，北京印刷学院经济管理学院副教授。

　　冯雨霄，北京印刷学院经济管理学院2018级传媒经济与管理在读硕士研究生。

　　张丽丽，北京印刷学院经济管理学院2018级会计专业在读硕士研究生。

公共文化服务领域应用 PPP 模式的主要问题探析[①]

蔡春霞

摘要：随着政府利好政策的不断推出，人们对公共文化领域 PPP 项目投资的热情也不断提高，然而我国公共文化领域 PPP 模式的应用还处于摸索阶段，本论文在对我国公共文化领域应用 PPP 模式现状进行介绍的基础上，总结了公共文化领域应用 PPP 模式面临的挑战，并提出了相关建议。

关键词：公共文化服务；PPP 模式；社会资本

2015 年 5 月，国务院办公厅转发财政部、国家发展改革委、人民银行《关于在公共服务领域推广政府和社会资本合作模式指导意见的通知》，（国办发〔2015〕42 号），第一次将 PPP 模式应用推广到公共文化服务领域。2016 年 10 月 12 日，财政部发布《关于在公共服务领域深入推进政府和社会资本合作工作的通知》，强调要加大 PPP 模式应用力度，对于市场化程度较高、操作相对成熟的项目要"强制"应用 PPP 模式；对于"有现金、具备运营条件的项目"要鼓励尝试运用 PPP 模式。2018 年 11 月，文化和旅游部、财政部联合下发《关于在文化领域推广政府和社会资本合作模式的指导意见》，文件重在深化文化领域供给侧的结构性改革，引导社会资本参与文化领域的 PPP 项目。

虽然 PPP 模式在我国公共文化服务领域有了一定规模，但是 PPP 模式在公共文化服务领域的应用还处于摸索阶段，我国亟须从已决策的 PPP 项目实施过程中总结经验，遴选优质文化 PPP 项目，并逐步推广。

一、PPP 模式在公共文化领域应用的现状

（一）PPP 模式的含义

PPP 全称 Public-Private Partnership，即公共部门与私营部门合作的模式。我国的政策文件把 PPP 模式称为政府和社会资本的合作。财政部、国家发展改革委、中国人

---

① 基金项目：北京市社会科学基金研究基地项目"供给侧改革视角下北京公共文化产品服务有效供给研究"（项目编号：18JDGLB005）。

民银行在《关于在公共服务领域推广政府和社会资本合作模式的指导意见》中称：政府和社会资本合作模式是公共服务供给机制的重大创新，即政府采取竞争性方式择优选择具有投资、运营管理能力的社会资本，双方按照平等协商原则订立合同，明确责权利关系，由社会资本提供公共服务，政府依据公共服务绩效评价结果向社会资本支付相应对价，保证社会资本获得合理收益。政府和社会资本合作模式有利于充分发挥市场机制作用，提升公共服务的供给质量和效率，实现公共利益最大化。所以 PPP 模式的核心特征在于政府和社会资本利益共享、风险共担、长期合作。合作的目的是通过供给侧结构性改革，激励多种市场主体通过公平竞争方式优化公共服务供给，解决公共服务供给不足、政府投资效率不高、服务品种单一、透明度不够等问题，满足人民群众不断提高的多样化高品质公共服务需求。

（二）PPP 模式在公共文化领域应用的现状

2015 年 5 月，政府相关文件第一次将 PPP 模式应用推广到公共文化服务领域，2015 年 9 月，在财政部公布的第二批政府与社会资本合作示范项目中，包括了 11 个文化项目，总投资规模超过 1000 亿元。随后政府出台了多项措施鼓励政府和社会资本的合作，2015 年 12 月，财政部下发了《关于实施政府和社会资本合作项目以奖代补政策的通知》，以鼓励政府与社会资本合作项目的规范发展，规定对于合作示范项目，根据投资规模的不同，给予 300 万~800 万元不等的奖励。在 2016 年 6 月《关于做好第三批政府与社会资本合作示范项目申报筛选工作的补充通知》中又规定了奖励办法。

截至 2018 年第三季度，全国 PPP 综合信息平台项目管理库累计项目数 8289 个、投资额 12.3 万亿元。其中累计落地项目数 4089 个、投资额 6.3 万亿元，落地率 49.3%。在管理库项目中消费领域基本公共服务项目（文化、旅游、体育、健康、养老、教育 6 个领域）累计项目数 1409 个、投资额 1.3 万亿元。具体到文化领域累计项目数 193 个、投资额 1702 亿元，占比分别为 13.7% 和 13.1%。在管理库中消费领域基本公共服务落地项目数 619 个、投资额 5038 亿元，具体到文化领域落地项目数 83 个、投资额 766 亿元，占比分别为 13.4% 和 15.2%。

从以上数据可以看出，尽管 PPP 模式在公共文化服务领域的应用已经有了很快的发展，但是和其他行业的投资额相比较，还有较大的上升空间。并且从具体的投资领域来看，文化领域的 PPP 模式多集中在公共文化设施领域，如文化场馆的建设等。

二、公共文化服务领域 PPP 模式面临的挑战

从 PPP 模式的含义可以知道，PPP 模式所涉及的利益主体至少有政府和社会资本两个主体，最终要给社会提供高质量和高效率的公共文化服务。但是政府和社会资本

的最终目标会有利益冲突，因为政府把公共利益居于首位，进而实现公共利益的最大化；然而社会资本要实现可观的经济利益，公共文化服务的公益性和公平性的特点决定了政府和社会资本的合作必须解决好双方的利益共享和风险共担问题，才能实现长期的合作。所以，由于 PPP 模式利益主体的目标冲突以及在我国公共文化领域推广的时间较短，因此，还面临着各种各样的挑战。

（一）缺少权威的法律法规框架规范政府和社会资本的合作关系

虽然国务院和有关部门出台了有关 PPP 的指导意见和操作指南，但是它们多数停留在政策层面，法律效力比较低。在 PPP 模式下政府和社会资本的合作中，政府需要委托社会资本实现公共文化服务的提供，政府和社会资本之间存在代理人和委托人的关系，双方的利益追求又有所不同，所以公私双方需要相互制衡、相互监督，使委托代理问题降到最低。而且 PPP 项目在实施过程中，会出现各种不确定性，如果交易成本过高，会影响社会资本的参与意愿。在这样的背景下，PPP 模式需要权威的法律框架建立清晰的争议解决机制与制度，为政府和社会资本提供政策、合同等方面的权威解释，对 PPP 项目的规范、透明、高效开展给予规范指导，从而加快 PPP 模式的推广。

（二）公共文化服务领域 PPP 项目存在融资困境

根据全国 PPP 综合信息平台项目管理库 2018 年第三季度的有关数据，管理库累计落地项目数占管理库累计项目数的比重为 49.33%，影响 PPP 项目落地难的主要原因是融资难。融资难可能有各种原因：公共文化服务领域 PPP 项目通常投资额大、生命周期较长，风险比较大，所以融资比较困难，而且金融机构会担心社会资本是否能参与PPP 项目整个生命周期的管理，最终各大金融机构都会因资金安全问题而对发放贷款积极性不高。债券融资方式也因为 PPP 项目的收益率较低使债券发行难以落地。再加上地方政府的换届风险也会增加地方政府的信用风险，所以地方政府的 PPP 项目融资会更困难。

（三）有专业实力的优秀文化企业群还未形成

政府在公共文化 PPP 领域允许社会资本参与图书馆、文化馆、博物馆、剧院等公共文化设施的建设和运营，公共文化服务项目又包括文化、旅游、教育等不同的领域，所以公共文化 PPP 项目在不同领域的建设和运营都需要专业实力性很强的文化企业参与其中。但是公共文化服务领域的 PPP 模式发展的时间较短，还处于摸索阶段，虽然有一些成功项目，也出现了一些有实力的文化企业，但是我们需要更多成功的案例发现更多不同领域和不同区域的优秀文化企业，以形成优秀文化企业群，带动不同领域和不同区域的公共文化 PPP 项目的开展。

（四）缺乏公共文化领域 PPP 模式的专业人才

PPP 模式操作复杂，涉及担保、税收、合同、特许权等多方领域，需要懂法律、经济、财务、项目管理等各方面的专业技术人才。但是我国 PPP 模式还处于探索推广阶段，所以 PPP 模式所需的复合型人才和专业人才比较欠缺，应该在引进人才的基础上，重点培养相关人才，保障公共文化领域 PPP 模式的推广和应用。

三、完善公共文化服务领域 PPP 模式的建议

（一）建立权威完善的 PPP 法律法规框架

2018 年大批 PPP 项目开始运营服务，出现泛化、异化等不规范问题，到 2018 年 10 月，财政部清理清退了 2428 个项目，涉及投资额 2.9 万亿元，整改完善 2005 个项目，涉及投资额 3.1 万亿元。由于 PPP 项目已经进入了规范的质量发展阶段，所以为了防范法律风险，使 PPP 项目合法合规，必须推进 PPP 立法工作，减少 PPP 项目在执行过程中出现的政策性风险等各种不确定性的因素，解决 PPP 操作中的各种问题和争议，最大可能给参与各方提供利益保障机制，稳定预期，最终规范 PPP 的发展，推动社会资本积极参与公共文化服务的供给。

（二）搭建多元化的融资渠道和平台

文化 PPP 项目通常时间跨度大，回收资金周期长，需要建立一套与 PPP 模式相适应的融资制度，以金融创新解决 PPP 项目的融资问题，加快 PPP 项目的落地。具体来讲，对于 PPP 社会股权投资模式可以探索多元化的基金运作模式、丰富 PPP 项目债券融资模式，还可以根据 PPP 项目各发展阶段的特征，分阶段发行不同类型的融资工具、开展 PPP 项目资产证券化以盘活存量、继续完善 PPP 政府基金等，建立多元化、市场化的融资渠道和退出渠道。另外，担保机构通过为企业提高担保额度给企业增信，也可以在一定程度上解决 PPP 融资难的问题。

（三）积极培育有国际竞争力的骨干文化企业

随着文化产业在国民经济中的地位逐渐增强，我们需要积极培育一批有国际竞争力的骨干文化企业助推公共文化 PPP 项目的高质量发展，以高质量的文化供给增强人们的文化获得感和幸福感。因此，我们需要让专业的人干专业的事，要鼓励这些专业的骨干文化企业参与文化 PPP 项目的长期运营管理，在提升项目管理效率和运营水平的同时，打造文化 PPP 领域的知名文化品牌，并逐步形成优秀文化企业群，带动不同领域和不同区域的公共文化 PPP 项目的开展。

（四）培养专业人员，提升文化 PPP 项目相关人员的专业化水平

文化 PPP 项目所需的专业人才需要掌握经济、文化、法律和项目管理等诸多领域的专业知识，他们的专业化程度对文化 PPP 项目的推广和应用会起到很重要的作用。

我们可以从相关领域选拔优秀人才进行 PPP 方面的培训，为文化 PPP 项目服务，解决文化 PPP 项目对专业人才的急需；更重要的是我们需要培养文化 PPP 领域的专业人才，通过高校、培训机构、国际交流合作等方式培养专业性人才，解决文化 PPP 模式对专业人才的长期需求，最终提升文化 PPP 项目的专业化水平。

参考文献

［1］董爽.我国城市公共文化服务 PPP 供给模式研究［D］.湖北大学硕士学位论文，2017（4）：23-34.

［2］许冰杨.PPP：公共文化服务供给的新路向［J］.经济研究导刊，2016（24）：178-179.

［3］周瑶.公共文化类项目实施 PPP 的关键路径研究——以汉中××汉文化建设项目为例［D］.南京大学硕士学位论文，2017（5）：2-10.

［4］成啸.PPP：公共文化产品服务的多元化复合供给模式——以澳大利亚墨尔本剧院为例［J］.科学发展，2016（9）：83-90.

［5］陈志敏，张明，司丹.中国的 PPP 实践：发展、模式、困境与出路［J］.国际经济评论，2015（4）：68-84.

作者简介

蔡春霞，北京印刷学院经济管理学院讲师，博士研究生，主要研究方向为经济管理。

北京建都之始及金中都文化对后世的影响①

范文静　王　蕾

摘要：北京古称"蓟、南京、燕京"等，曾为方国之都、地方州郡、陪都，第一次成为首都是从 1153 年金完颜亮迁都燕京开始，至今已有 865 年的历史。作为具有 865 年历史的古都，北京积累了丰富的文化资源。本文从北京建都之始——金中都为研究着眼点，梳理北京历史上在政治、经济、文化等方面的辉煌成绩，并总结了金中都文化对后世文化的影响，进一步深入挖掘北京古都文化资源，希望对北京历史文化资源的保护与传承起到推动作用。

关键词：北京，金中都，古都文化资源，保护与传承

一、北京建都之始

北京自古以来就是北方重要的方国之都、地方州郡。《史记·周本记》载："周武王姬发灭商，封黄帝之后于蓟，封召公于燕。"蓟即今北京广安门附近，燕即今北京房山琉璃河附近。北京处于南北各民族交往的枢纽地位，具备易守难攻的天然地理环境，物产丰富。在金时已有丰厚的经济、文化基础和基本完备的城市基础设施。公元 1141 年宋金"绍兴议和"，宋向金称臣，并划定东西以"淮河中流——大散关"为分界线，以南属宋，以北属金。许亢宗《宣和乙巳奉使金国行程录》记载辽南京城（即燕京）"城后远望，数十里间，宛然一带回环缭绕，形势雄杰，真用武之国，四明四镇皆不及也"。燕京位置的重要性可见一斑。"绍兴议和"宋割让唐州（今河南唐河）、邓州（河南邓州）以及商州（今陕西商县）、秦州（今甘肃天水）的大半，每年向金进贡白银二十五万两，绢二十五万匹。源源不断的物质补偿使金在华北的统治日趋稳定，为了进一步维护政权稳定，金统治者决定将都城从北方苦寒的阿城南迁至燕京。金海陵

① 本文受北京社科基金（北京历史文化资源保护与传承研究——以金中都为例）、北京印刷学院社科类一般项目（20190116002/028）、北京市博士后科研活动经费（10000200277）资助。

王完颜亮贞元元年（1153 年）迁都燕京，将"燕京"改称"中都"，开启了北京作为都城的历史。

（一）迁都燕京

完颜亮（1122~1161 年），金太祖完颜阿骨打庶长孙，金朝第四位皇帝。完颜亮自幼天资聪颖，深谋大略，体态雄伟，并极度崇尚汉文化。皇统九年（1149 年），年仅 27 岁的完颜亮弑君篡位称帝，改元天德。完颜亮在位十二年，为人残暴狂傲，然而与此同时，他也励精图治，厉行革新，并大力推广汉化，迁都燕京，极度加强中央集权，进一步巩固了金王朝的华夏正统性和在北方的统治。

完颜亮对"天下一家"和民族间"勿贵彼贱我"的思想发展具有极其深远的影响。我国历史上，涉及多民族问题向来有"华夷正闰"之论。金太祖、金太宗时期，称宋为"中国"，金朝为正统的观念尚不明显，到海陵王时这一观念有了新的发展。完颜亮用迁都燕京、推行汉化、改革科举制度、不拘一格任用各民族官员等行动证明少数民族王朝同样具有上承天命、普惠民生的合理性，淡化了"华夷之辨""尊夏贱夷"等观念。到金世宗、金章宗时期，金朝政治、文化、社会经济达到最高峰，民众生活更加富足，统治者的正统观念也日益强烈。这一观念对推动金代各民族融合、推动北方文化发展具有重要意义。

（二）金中都位置及布局

金中都城位于今北京市西城区、丰台区一带，略呈长方形。金中都城沿用辽南京城的基本格局，都城北墙沿袭辽南京城北墙，东、西、南城墙在辽南京城的基础上各向外扩展 1.5 公里而建。金中都城东南角，在今北京南站路东的四路通路；东北角在宣武门内翠花街；西北角在军事博物馆南的黄亭子；西南角在今丽泽金融商务区东北角凤凰嘴村。金中都与元大都没有交集，与辽南京有大面积交集，与明清北京城有部分交集（见图 1）。

金中都城由外城、皇城、宫城三部分组成，城内水系发达，苑囿齐具，街道坊巷布局规整。外城周长约 17.5 公里，方形，四至范围大致如下：东城垣，四路通向北至宣武门内翠花街南北一带；西城垣，凤凰嘴村至军事博物馆南黄亭子南北一带；南城垣，凤凰嘴村至四路通村的东西一带；北城垣，复兴门内大街以南大约 500 米。皇城，基址位于今天广安门南滨河金中都路一带。东西窄，南北长，周围 3 里，共有城门四个：东为宣华门、南为宣阳门、西为玉华门、北为拱辰门。宫城在皇城后部，位于金中都中心，共有殿 36 座，此外还有众多的楼阁和园池名胜。

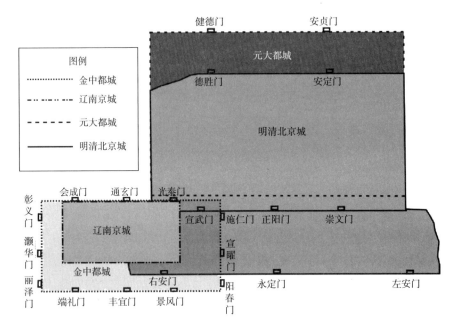

图1 金中都与元大都、辽南京、明清北京城的位置关系

资料来源：笔者根据辽史、金史、元史、清史都城位置图对比绘制。

（三）金中都所在区域历代社会经济发展

1. 唐幽州时期

燕京，唐称"幽州"。据《房山经》记载，唐幽州市场有许多行业，如白米行、大绢行、彩帛行、丝帛行、屠行、炭行、生铁行、磨行、布行、果子行、肉行、染行、靴行、杂货行、油行等，经营食品、金属用具、日用品、纺织品、燃料交易等。唐中叶，在幽州城北形成了商业区，称"幽州市"。可见当时的商业活动已经相当活跃，资金、人才、商流等的聚集为要素平台搭建奠定了基础。

2. 辽南京时期

燕京在辽时商业进一步发展，市场繁荣，税收稳定，宜居宜业，这也是海陵王迁都的原因之一。《金史·食货志》记载："（辽）太宗得燕，置南京，城北有市，百物山倚，命有司治其偾。"契丹族建辽之初就充分注意到了燕京的商业功能，并采取了实际措施推动该地商业的发展。经过多年经营，燕京地区的商业获得长足发展。《辽史》卷48，《百官志·四》记载，南京"多财赋官"，这从一个侧面表明燕京地区商业的繁荣，百业兴旺令政府有税可征，政府才会多设"财赋官"。金初（1125年）北宋许亢宗出使金国时，看到析津府（今北京西南）"居民棋布，巷端直，列肆者百室"，"户口安堵，人物繁庶，大康广陌皆有条理。州宅用契丹旧内，壮丽复绝。城北有互市，陆海百货萃于其中，僧居佛宇冠于北方，锦绣组绮精绝天下，膏腴、蔬蓏、果实、稻粱之类靡不毕出，而桑、柘、麻、麦、羊、豕、雉、兔，不问可知。水甘土厚，人多技艺，民尚气节。秀者则向学读书，次则习骑射，耐劳苦"。（许亢宗《宣和乙巳奉使金国行程录》），描绘了燕京地区的商业发展状况和人民生活状况。

3. 金中都时期

海陵王迁都中都以后，皇室贵族、文武百官及其家属随从等大量消费性人口一并而至，与此同时，金政府鼓励居民迁入中都地区，于是交通运输、住宿餐饮、教育卫生等各类服务性人口大量聚集在金中都城。金泰和七年（1207年）中都城市总人口达到40万人左右。人口的大量聚集进一步促进了城市商业发展和文化的兴盛。中都不仅是中都路①地区的中心城市，也是全国的政治、经济和文化中心。

金中都商业繁荣，据《金史》卷8《世宗纪下》记载：大定二十一年二月，世宗以元妃李氏之丧，致祭兴德宫，"过市肆不闻乐声"，世宗问宰臣说："岂以妃故禁之耶？细民日作而食，若禁之，是废其生计也，其勿禁……故见街衢门肆，或有撤毁，障以帘箔，何为尔也！自今勿复撤毁。"由此可知，由"大内"到北城的兴德宫，要经过"市肆""街衢门肆"。有司为了皇帝的安全，令"撤毁""障以帘箔"，从中可以想见临街店铺的存在及其繁盛景况。

海陵王迁都燕京后，厉行革新，施行从中央到地方一系列政治、经济、民族等方面的改革。通过推行汉化、大力发展文化教育、颁布"正隆官制"，任用各民族官员等，实现了多民族融合的政局，呈现出"天下太平，四民安居乐业"的景象。在商业上，宋金之间的贸易交往十分密切。每年，从宋输入到金大量茶叶、生姜、食糖、香药等，同时又有大量的丝、棉、锦、绢等从金输入到宋。随着商品交换的发达，货币经济和货币流通迅速发展。

金建国之初，没有独立币制，主要使用辽、宋旧钱，直到海陵王时期，才开始发行"交钞"和铜钱，并陆续制定一系列有关货币发行、流通、回笼等方面的法律法令，建立起一套比较完备的货币制度。金代货币研究者大多将金代货币制度的演变分为三个阶段：从以物易物到货币交易阶段（1115~1153年）、以钱为主、钱钞并用阶段（1154~1189年）、货币制度混乱和崩溃阶段（1190~1234年）。

4. 元大都时期

元灭金以后，至元四年（约1267年）在金中都东北角之外开始动工建设元代都城，历时二十余年，形成新一代帝都。至元二十二年（1285年）诏令规定，迁入大都新城必须以富有者和有官职者为先，大量平民百姓只得依旧留在中都旧城。在当时人

---

① 中都路：金代制度，以路统辖府、州；府、州辖县。在中都附近特设中都路，管辖大兴府、通州、蓟州、顺州、涿州。

的心目中旧城仍是重要的，通常把新、旧城并称为"南北二城"，二城分别设有居民坊七十五处、六十二处。元大都继承了金代的许多商业设施，商业细分更多，商品贸易更加规范，交易市场划分为米市、面市、菜市、鞋帽市、柴炭市、铁器市、珠宝市等，商品种类极大丰富。

元代大通漕运水道使江南米粮成为元大都粮食供应的绝对主力，但元大都周边地区特别是南郊地区也是保障大都粮食供应的重要生力军。元许有壬《弄田赋》载："我朝登三迈五，南郊畇畇，有田千亩，大臣代耕，岁事修举。"意思是说：我朝可媲美三皇五帝时期，南郊田地平整，大量良田，大臣俸禄富足，一年农事兴盛。说明当时元大都城南郊有大面积农田，农事兴盛。

5. 明清时期

明清时期金中都地区泉水丰沛，主要经济产业以灌溉性种植业为主，粮食作物主要为水稻，经济作物有蔬菜、花卉等。明代时期逐渐形成自然村，村名及村子的主要经济来源都与水密切相关。"前泥洼""后泥洼""水头庄""万泉寺""玉泉营""管头村"等村名记录了村子与水的关系。《菜户营村村志》记载："菜户营村明代成村，因有菜户聚集于此而得名。"明朝后期，菜户营地区为御膳房嘉蔬属所在地，是宫廷用菜的集散中心。四季均有各地进贡的贡菜在此周转，押运的官员也在此进行交割。因为交通运输的不便，直隶供应京城蔬菜的菜农也大多晚间在此休息。久而久之，就有了菜户营的地名，其周围的三路居、万泉寺、东管头村等直到20世纪80年代仍为北京重要的种菜区。

二、金中都文化对后世的影响

（一）对宫城建设的影响

从都城建设上来看，海陵王迁都燕京，不仅为金朝世代兴盛打下了基础，也为后世（元、明、清）作为首都奠定了根基。金代海陵、世宗、章宗三代60年对中都的建设，将北京推进到了名副其实的首都地位。宋人周麟之撰写的《海陵集》一书中描述："燕京城内地大半入宫禁，百姓绝少，其宫阙壮丽，延亘阡陌，上切霄汉，虽秦阿房，汉建章不过如是。"金中都沿用辽南京、仿照汴梁城并有所发展和提高，对后世也产生了深远影响，元大都、明清北京城平面作"回"字形的布局无不受金中都的影响，宫殿建制、行宫园林也都被后世沿用并发挥。

1. 王者居中的思想

"王者居中"思想有文献记载的可以追溯到战国时期。《荀子·大略》："欲近四旁，莫如中央。故王者必居天下之中，礼也"；秦《吕氏春秋》："古之王者，择天下之中而立国，择国之中而立宫"。但王者居中思想表现在皇城建设上，始于金中都，金修建金中都扩展辽南京城垣便是为了使皇城居于都城中央。这种开创性布局改变了汉长安、隋唐洛阳、辽南京宫城处于都城一隅的格局。中都皇宫主殿大安殿居于宫城中心，位置在都城的中轴线上，这在此前宫城建筑中是少有的。王者居中的思想均被元明清所采用，而且更为强调。

2. 五行方位布局

《周易》是中国传统思想文化中自然哲学与人文实践的理论根源，是古代汉民族思想、智慧的结晶。金统治者很注意吸收汉族的先进文化，《周易》的五行思想在金宫城布局和金陵选址上均有重要的指导作用，并对后世宫城的布局产生深远影响。

金中都宫城分东、中、西三路。中路按前朝后寝的原则安排，东路安排太子宫。按五行说，东属木，象征四季之春，主生化过程，因而太子宫建在东路。紫禁城东路与金宫城相似，亦设太子宫于东华门内之东路。元在西苑东侧建皇宫亦仿自中都。

中都宣阳门东西设文武楼，乃文武楼制之开端。明奉天殿（后改皇极殿，清为太和殿）左右亦建文武楼，嘉靖年间改为文昭阁（清为体仁阁）和武成阁（清为弘义阁）。

明乾清宫与金仁政殿亦近似，亦有披阅奏章、召见群臣、处理日常政务功能。宫城前有千步廊，正门是通天门，门楼系琉璃瓦顶，高八丈，深十一间，中间红色五座门楼，两侧有垛楼，东西有左右掖门，是明清午门的雏形。

（二）对节日文化的影响

海陵王仰慕汉文化，极力促成女真人汉化。金朝沿用汉族干支历法，规范了燕京的时间文化。据《大金集礼》卷32《休假》中记载：元旦、上元、中和、立春、春分、上巳、寒食、清明、立夏、四月八日（佛诞日）、端午、三伏、立秋、七夕、中元、中秋、重阳、下元、立冬、冬至、除夕等，都是法定假日。各级官员都有一至三天的休假。金朝用法律的形式确立的这一批节日，奠定了北京地区传统节日架构的基础。这些节日经过八百多年的发展，与各族人民时间文化的融合，逐步形成了北京地域文化的节日系统，并对全国的节庆安排发挥了示范作用。金朝留下来的传统节日可以用"三元七重，四时八节"① 来概括，不算其他杂节也有22个之多，每月均有1~2个节日，传统节日清晰地记录了民众丰富多彩的社会生活文化内容，给后人留下了一笔宝贵的非物质文化遗产。

---

① 三元：正月十五上元节、七月十五中元节、十月十五下元节。七重：正月正（春节）、二月二（龙抬头）、三月三（蟠桃会）、五月五（端午节）、六月六（亮宝会）、七月七（七夕）、九月九（重阳节）。四时：春、夏、秋、冬。八节：立春、春分、立夏、夏至、立秋、秋分、立冬、冬至。

三、结语

自 1153 年金完颜亮迁都燕京至 2018 年，北京已有 865 年的建都史，深厚的历史积累了丰富的古都文化资源。金中都文化遗产在王朝更迭中不断被破坏，保留至今的寥寥无几。以致如今提起北京城，绝大多数人只是将历史回放至明清，其实，金中都才是北京作为古都之始，是古都文化的起源。北京古都文化是北京首都文化的重要组成内容，挖掘好、传承好古都文化具有重要的意义。本文以金中都对后世的影响展开挖掘研究，今后将在物质文化资源、非物质文化资源等方面做更深入的挖掘，以加强北京历史文化资源保护与传承工作。

参考文献

[1] 宋德金. 金源文化的历史地位 [J]. 学理论，2008（6）：70-73.

[2] 王德朋. 论金代商业经济的若干特征 [J]. 辽宁大学学报（哲学社会科学版），2009，37（3）：83-88.

[3] 张慧. 金代货币制度初探 [J]. 内蒙古金融研究，2003（S2）：5-7.

[4] 曾代伟. 金朝金融立法述论 [J]. 民族研究，1996，（5）：41-47.

[5] 张隽. 金中都苑囿的方位布局及历史地位 [J]. 北京规划建设，2014（4）：105-111.

[6] 王莹莹. 北京建都之始——金中都 [A]. 繁荣古都历史文化实现中华民族伟大复兴的中国梦论坛文集，2013：246-251.

[7] 南怀瑾. 易经杂说 [M]. 北京：东方出版社，2015.

[8] 赵书. 金中都的建设与老北京的节庆文化 [A]. 北京文化论坛——节日与市民生活论文集，2013：14-15.

作者简介

范文静，1983 年出生，北京印刷学院经济管理学院文化产业管理系讲师，正在攻读清华大学新闻传播学院与北京印刷学院联合培养博士后。主要研究方向为文化产业管理、文化遗产保护。

王蕾，1981 年出生，北京印刷学院文化产业管理系讲师。

旅游危机事件对旅游安全的影响与对策研究[①]

王 蕾 范文静 刘 彤

摘要： 在经济全球化背景下，旅游突发危机事件不仅对事发国家的旅游经济造成巨大损失，也对国际旅游安全产生一定影响。旅游危机事件具有突发性、严重性、普遍性和未知性的特点。旅游危机事件不仅对事发国或地区的旅游基础设施、旅游收入、旅游人次和旅游生态环境产生直接影响，还会间接影响到旅游形象和旅游竞争力。我国应确立以政府为核心的危机管理体制，在政府主导下，旅游相关企业协助政府做好危机公关与危机恢复。

关键词： 突发危机事件；旅游危机；旅游安全

一、旅游危机事件研究的必要性

旅游业已经逐渐成为各个国家的经济支柱产业，在经济全球化的大背景下，旅游突发危机事件不仅对事发国家的旅游经济造成巨大损失，而且对国际旅游安全也产生一定影响。自 1989 年以来，全球旅游业遭受到一系列突发危机事件的冲击，"美国 9·11 事件""美伊战争""国际恐怖袭击""日本地震及核泄漏""东南亚海啸"等突发事件层出不穷。当前，中国正处在经济社会转型的关键时期，经济改革进一步深化，社会结构全面分化重构，此时在社会发展序列上正处于一个社会非稳定状态的频发阶段。基于美国"9·11 事件"、英国"口蹄疫"等诸多突发危机事件的冲击，欧美很多国家已经具备完整的旅游危机事件应对体系，而中国在此方面的实践还并不成熟，因此对旅游危机事件和旅游安全的研究就显得尤为重要。

---

① 本文受北京印刷学院校级社科类一般项目（23190115031）资助。

二、旅游危机事件的特征

基于旅游业的特殊地位与行业特征，综合目前国内外的相关案例，可以将旅游危机事件的特征概括为以下四点：

（一）突发性

旅游危机事件是在人们毫无察觉或准备的情况下发生的，具有不可预测的特点。这种突发事件往往打乱旅游组织的正常工作程序，给组织带来一定程度的混乱，使组织陷于被动不利的局面。

（二）严重性

一方面，危机事件本身危害性极大，如飞机失事、恐怖主义暴力事件，不仅造成人员伤亡，而且给旅游业组织带来经济上的损失；另一方面，危机事件发生后，媒体快速公开报道，由此给旅游组织造成的负面影响迅速扩大，如果不采取行动，在公众中的不良影响会迅速蔓延，给旅游业造成的形象损害是无法估量的。

（三）普遍性

旅游业的易敏感性特点，使旅游业的发展受战争、疫情、恐怖活动、政治动乱、自然灾害等诸多因素影响。大到国家、中到某地区、小到旅游企业或组织旅游危机事件都不可避免。

（四）未知性

危机事件通常都是在未知的情况下发生的，事后危机事件发展演变迅速，其发展方向也存在着极大的变数。

三、旅游危机事件的影响

（一）旅游危机事件对旅游基础设施的影响

一般来说，当突发性旅游危机事件发生后，直接受影响的无疑就是事发地的各种旅游基础设施，这种危害以自然灾害带来的损失最为惨重（如表1所示）。像东南亚海啸这种危机事件，有的地区灾后重建工作需要近十年时间才能完成，这对当地的旅游业可谓致命打击。

表1　全球危机事件对事发地基础设施的影响

全球突发性旅游危机事件	旅游基础设施的受损情况
2004年印度尼西亚大海啸	整个苏门答腊岛西北沿岸数百公里成为废墟。印尼大量居民住房、公共建筑、基础设施、电力、通信设施等遭受毁灭性破坏
2005年"卡特里娜"飓风	新奥尔良80%的地区被洪水淹没，变成泽国
2005年7月"达维"台风	海南53条公路中断，大批临海木屋掀顶或倒塌
2010年明威群岛强震引发海啸	海啸导致500多间居民房屋被冲走，200多间居民房屋受损。重灾区南巴盖岛27个村庄受灾，其中6个村庄遭到毁灭性破坏，仅少数人生还
2011年日本强震引发海啸	海水淹没大批村庄，失踪两万多人，引发福岛第一核电站核泄漏，导致各种化学物质和污染物侵入海洋，至今解决当地海洋生态问题还是一大难题

资料来源：根据网络资料整理。

（二）旅游危机事件对旅游收入与旅游人次的影响

旅游危机事件带来的第二个直接影响就是对旅游经济的冲击，表现在对事发国家旅游经济收入和旅游人次的影响。我国旅游业曾经受到"非典"的严重冲击：2002年我国入境旅游人数在亚太地区中排名第一，然而受"非典"影响，2003年入境旅游人数自2002年的3680.3万人次下降至3297万人次，经济收入由2002年的203.85亿美元减少到174.06亿美元，下降14.6%。2004年底，东南亚海啸导致整个亚太地区遭受超过30亿美元的旅游损失，其中，泰国旅游经济损失最大，据统计，海啸对泰国经济的直接损失达34亿泰铢，间接损失也达到1000亿泰铢。2005年美国新奥尔良"卡特里娜"飓风后，2005年新奥尔良所有旅游会议全部取消，仅此一项损失就高达35亿美元。2011年东日本大地震，根据世界银行数据统计结果，此次大地震给日本旅游业造成超过9.9万亿日元的巨大经济损失。

从旅游人次来看，旅游危机事件带来的影响也是非常严重的，尤其是入境旅游人次方面。最典型的案例莫过于连续遭受"9·11"恐怖袭击事件、SARS危机和金融海啸等事件冲击的美国。2001年经历"9·11事件"后至2003年美国入境旅游人数持续减少，入境旅游收入由2000年的979.43亿美元降至2003年的832.54亿美元。其中乘坐飞机入境的游客数量从2000年的3236.8万人次减少到2003年的2307.6万人次。旅游人次的减少势必导致当地旅游就业人数锐减，这对旅游目的地和旅游企业本身经济都会带来破坏性影响，失业率的提升同时还可能对社会稳定增加许多未知因素，对于旅游安全氛围造成威胁。危机事件过后事发地或事发国家的旅游入境人次减少的主要原因在于游客的旅游安全信心受到影响（如表2所示），所以如何进行适当的旅游危机管理重构游客信心是突发事件之后进行危机公关和后续危机预警的至关重要环节。

表 2　危机事件对旅游者心理的影响

旅游危机事件	死亡人数（万人）	对旅游者心理的影响
2004 年，印度尼西亚大海啸	22.6	2005 年，泰国入境游客约减少 120 万人，普吉岛入住率由 90% 下降到不足 10%
2005 年，巴厘岛爆炸案	26	爆炸发生后三天，印度尼西亚入境人数由 5671 名下降到 3364 名，酒店入住率由 90.08% 下降到 78.7%
2005 年，新奥尔良"卡特里娜"飓风	1836	2004 年，新奥尔良接待游客 1010 万人，飓风后新奥尔良的游客几乎绝迹
2009 年，台湾"莫阿克"风灾	461	事件发生后 3 个月，入台游客数量减少 10%，岛内游客数量下降约 15%

资料来源：柴寿升．海洋旅游危机事件及其管理体系构建研究［J］．国土与自然资源研究，2011（6）．

（三）旅游危机事件对旅游生态环境的影响

很多知名的旅游目的地都以优美的自然风光著称，一旦危机事件突发，很多生态环境将受到不可挽救的损害。以日本核泄漏事件为例，东日本大地震和海啸的强烈冲击使福岛核电站发生放射性物质泄漏事件，大量放射性物质浸入附近海洋和陆地生态环境中，有的放射性污染物通过管道设备直接排放到海水中，有的是通过陆地进行扩散。该事件不仅对当地居民的身体健康和生存环境造成严重威胁，而且给福岛附近海域甚至临近国家的海洋生态安全也带来很多问题。在福岛核电站泄漏事件中，受污染陆地面积超过六万平方米，遭到核辐射侵害人群高达 320 万人之多，被称为人类核能利用史上最严重的一次核泄漏事故。福岛当地的旅游生态环境在此次事故中也遭到毁灭性破坏，旅游经济一蹶不振，至今无人问津。

（四）旅游危机事件对旅游形象与旅游竞争力的影响

旅游危机事件不仅会带来直接的经济、环境等影响，还会间接影响到事发国或事发地的旅游形象与旅游竞争力。游客对于旅游目的地的选择越来越多元，很多旅游资源并不具备唯一不可替代性，如果一个地区发生了危机事件，那么有刚性需求的游客很可能会选择同类型的其他旅游目的地。

2014 年 3 月马航飞机失联事件后，马来西亚在全球旅游者心中的地位持续下降，赴马来西亚的旅游意愿持续低迷。据《华尔街日报》报道，美银美林的研究报告结果显示，马航飞机失联事件之前，在马来西亚入境游客中，中国游客有 12%，贡献了马来西亚 6% 的旅游收入，这相当于马来西亚国内生产总值（GDP）的 0.4%。然而在马航飞机失联事件发生后，中国游客咨询及报团"大马游""新马泰"线路的人数总体大幅下降。一些游客在选择航班时最关心航空公司的选择问题。根据新浪相关调查结果显示，在38400多名网友中，77%的网友表示该事件会影响到未来赴马来西亚旅游的意愿，另外，有19%的网友表示不会受此事件影响旅游目的地的选择，另有4%的网友回答是不确定。据新京报网调查显示，在1002名调查样本中，85.9%认为该事件影响了前往马来西亚旅游的意愿，6.3%表示没有影响，7.6%不确定，而在认为受影响的人群中，67.2%是因为马方政府表现糟糕。可见，旅游市场的竞争力并不是只依靠独特的旅游资源和完善的旅游基础设施来吸引游客，旅游危机事件也是游客考虑的一个因素，越来越多的游客选择到具备安全旅游环境的国家进行旅游度假。

四、应对旅游危机事件的相关建议

（一）确立以政府为核心的危机管理体制

旅游业的危机管理是通过研究危机、危机预警和危机处理达到恢复旅游经营环境、恢复旅游消费信心的目的，从而在此基础上进行的一系列非程序化的决策过程。旅游业的危机管理体系由各级政府、旅游相关企业、景区、旅游者等多个行为主体组成，这些行为主体在危机管理中应担负不同的行为责任。就我国的国情而言，旅游危机管理的主体还是政府，中央及各级地方政府应对国家或地区的整体旅游发展形势进行宏观把握，并对各个旅游相关企业或安全防范部门进行有效管理，颁布相关政策法规维护旅游业安全发展。政府要明确在旅游危机管理中的角色定位，政府的主要角色职能体现在危机预警、危机控制、危机救治、重塑政府形象这四个环节。

在旅游危机发生前，政府应该建立旅游危机管理组织机构并制定危机预案。旅游危机管理组织机构的核心职能是加强监控与有效防范当地旅游业可能遇到的各种不利因素。其主要内容包括加强旅游危机信息和相关数据的收集与研究，制定旅游危机管理预警方案，制定有效应对突发性旅游危机事件的处理程序，构建旅游行业内的有效经营机制，搭建旅游行业内与行业外的有效沟通渠道，组建旅游危机管理研究机构等，使"旅游危机管理中心"成为旅游管理部门中不可或缺的重要组成机构。

同时，政府应及时建立并更新境外旅游危机预警。境外旅游危机预警是针对境外国家或地区状况所进行的旅游安全警示。游客在旅游过程中，所在国的政治局势、卫生防疫、交通状况乃至风俗习惯，都会影响旅游者的旅游安全。美国的旅游预警部门覆盖了旅游业相关的多个部门，由美国国务院主导成立，美国卫生部、交通部、农业部等数十个国内部门以及美国所有的驻海外大使馆、领事馆相配合，真正实现了机构联动、互相支持。由于我国对境外旅游的安全预警起步较晚，所以导致我国目前对境外的危险级别划分较粗糙，并且很多国家的旅游预警信息不全面，相关旅游危机预警建设工作亟待加强。

此外，政府在危机管理中很重要的工作就是推动市场恢复。第一，要推动市场信心的恢复，利用政府优势进行多方动员，对旅游业的潜力和优势进行充分的宣传、推广，激发企业恢复市场信心。"9·11事件"后，美国联邦政府给包括饭店在内的相关组织和行业提供了税收减免、贷款等措施，为旅游业职工提供强制数额减免，为市场提供基本国家基金，为企业提供税收补贴等，有效促进了市场信心的恢复。第二，要进行信息和形象宣传层面的支持，政府应对影响旅游市场恢复的各种信息进行充分整合。为了消除危机事件所引起的负面影响，政府和旅游部门应该策划大型宣传活动，起到重塑形象的作用。日本大地震发生后，日本政府积极应对，迅速开展旅游外交危机公关，通过与周边亚洲国家的外交互动，尤其是增强与中、韩两国的旅游外交活动来重塑日本的国际旅游形象，取得明显成效。日本政府不仅"走出去"，还通过"请进来"的方式，扩大日本旅游的国际影响力。由日本政府牵头，积极邀请各国政要和旅游人士赴日参加各种旅游活动，扩大日本旅游的国际宣传力度，借助外国媒体和知名公众人物的影响力，提升日本的国际旅游竞争力。第三，政府和旅游部门应本着促进市场发展的原则，制定一系列扶持政策。为了拉动日本大地震后的旅游市场，吸引主流入境客源，日本政府针对中国的赴日游客制定专门的签证政策，并于当年7月立即实施。相关签证措施规定，凡符合条件的申请人可申办三年有效、多次往返、每次最多可停留90天的观光旅游签证，但第一次入境时的目的地必须包括冲绳地区，此后赴日地点不限。这项新政极大刺激了中国游客的赴日旅游意愿，根据携程旅游网的调查显示，上海、北京等地旅行社的冲绳旅游线路产品销售迅速，当年8月发出的旅游产品就已基本售罄，赴冲绳自由行游客中有80%的游客是三年往返多次签证，日本政府实施新签证政策的市场效果立竿见影。

（二）旅游相关企业协助政府做好危机公关与危机恢复

旅游危机管理仅仅依靠政府参与是远远不够的，还必须动员旅游相关企业的参与积极性。我国的旅游相关企业普遍没有形成正规的协会管理制度，无法掌握最新的信息来规避或防范危机，所以对于危机的处理和后期恢复也显得势单力薄，这不利于景区或者旅游地的整体发展。旅游业涉及吃、住、行、游、购、娱等方方面面，关联产业较为广泛，旅游相关企业的力量如果能够充分发挥，对于旅游安全的效果是巨大的。旅游业相关企业应协助政府部门发挥收集并传播信息、澄清事实真相、恢复旅游目的地形象、制定危机处理策略和调整策略、消除危机影响等重要职能。另外，旅游业相关企业应注重对旅游从业人员的危机应对培训，在面对危机时，帮助旅游者及时规避危机，保护旅游者的人身和财产安全。

参考文献

［1］邓冰，吴必虎，蔡利平.国内外旅游业危机管理研究综述［J］.旅游科学，2004（3）.

［2］王云.东日本大地震后日本恢复旅游业的措施与启示［J］.企业导报，2013（6）.

［3］张昊.国际危机管理的内涵及特点探究［J］.湖南社会科学，2014（2）.

［4］张进伟.日本旅游业摆脱东日本大地震危机启示［J］.经济研究导刊，2012（18）.

［5］孙根年，舒镜镜，马丽君等.五大危机事件对美国出入境旅游的影响——基于本底线模型的高分辨率分析［J］.地理科学进展，2010（8）.

［6］曹福荣.旅游业敏感性及危机管理的适当解读［J］.旅游学刊，2011（7）.

作者简介

王蕾，1981年出生，山东潍坊人，博士，讲师，研究方向为休闲产业与文化旅游。

范文静，1983年出生，博士，讲师，研究方向为遗产旅游与生态旅游。

刘彤，教授，经济学硕士，研究方向为文化旅游管理、城镇发展与管理、传媒管理。

中国艺术电影院线的发展策略分析①

王超然 刘统霞

摘要：近年来中国的电影产业迅猛发展，与商业影片相比，艺术电影的发展状况不容乐观。但有的欧美国家却依靠完善的艺术电影院线设置措施保障了艺术电影的稳定发展。通过综合运用文献研究和案例对比分析的研究方法，基于西方发达国家对于艺术电影保护和院线建立的运作方式，探求和摸索中国当前艺术电影院线主要的建设模式及发展困境，并尝试为中国艺术电影院线的发展策略提供建议。

关键词：艺术电影；艺术电影院线；发展策略

一、研究背景与问题意识

艺术电影作为一种区别于商业电影的艺术表达形式，其最大特色在于其非商业化和独立性。艺术电影在一定程度上代表了一个民族、国家电影艺术的整体发展水平，它的发展具有一定时代背景下社会文化形态的代表性意义。这也是铸造中国文化安全和传媒产业多元发展的重要阵地。

中国艺术电影的建设兴起于20世纪80年代，并在几十年间发展成为中国文化走向国际、得到世界认可的开路先锋。然而进入21世纪以来，随着市场经济的发展，以经济效益为主要目的的商业电影入主电影市场，电影的娱乐性、经济性压倒了艺术性；这其中不仅存在有国内资本推动的商业电影热，还有来自美国好莱坞等进口大片的文化浪潮。

国内艺术片在国外影展上能频频获奖，但在国内上映的票房低迷，这种"墙内开花墙外香"的矛盾处境长期存在于中国的艺术片市场。同时，由于国内专业院线的匮

---

① 北京印刷学院校级重点课题"北京民俗文化资源的再生模式研究"（23190115019）

乏，不少艺术电影很难在线下与观众见面，而更多地转向互联网进行发行和传播，这在一定程度上造成了"高口碑，低票房"的现象。

国内艺术电影发展的困境是由多方面因素造成的，但最关键的因素之一在于中国大陆在一般的商业院线外，还未建立起完善的艺术电影院线。艺术片的首要目的重在艺术阐释传播与艺术启蒙教育的社会效益，而不是经济效益，所以商业电影院线对艺术片的排片会非常少。所以，单单依靠商业院线的设置，艺术影片根本不可能得到应有的发展。纵观全球，同样是处于商业化电影的浪潮中，一些欧美国家的艺术电影发展相对良好，其根本原因就在于他们为了让优秀的艺术影片有可展现之地而精心打造专业的艺术院线。因此，要想推进我国艺术电影的长足发展，就必须深入探索中国艺术院线建设中的困境和问题，研究分析国外艺术院线建设的经验，谋求新的发展策略。

二、艺术电影院线的研究综述

（一）概念分析

关于"艺术电影"的定义，在不同语境下有不同解读，其中，廖炳惠的观点具有代表意义，她认为："（艺术电影）在技巧的实验与叙事手法上，都有其自主性与企图，而这些和主流的商业电影（特别是美国的好莱坞电影）是有所区隔的""艺术本身的价值及实验性才是其主要关怀，并不以商业的市场流通作为主要的考量"。这也是当前学界广泛认可的一种观点，即艺术电影是一种区别于商业电影的内容形式和表达形式，它更多关注电影导演私人的表现欲、表达欲和再现方式，通过个人的审美、视角、观点来建立内容，而并不妥协于资本的运作方式和大众喜恶的追逐。

院线作为线下的主要观影方式，通过品牌化、集团化、资本化来出品和引进片源，并提供配套的放映方式，这可以被认为是一种电影文化讨论的社会空间。"艺术电影院线"就是围绕艺术影片放映而建立的院线，其建立的初衷是要帮助解决艺术电影上映难、观影难的问题，包括影院、放映设施、数字化软硬件、票房等诸多元素。

（二）艺术电影院线研究分析

近些年来，艺术电影院线相关话题逐渐引起学者们的重视，笔者对现有研究成果进行整理分析，发现当前学者们的研究主要集中在以下三部分：

1. 艺术电影院线建设的重要性分析

李潇在《我国艺术院线发展模式与策略研究》中指出："艺术（电影）院线是艺术电影最为匹配的载体，其诞生对电影放映市场具有相应的补充效果……"张明波的观点与其有相似之处，他在《中国艺术电影院线的建设与发展模式初探》中提出："只有通过艺术院线建设，才能更好地让目标观众看到自己愿意看又在商业影院看不到的艺术影片。"李婧则认为，艺术院线并不仅仅关乎电影艺术的发展和满足特定目标群体，更为重要的是它关系到艺术的背后，即中国传统文化、民族认同感以及整体社会价值取向的建设和表达。

可以看出，学者们关于艺术电影院线的研究中，几乎无一例外的都高度认可了艺术电影院线建设的重要性。而对于其建设的焦虑感，则体现在西方商业文化浪潮对于中国本土观众艺术品位的影响和本土艺术电影生存空间的缺失上。

2. 国内艺术电影院线建设现状分析

在饶曙光和刘晓希的《艺术电影'现象'与艺术院线建设的冷思考》中，作者详细分析了最近几年中国电影市场概况，并指出"最近几年中国电影市场的电影院线及银幕数量都保持着高速的增长，然而，这并没有缓解我国艺术电影院线的短缺问题"。张明波则认为"我国到目前还没有一条真正意义上的艺术电影院线，绝大多数艺术影片无法和观众见面"。

总的来说，尽管中国已经具备建设艺术电影院线的资本条件，但对于如何建设和运营仍然是未知数，相关类似的探索依然少见，事实上，直至目前，国内并没有一条真正意义上完整的艺术电影院线。

3. 中外艺术电影院线建设对比及启示分析

在探析中国艺术电影院线建设现状之余，一些学者也认识到对艺术院线的建设，有不少国家已先于我国迈开了步伐。张明波在《中国艺术电影院线的建设与发展模式初探》中通过对欧美主要艺术院线成功经验的梳理和分析，指出"我国的艺术院线在发展和建设上，一定要探索出具有中国特色、符合我国国情的发展模式"。巩杰在《欧美经验对中国创建艺术电影院线的启示》中则系统分析了美、法、德等电影市场成熟国家的艺术院线建设情况，随后鉴于其经验和启示指出"艺术院线建设是政府必须做的事情，也是一些公益事业单位或者商业集团应该涉足的文化建构行动"，总之"中国艺术院线建设上，一定要有新的想法和突破"。

学者们的研究表明，虽然艺术电影院线的建设在中国尚处于开始阶段，但世界各国成功发展的案例不在少数，中国艺术电影院线的建设发展不应该是孤立的，而应该广泛吸取世界上的优秀经验，结合中国国情，寻找特色发展之路。

王梦昭在她的硕士论文《艺术院线在中国的困境与出路》中指出，海外艺术院线的成功经验在于其艺术独立性和商业流行性的平衡，这不仅是一种妥协，更多的是关于如何通过市场规律更好地传播小众文化的实践。而对于我国的艺术院线建设，则需要考虑如何平衡两者的关系，更好地发展本土艺术电影。韩爽则认为，艺术电影院线的发展"基础在政府的干预和扶持"，并且需要"联合其他院线共享资源，积极培养艺术电影观众，与商业院线形成良性互动竞争，适时拓展并能在全国范围内辐射"。

从以上的文献分析可以看出，当前国内相关方面的研究成果数量有限，研究视角相对单一。本文试图从发展策略的角度分析艺术电影院线的发展。发展策略是关于企业如何发展的理论体系，是一定时期内对企业发展方向、发展速度与质量、发展点及发展能力的重大选择及规划。本文中的"发展策略"即针对中国艺术电影院线的发展方向与发展点给出的思考和建议，相关研究以帮助解决艺术院线的发展问题，实现其快速、健康、持续发展为目的。

三、中国艺术电影院线模式类别及发展困境分析

(一) 艺术电影院线的主要建设模式

艺术电影院线在中国的发展尚处于开始阶段。从观众基础来看上，商业片的群体数量远远大于艺术类电影，这不仅和文化消费习惯息息相关，也因为国内目前的艺术院线资源比较匮乏，但即便如此，依然还是有不少国内相关从业者的积极探索和实践可资借鉴。

1. "商艺参半、以商养艺"的"独立艺术中心"模式

北京 MOMA 百老汇电影中心由香港百老汇电影院于 2009 年开设，是"独立艺术中心/影院"的典型代表。作为国内唯一一家成功实现运营闭环的放映空间，它的主要特色就是商业性和艺术性的平衡。MOMA 百老汇电影中心的运营模式是"商艺参半、以商养艺"，至今已实现收支平衡。它的成功经验也是基于不断的摸索和经验总结。在影院营业之初，不能很好地判断市场需要，全部主打艺术电影的策略并不能在实际运营中行而有效。经过一段时间的调整，拿出一半的影厅放映当下流行的商业电影来赚取维护艺术电影正常运营的费用，并通过商业电影带来的人流量主打影院艺术影厅的特色，推出会员制，减缓了盈利的压力。但需要注意的是，即便如此，该影院还需要总公司的不断支持来保持影院的正常运转。

2. "艺术院线联盟"模式

这一发展模式中最具代表性的是上海艺术电影联盟。2013 年 6 月，由上海市电影发行放映行业协会发起，以 4 条院线、10 家影院组成的上海艺术电影联盟（SAFF）宣告成立。电影联盟以旗下的中华艺术宫艺术剧场和上海电影博物馆为定点影院，放映获得龙标的小众文艺片、纪录片，其余商业影院也将每天排映两场以上艺术联盟影片。上海艺术电影联盟成立以来，做了多种尝试，国内外优秀导演电影展、优秀国产艺术电影展映、新锐导演扶持计划、电影大师讲堂等一系列的活动为上海艺术电影市场注入了新的活力，也为中国艺术电影产业增加了活力，电影联盟的诸多措施都得到了艺术电影爱好者的积极响应。

3．"艺术电影宣传机构"模式

2013年，"后窗放映"成立。这是一群电影发烧友为打破文艺电影放映的困局，尝试与国内主流影院合作，打造立足于艺术电影推广的机构。当后窗放映刚推出时，不少人期待着其可以成为中国第一条艺术电影院线，但后窗放映创始人之一的杨诚更倾向于将其界定为一个"具有浓厚文化色彩的艺术电影宣传发行机构"，这是因为"艺术院线只是一个暂时的说法，严格来说，自己有很多电影院才能叫院线，我们是依托于现有的一些影城。找片方拿到拷贝到已有的电影院放映，而这些影院不只放映艺术电影，很大部分时间都是在放映商业电影"。虽然没有自己的影院，"后窗放映"仍引起了社会大众的广泛关注。第一季的"后窗放映会"就有几十家影院加入，走遍了全国二十几个城市。

（二）艺术电影院线发展的困境分析

1．片源严重不足，现象级的艺术片匮乏

当前，艺术院线中可播放的艺术电影数量严重缺乏是首要问题。如今，中国电影年产量已达700余部，但这其中被严格定义为艺术电影的屈指可数。一方面，对于影院，没有可播放的内容或重复播放库存影片是直接限制院线发展的。同样的，可供选择的内容是放映方和观众第一在意的要素。另一方面，配额制是国内关于引进国外电影采取的标准。对于发行方来说，在追求最大商业利润的同时，势必会导致在引进过程中并不叫座的艺术片很难与好莱坞等流行大片相抗衡。在国内自身并不能制作水平相当的艺术电影的背景下，国外引进渠道的品位偏好也更加限制了艺术电影在国内的发展。除此之外，则是影片的质量欠佳，艺术电影本来就是一个小众的东西，但要想得到广泛传播，就必须要在小众的艺术性上加上为大众所接受的因素，当前我国的艺术影片少有能做到这点的，正如北京电影学院教授吴冠平所说："我们还没有现象级的艺术片存在"，缺少现象级的效应，影片无法走向大众，票房成绩不见起色，是导致院线低估艺术片市场容量的一个重要因素。法国著名艺术影片《天使爱美丽》可谓是现象级作品的典型，影片秉承了法国诗意电影的传统，以及导演让-皮埃尔·热内独具风格的黑色幽默和古怪创意，但同时它又讲述了一群孤独的人对"真善美"的追求，对现实生活和苦乐人生进行了透视与观照。这就使得影片在受到艺术片爱好者追捧的同时也为普通电影观众所青睐，不仅在本国创下了放映六周获得2800多万美元的票房佳绩，并且受到了各国电影观众的喜爱，例如影片在中国文艺爱好者的聚集地"豆瓣"上，迄今已拥有超过50万人参与给出8.7分的高分评价。

2．消费群体体量小，稳定性差

观众是影院发展必不可少的基础，而艺术电影常常又被称为"小众电影"，其受众群本身就处于薄弱状态。再加上一直以来中国的艺术电影都以一种阳春白雪、孤芳自赏的姿态出现在大众眼前，一方面，它用鲜明的个性色彩与商业电影形成了对抗；另一方面，却也造成了与观众的隔绝，难以理解的内容和形式感使得它天然具有距离感。长此下去，艺术电影的根基将不复存在。因此，艺术电影要想良好地发展，势必需要寻找自己的目标受众，并开辟培养目标观众的土壤。德国"军火库"（Arsenal）电影院在这方面的做法值得借鉴。军火库是一家位于柏林的独立艺术影院。它的创建者本身就是艺术电影的忠实粉丝，在自身的人脉网支持下发展会员制成为了一个稳妥的选择。而会员制的另一好处就是对于目标受众的信息精准传达，这体现在把每月的节目信息以最快和最准确的方式送达到每个会员手中。截至目前，该影院的会员已超过4000余名，主要类型是学生、艺术电影爱好者和影院赞助者。影院通过相同爱好而组成的信息网络，在运营上具有显而易见的优势，会员制的背后不仅是稳定的收入，更多的是对于观众群的培养。

3. 艺术性与商业性诉求博弈不断

从"独立艺术中心"到"艺术院线联盟"，可以看出，当前中国艺术影院不论采取何种建设模式，都摆脱不了挂靠商业影院的命运。艺术电影想要上映，只能依靠商业电影的发行和运作模式，并且主动建立与商业电影之间的联动关系，但对于大部分商业院线来说，如何产生最大的经济效益是他们第一要务，这就注定了，要么艺术影片让位于商业电影的上映，要么院线就要在其自身的艺术性和外在的商业性之间做出权衡取舍。相较于中国，"法国精英界历来奉行一种'文化例外'的理念，即文化事业应免遭市场经济的统治，奉行另一套艺术的逻辑和标准"。在"文化例外"理念的指导下，法国政府出台了一系列针对艺术电影院线的保护政策，如法国《电影资助法》明确规定，法国国家电影中心可以从每张电影票（7~9欧元）中抽取12%的税金，用于艺术电影的创作、宣传和发布，其他国家的商业大片要进入法国市场也必须把12%的票房收入拿出来。这些政策减少了艺术电影在市场上与商业电影的直接交锋，保障了艺术影院的生存来源，使其可以无后顾之忧地大力提倡"艺术至上"。

4. 经济发展欠均衡，艺术院线分布不合理

首先体现在严重的地区分布不均衡，这不仅是艺术院线存在的问题，也是整个中国电影市场面临的困境。当前我国的电影票房主要贡献集中于东部沿海发达城市和部分中部城市，而在更加广阔的农村和西部地区，观看电影并不是他们主要的文化消费方式；此外，每个城市中商业影院的数量也远远大于艺术影院的数量，例如，上海有超过100家电影院，但其中艺术院线的占比不到10%，这些为数不多的几家艺术院线还是得益于上海艺术电影联盟而成立的。北京也有超过130家电影院，但艺术影院只有3家，这是一种极端的结构不合理分布。法国的艺术电影院线之路也并非一帆风顺，最初法国只有5家艺术影院从事艺术电影放映传播；但得益于法国政府其后相继出台

的一系列扶持政策，到1962年影院分类体系发布时，有50块银幕获得了艺术影院认证；而到2010年时，已有1024处，超过2000块的艺术影院银幕获得了认证。并且，法国艺术电影院的运作绩效还要经受严格的评定与考核。针对不同地区的艺术电影院，法国政府制定了不同的审核其运营资质的标准，但无一例外都要求在院线内艺术影片的放映量不能低于总影片的一半，否则无法保住下一年的艺术院线资格。

四、中国艺术电影院线发展策略建议

为避免空洞的宽泛之谈，本文在对中国艺术电影院线当前困境分析的基础上，结合当下实际情况，从院线实际运营和政府扶持两大层面给出如下建议：

（一）院线实际运营

1. 多渠道解决片源匮乏问题

首先，艺术电影的界定影响着影院对影片的选择。我们已经知道，当前对于"艺术电影"并未有一个统一的界定标准，结合我国当前国情及各地区人民在审美水平和文化素质上的差异及民族文化背景的差别，就培养最广大的受众群来说，国内艺术院线在选片上需要扩大其准入范围，不能一味拿西方发达国家的类似标准生搬硬套。其次，在片源的供给问题上，需从两个方面对症下药。一方面，要提高国内艺术电影的产量和利用率，既要对艺术电影创作人员提供资金和政策扶植，鼓励他们进行高质量创作，同时也要改进发行审查制度，实现对本国电影资源更合理的运用；另一方面，对国外优秀艺术电影的积极进口也是解决问题的关键所在。在选取国外艺术电影的问题上，既要保持我国特有的社会价值观，又要做到开放包容，这样才能为国内相关从业者打开创作的视野，并且为艺术电影爱好者拓宽可选范围。作为结果，在本土艺术电影供给院线的同时，外国艺术电影作为主要补充，使院线的放映得以稳定，做到常更常新。

2. 加强受众群体的培养

艺术影片始终与"小众"挂钩，缺乏稳固的受众群，受众限制着艺术院线的发展。虽然说当前艺术片的潜在受众并不少，但值得注意的是，影院观影并不是他们接触影片的唯一选择。在互联网飞速发展的今天，影院不仅要千方百计地吸引流动的受众群，而且如何战胜线上观影和流媒体影院的挑战也是一大难题。因此，艺术影院在日常运营上需要多下功夫，如举办多种多样的线下活动以及根据具体电影优化观影体验，这些都不失为一条可行之路。此方面，上海艺术电影联盟采用的"会员制"不失为一个好主意。将流动用户固定为影院会员，既利于及时向观众公布院线排片信息，也可定期举办沙龙、论坛等活动。

（二）政府扶持

1. 加大政府的财政性政策扶持

要想使艺术性大过商业性的艺术电影院线，在市场化的环境中得到长足发展，政府的财政性政策扶持显得尤为重要。欧美国家的一些成功经验值得我们借鉴，例如，在法国的艺术电影院线的运营过程中，政府的全力支持起到了十分重要的作用。这种国家政府层面的支持不仅包括财政上的贴补，更为重要的是贴补去向的明确性和对于行业需要的准确了解。为此，在我国发展艺术院线的过程中，各级政府有责任与义务对该事业给予充分支持和理解，具体体现在税收政策、财政贴补和基础设施建设的倾斜上。这一系列举措更深远的影响体现在对于国内人民艺术鉴赏能力和美学教育的培养上，为塑造更和谐的社会环境打造良好基础。

2. 注重区域协调发展

除了财政性政策扶持外，政府在艺术电影院线的建设中尤其要注意区域发展的协调性。首先要在经济、文化发达的重点城市和地区，大力发展艺术院线。法国巴黎市区内的 90 多家影院中有 41 家是艺术影院，我国也应逐步增强艺术影院的比重，使艺术影片即使脱离了商业院线也有发展空间，同时可将大学校园作为院线建设的重要聚集地，坚持发掘高素质的受众群体。其次要逐步推进在所有人口数量达到一定规模的城市和地区建设至少一所艺术影院，以点成面，推动艺术电影院线的完整建立。

五、结语

影响艺术电影院线发展的因素多种多样，针对这些影响因素而提出的发展策略也各有不同。本文在前人研究的基础上，对中国艺术电影院线建设的现有基本模式进行了归类，并对比借鉴欧美各国的成功经验，探讨分析了当前中国艺术电影院线发展的困境和成因所在。同时，针对中国是政府主导制整体文化现实状况，即影院的经营主体和主导宏观文化政策的政府是影响艺术电影院线未来发展的两个关键因素，本文着眼于这两方面进行发展策略研究分析，并提出可行性建议。院线的经营主体必须在深谙市场运行规则的基础上，着力解决艺术院线的片源匮乏和受众培养问题；政府则应发挥好自身的主导性作用，加强对艺术电影院线建设的政策扶持和财政优惠，推动带有"小众"特质艺术电影的可持续发展，同时注重院线在全国范围内的协调发展。只有通过如此双管齐下的发展方式，才能建立属于中国自身的艺术院线生态环境，培养艺术电影观众群，进而推动整个中国电影市场全面、可持续发展。

参考文献

［1］孙承健．当下中国艺术电影的内容呈现与形式探索［EB/OL］．中国电影博士论坛，2007-06-13，http：//group. mtime. com/10000/discussion/71358/.

［2］廖炳惠．关键词200：文学与批评研究的通用词汇编［M］．台北：麦田出版，2003：23-25.

［3］王甜．中国艺术院线的发展模式和策略研究［J］．新闻研究导刊，2015（10）：243.

［4］李潇．我国艺术院线发展模式与策略研究［J］．现代视听，2015（3）：44-46.

［5］张明波．中国艺术电影院线的建设与发展模式初探［J］．大众文艺，2016（1）：223.

［6］李婧．浅析中国艺术院线的瓶颈和突围［J］．电影评介，2010（18）：6-7.

［7］饶曙光，刘晓希．艺术电影"现象"与艺术院线建设的冷思考［J］．当代电影，2016（11）：122-126.

［8］张明波．中国艺术电影院线的建设与发展模式初探［J］．大众文艺，2016（1）：222.

［9］巩杰．欧美经验对中国创建艺术电影院线的启示［J］．电影新作，2014（2）：9-14.

［10］王梦昭．艺术院线在中国的困境与出路［D］．上海师范大学硕士学位论文，2007.

［11］韩爽．政府扶持和品牌建立——由上海艺术电影联盟发展看艺术电影院线的未来之路［J］．上海艺术评论，2017（1）：98-101.

［12］肖湘女．国内首条艺术电影院线雏形显现［N］．北京商报，2013-06-07.

［13］孙博洋，夏晓伦．2015年中国电影总票房440.69亿，国产片占6成［EB/OL］．人民网，2016-01-01，http：//finance. people. com. cn/n1/2016/0101/c66323-28003263. html.

［14］当艺术电影不再需要"下跪"［N］．中国电影报，2017-07-12.

［15］彭侃．法国及美国艺术电影的发展策略研究［J］．当代电影，2014（9）：18-22.

［16］为何法国艺术电影制作不需要考虑票房？［EB/OL］．https：//zhuanlan. zhihu. com/p/27824389。

［17］张啸，杨得聆．政府支持下的法国艺术电影发展［J］．电影艺术，2017（1）：29-34.

作者简介

王超然，北京印刷学院经济管理学院传媒经济与管理专业2016级硕士研究生。

刘统霞，文化人类学博士，北京印刷学院文化产业管理系副教授，硕士研究生导师。研究方向为传媒文化与民族文化传播研究。

分众传媒投融资方式研究

吴楠楠　李宝玲

摘要： 近年来，随着中国经济的崛起，文化产业随之振兴。在政府出台的多项政策的指导下，作为我国文化产业支柱力量的传媒产业也步入快速发展的轨道。伴随着国家政治、经济、科技环境的改善，传媒产业的发展氛围得以大大提升，越来越多的传媒企业如雨后春笋般地成长起来，但是对于资金需求量大的传媒企业来说，要做大做强，如何解决好自身的投资融资问题就显得尤为重要。本文以分众传媒这一中国传媒行业的大亨为例，对其主要的融资和投资事件进行分析，揭示其在融资思路和投资方式方面的独到之处，以便为其他传媒类企业的投融资决策提供思路。

关键词： 传媒产业；投资；融资；分众传媒

一、引言

近十年，中国传媒产业蓬勃发展，加之互联网时代的大背景，传媒产业纷纷向数字化模式转型，迸发出新的生机和活力。文化传媒产业自兴起以来就一直是一个需要大量资金投入的产业，因此，关于传媒产业的投资融资问题也随之成为人们关注的焦点，成为产业发展亟须攻克的一大课题。分众传媒经过十多年的努力最终成为中国第二大媒体集团，市值位居行业第一，这无疑是巨大的成功，因此，本文通过对分众传媒的投融资情况进行分析，以期对同行业的其他企业提供投融资建议，助力其更好地发展。

二、相关概念及理论

关于传媒产业的定义和内涵，众说纷纭。本文比较认同的是：传媒产业是一个从事内容开发、提供广告服务、主打媒体运营以及相关咨询服务等业务，通过信息开发、内容制作、提供平台、广泛传播等方式实现盈利的经营性的各种文化活动主体的集合。传媒产业的范围具体涉及出版业、报纸业、广播电视业、电影业和网络等行业，并随着社会发展不断创新，不断延伸其覆盖范围。

美国金融学家迈尔斯与智利学者迈勒夫于1984年提出了优序融资理论，该理论主要指企业在有资金需求时，进行资金筹措的顺序一般为企业自身创造的未分配利润这一内源资金，外源资金中的债务融资，最后是采用股权融资这一融资顺序。但是在中国的实际情况中则稍有不同，一般企业在内源资金不能提供所需要资金时，更偏好于使用股权融资而非债务融资的方式。另外，由信息不对称现象而引出的信号理论也影响企业融资进程，投资者根据企业向外释放的信息来评判企业的经营情况从而进行投资决策，当释放利好信息时企业的融资会更加顺利，相反则会困难。但是企业和投资者应该注意对信号的真伪做出更理性的判断。

关于投资理论，因为公司投资决策时需要考虑多种因素以达到科学决策的目的，所以会衍生出多种投资理论，但总的来说，不想得到收益的投资是不存在的，也不符合企业家的逐利心理。美国经济学家尼古拉斯·卡尔德和约翰·希克斯在前人研究的理论基础上于1940年提出了成本效益理论。成本效益理论的本质在于讲求投资预期未来的收入大于支出，即净现值是否大于零，这是该理论的精华所在。此外，美国著名经济学家哈理·马柯威茨于1952年系统地提出的分散理论用于投资方面，主要在于控制和规避风险，这对于如今多样性的市场来说已经成为可能，企业在进行投资时也应该尽可能避免将"鸡蛋放入一个篮子中"。

三、传媒产业投融资现状及分众传媒概况

（一）产业环境

自党的十六大以来，国家尤其注重文化产业的发展，出台了众多鼓励文化产业发展的政策法规，党的十八大以来，习近平总书记在多个场合频频提及"文化自信"这一概念，文化产业越来越受关注，党政各方面的关怀为传媒产业营造出一个好的政治环境；传媒产业作为第三产业的中坚力量，2016年占国民经济比重已经达到52.1%，高出第二产业10个百分点，中国经济的快速发展和对传媒产业的一些政策优惠为其发展提供了一个好的经济环境；再加上互联网的发展和智能手机等电子设备的普及，中国的网络环境和技术环境对出版传媒产业的转型迅猛发展创造了良好的技术环境。无论从政治、经济还是技术方面，传媒产业无疑是处在最好的时代。

(二) 产业融资特点

传媒产业耗钱的特点导致大多数传媒企业均需要大量资金投入,从一开始的事业单位政府扶持到如今的自负盈亏,传媒企业进行了管理上的巨大改革,如今传媒企业已经不能再过度依靠政府拨款经营。经过调查发现,目前传媒企业的融资从之前的内源融资为主过渡到以股权融资为主,并辅之以配股和定向增发的模式。截至 2018 年 6 月,近百家上市传媒类企业,市值近 20587.4 亿元,包括东方明珠、出版传媒、中南传媒等,证明了股权融资这一方式对传媒产业的作用重大。此外,银行也开始响应文化振兴政策的号召,提供更多的信贷服务,银行提供的间接融资方式也成为传媒产业融资的另一种选择。而债券融资是在股权融资之后仍有小部分资金缺口时使用,并且传媒类企业更倾向于选择短期负债,这表明其盈利能力一般,不能承担太多负债。

(三) 产业投资特点

传媒企业无形资产居多,多为影视版权和一些书报资源等,对这些资产进行出售或者播放的同时进行广告植入可以给其带来巨额利润,但是需要不断地对具有潜力的剧本、视频内容进行大额投资,影视剧等的制作需要经过选题、创作、拍摄、审核、发行等环节,总体周期较长,资金难以及时回流,而且市场的需求变化较大,有"爆冷"的风险。随着短平快的 IP 热潮出现,传媒企业进入了追逐 IP 的时代,但是很多企业不能很好地操作包装,只能是短时间赚一些小额的快钱,难以形成好的 IP 真正为企业带来稳定收益。此外,知识产权保护度低,容易翻版的问题仍旧难以杜绝,所以传媒企业即使内容不足,也不会投资更多的钱在内容制作的业务上,在此方面效率低下。传媒企业纷纷开始跨行业地进行一些试探性的投资。

(四) 分众传媒概况

分众传媒,前身是现任董事长江南春于 1994 年成立的永怡广告公司,于 2003 年改名,2005 年赴美国纳斯达克证券市场上市,2007 年分众传媒入选纳斯达克 100 指数,2015 年回归中国 A 股,2016 年分众传媒又被选入中国著名股指沪深 300 和中证 100 指数股,截至 2017 年底,分众传媒下属子公司约 126 家,市值 1388.53 亿元,迅猛的发展势头使之成为行业的绝对领导者。分众传媒在城市生活圈中成功打造出中国最大的媒体网络体系。其目前的主要经营为开发和运营生活圈媒体,从电梯电视和电梯海报之类的楼宇媒体,到终端卖场媒体,再到影院银幕广告媒体,分众的产品类型和数量一直在增加,这些媒体屏幕覆盖了城市主流消费人群的工作、生活、娱乐和消费等必经场景,尽可能地不留缝隙。截至 2018 年 3 月末,分众传媒构建的生活媒体圈已经大约覆盖了 300 多个城市,其中包括韩国首尔、釜山等 15 个外国城市。分众共拥有约 32.4 万台电梯电视媒体,约 151 万个电梯海报媒体,超过 11800 块影院媒体银幕。分众传媒利用其打造的生活圈媒体平台将自己发展成为最接近消费者生活的线下广告平台，对消费者的生活影响颇深。

四、分众传媒融资方式和特点

（一）融资方式

分众传媒从成立以来在筹资方面的成绩一直在业内广为流传，同样也是 VC 行业的经典案例，这主要得益于它的三轮成功融资事件，如表 1 所示：

表 1　分众传媒初期融资情况

投资轮次	投资公司	金额	投资时间
第一轮	软银中国、维众中国（UCI）	1000000.00 美元	2003 年 3 月
第二轮	麦顿国际、美商中经合、德丰杰（DFJ）、华盈投资（TDF）鼎晖国际（CDH）	12500000.00 美元	2004 年 3 月
第三轮	维众中国、英国 3i 公司、美国高盛	30000000.00 美元	2004 年 11 月
股权融资	美国纳斯达克上市	171700000.00 美元	2005 年
股权融资	中国 A 股（市值）	133400000000.00 元	2015 年

资料来源：雪球网。

由表 1 可以看出，2003 年 3 月，分众靠着自己独特的楼宇电梯广告模式吸引到软银中国的 50 万美元投资和维众中国 50 万美元投资，第一轮共获得 100 万美元的融资，分众传媒将其业务从上海一个城市扩大到覆盖了 4 个城市。2004 年 3 月，第二轮融资启动，分众传媒再次获得 1250 万美元，来自麦顿国际、美商中经合、德丰杰（DFJ）、华盈投资（TDF）、鼎晖国际（CDH）等国际知名风险投资机构。分众传媒通过扩张公司规模和业务覆盖范围使自己的新概念快速得到市场的认同，并且将其转化成盈利模式。2004 年 11 月，第三轮融资获得投资 3000 万美元，由维众中国、英国 3i 公司、美国高盛共同提供，至此分众完成了主要的三轮融资。再加上 2005 年在美国上市，2015 年回归中国 A 股上市，又通过股权融资获得大量资金支持，业务高速扩张，成长性极高，分众楼宇和新媒体结合的商业模型前景光明。

分众传媒在融资过程中一直致力于自身核心竞争力的打造，它充分利用"楼宇电梯广告"这一日常场景，以主流人群、必经、高频、低干扰这四个词语引爆核心资源。在充沛资金的支持下分众不断扩大自己的媒体资源规模，做到覆盖面广、渗透率高，营业范围从楼宇到互联网到手机，再到卖场以及娱乐场所，一步步扩张。新颖的广告模式吸引了多个领域的知名企业进行广告投放，如电商阿里、京东，汽车奔驰、宝马等众多优质客户，分众传媒经过多年来积累的行业经验和突出的服务能力赢得了极高的市场占有率和客户良好的口碑，充分把握住了行业的主导权。

（二）融资特点

自身精确定位。分众传媒将目标投放人群锁定于更具消费力的中产阶层，细分市场，逐渐将业务范围拓宽到商场、宾馆及娱乐场所，靠实力获得融资。它一开始靠独特的商业模式和概念吸引投资，随后用自身发展前景以及盈利能力获得更多资金，最后的融资则是其他企业看到分众传媒的发展势头之后想要分一杯羹的亲附行为。分众传媒从楼宇广告起家，深知楼宇广告是一个盈利前景广阔的商业模式，它充分利用所融的资金及时扩展自己的商业版图，从而做大做强，成为行业的领导者。

引入国外资本。分众传媒两年之内完成三轮融资，共筹得资金4350万美元，这在行业内堪称奇迹。传媒行业并非实体经营的产业，资产以无形资产居多，这样具有风险的企业能够获得如此多的投资在中国的资本市场少见。同时，在2003年、2004年中国并不发达的经济环境下，内源资金不够支持发展，外源资金负债负担太重，没有上市资格及其他资金难以获取的情况下，引入国外资本是一个极为明智的行为。分众传媒做到了，并把握住了机会。

五、分众传媒投资方式和特点

（一）投资方式

从2003年设立至今，分众传媒投资项目不计其数，成立初期分众传媒吞并同行业多家企业，如2005年8项投资案例共投出5660万美元，2007年的26项投资案例共投出3.74亿美元，如表2所示：

表2　分众传媒初期主要收购

公司名称	退出日期	金额（亿美元）	涉及 VC
玺诚传媒	2007年12月10日	35	红点投资、上海实业控股、和通集团、集富亚洲、住友亚洲、华盈基金、美林公司
好耶	2007年3月28日	22.5	IDGVC、IDG-Accel、橡树投资
聚众传媒	2006年1月9日	32.5	上海市信息投资、凯雷投资
框架传媒	2005年10月18日	10.8	IDGVC、汉能投资

资料来源：巨潮资讯。

近年来分众传媒逐渐发展壮大成为行业的"领头人"，投资情况更为复杂，方向也有所改变，投资总额从2016年的约13亿元增加到2017年的约18亿元，涉及项目达到

16 项，如表 3 所示：

表 3　分众传媒 2017 年主要投资项目

被投资企业名称	行业	投资金额（元）	持股比例（%）
杭州源星昱瀚股权投资基金合伙企业	股权投资基金	100000000.00	38.17
宁波梅山保税港区方源创盈股权投资合伙企业	股权投资基金	80000000.00	35.45
苏州琨玉金舵分众生态产业投资企业	股权投资基金	84000000.00	49.21
宁波梅山保税港区众兴卓悦股权投资合伙企业	股权投资基金	60000000.00	40.00
重庆沸点新媒股权投资基金合伙企业	股权投资基金	15300000.00	49.95
北京芭莎能量文化活动有限公司	文化产业	16000000.00	5.00
星光物语（北京）电子商务有限公司	电子商务	10000000.00	2.22
北京星实投资管理中心	资产管理	20000000.00	2.45
珠海众衡管理咨询合伙企业	资产管理	2000000.00	20.00
上海衍合数据科技有限公司	高科技	2500000.00	2.50
点米网络科技股份有限公司	高科技	19999628.00	3.51
宁波分众咕咚体育广告有限公司	体育	30000000.00	15.00
广州大象健康管理有限公司	体育	1000000.00	5.00
其他	—	1361015773.90	—
合计	—	1801815401.90	—

资料来源：分众传媒 2017 年年度审计报告。

（二）投资特点

从表 2、表 3 可以看出分众传媒在进行对外投资时是有一定策略的。

先聚焦自身发展，消除竞争对手。随着分众传媒各个方面的快速发展，2005 年国外上市后，也随之建立起了自己的行业地位，此后的三年里在应对同行业的激烈竞争中，分众不仅自己经营得好，还顺势通过投资收购的方式消除了几个竞争对手，如玺诚传媒、聚众传媒、框架传媒等，不仅能更好地整合资源增强自己的业务能力，还能减少一定的竞争压力。

再多元化分散投资，文教体卫广阔布局。从 2017 年的投资情况可以看出，分众的投资项目除了现在抓得最紧的股权投资基金之外，分众传媒在文化产业方面投资了北京芭莎能量文化活动有限公司等一些文化公司，在电子商务方面对星光物语电子商务有限公司进行了投资，在资产管理领域投资了北京星实投资管理中心，在高科技领域斥资近 2 亿元投资点米网络科技股份有限公司，在体育方面投资了咕咚运动，此前也用 3000 万元投资了英雄体育。除此之外还有很多方面的投资不再一一详列，可以看出分众在投资方面的布局逐渐明朗，多元化的投资不仅可以为企业规避风险，还能紧跟时代潮流，为企业创造更多的盈利渠道。

把握相互辅助的核心。分众传媒在广告宣传方面有绝对的优势，如饿了么在分众投广告八周，销售额增长 5 倍，高居外卖行业第一的位置，足见电梯广告的能量。因此分众的投资逻辑是：在市场不景气时，投资选择行业领先的公司，靠着分众的广告渠道，可以为被投资公司带来巨大广告效应，从而扶持被投资公司；在市场稳定时，分众传媒在挑选被投资单位时先从发现新模式入手，然后投资孵化新模式，最后通过分众传媒自身独有的广告平台引爆新模式。相应地，被投资公司的收益也有一部分流入分众的口袋之中，这种对相互辅助关系的把握使得分众的投资情况也极为乐观。

六、结语

分众传媒成功的经验给了我们很多启示：首先，传媒类企业在融资时应该有自己新颖的亮点和竞争力；其次，对客户群体、自身商业模式以及自身盈利方式有准确的定位，确保企业运营的可行性，而且在资金难以获取时充分考虑到一切可以获得融资的可能，如通过引入国外资本、靠拢政府政策等方式获取更多的资金来支撑企业的长久发展。同样在投资方面亦是如此，企业在进行投资之前首先应该聚焦于自身实业，先要确保企业自身具有独特的核心竞争力；待具备一定的经济实力之后再从同行业的竞争对手方面考虑投资事项，利用投资收购来拓展和巩固自己的实体经营；最后，在具备一定规模成长到一定阶段可以尝试更多元化的投资，并且应该本着投资能与自己的主体经营形成相互辅助的经济效应这一目的进行更广阔的投资布局，从而分散风险达到提升经济效益的效果。

参考文献

[1] 张燕. 中国传媒上市公司投融资问题研究 [D]. 武汉大学，2009.

[2] 梁威. 我国新闻出版企业投融资研究 [D]. 湖南师范大学，2016.

[3] 徐兴荣. 思美传媒投融资策略研究 [D]. 复旦大学，2013.

[4] 分众传媒信息技术股份有限公司. 2017 年年度审计报告及财务报表 [EB/OL]. 巨潮资讯网，http://www.cninfo.com.cn，2018-04-25.

[5] 李海燕，陈梦滢. 中国文化传媒产业融资现状分析 [J]. 河南师范大学学报（哲学社会科学版），2015，42（170）：66-69.

[6] 谢闽. 文化传媒业投融资模式创新的基本逻辑 [J]. 上海金融，2010（8）：26-29.

[7] 李倩. "互联网+"背景下我国传媒投融资可能性研究 [J]. 新闻知识，2015（11）：14-15.

作者简介

吴楠楠，1995年出生，北京印刷学院经济管理学院会计专硕（在读），企业管理（审计与内部控制）。

李宝玲，1967年出生，北京印刷学院经济管理学院副教授，经济学博士，研究领域主要为电子商务、市场营销、企业战略，在《经济与管理》《中国流通经济》《管理现代化》《科技与出版》、*Journal of Electronic in Organization*、*Journal of International Management Studies* 等国内外期刊发表学术论文20余篇，参与或主持国家、省部级、校级等课题10余项，出版著作2部，多次参加国际学术会议交流活动。

北京市文化产业"走出去"现状、 问题与对策

肖红霞　佟　东

摘要：自党的十九大以来，我国经济已从高速增长转向高质量增长，正处于转换增长动力的攻坚期，而文化产业作为经济新的增长动力之一，代表着一个国家的软实力和国际竞争力。作为全国文化中心，实现北京市文化产业"走出去"不仅可以对其他地区的文化产业"走出去"起到良好的示范带头作用，也可以提升北京文化产业在国际文化贸易市场上的竞争力。本文根据北京市文化产业自身特点，着重分析其文化产业"走出去"的现状及存在的问题，并提出促进北京市文化产业"走出去"的对策。

关键词：文化产业；"走出去"；文化贸易；文化产业竞争力

一、北京市文化产业"走出去"现状

（一）北京市文化贸易整体现状

2017 年 9 月，党中央、国务院正式批复《北京城市总体规划（2016~2035 年）》，更加明确北京作为全国的政治中心、文化中心、国际交往中心、科技创新中心的城市战略定位。首都北京在文化产业"走出去"中扮演着标杆的作用。在《2017~2018 年度国家文化出口重点企业公示名单》和《2017~2018 年度国家文化出口重点项目公示名单》中，北京地区所属文化企业 36 家，在全国占比为 12.2%；北京地区所属文化项目 17 个，在全国占比为 15.7%。两项数据均处在全国领先地位。

2016 年，北京市文化贸易进出口总额达 46.9 亿美元，同比增长 9.5%。其中，进口 27.5 亿美元，同比增长 1.9%；出口 19.4 亿美元，同比增长 22.4%。从具体分类看，核心文化服务进出口 27 亿美元，同比增长 17.1%，进口 13.8 亿美元，同比增长 18%，出口 13.2 亿美元，同比增长 16.2%；核心文化产品进出口总额 20 亿美元，同

比增长 0.6%，进口 13.7 亿美元，同比下降 10.4%，出口 6.2 亿美元，同比增长 38.1%。2017 年北京市文化贸易进出口总额达 51.2 亿美元，同比增长 9.2%。其中，进口 29.1 亿美元、增长 5.8%；出口 22.1 亿美元、增长 14%。从具体分类看，核心文化服务进出口总额 30.4 亿美元、增长 12.8%，进口 14.1 亿美元、增长 2.5%，出口 16.3 亿美元、增长 23.5%；核心文化产品进出口总额 20.8 亿美元、增长 4.3%，进口 15 亿美元、增长 9.1%，出口 5.8 亿美元、下降 6.2%。

综合来看，北京市核心文化产品与核心文化服务的进出口总额较上年都有较大的增长。2016~2017 年，核心文化产品的进口不断上升，对国外文化产品的需求不断攀升；但是，核心文化产品的出口下降了 6.2%，与同年的进口额相比，核心文化产品在进出口方面存在贸易逆差。这说明北京市文化产品在国际市场上的竞争力不强，与欧美等国家的核心文化产品相比，还有较大的差距。在核心文化产品中，玩具、乐器、其他娱乐用品以及工艺美术品、收藏品、花画工艺品、雕塑工艺品、园林、陈设艺术陶瓷制品的出口总额比重较高；但是图书、报纸和期刊、新型存储媒介贸易等出版物以及广播电视节目制作设备、印刷机、电影制作及放映设备等文化专用设备的出口上存在较大逆差。这说明北京地区文化产品在内容、创意上还存在许多不足。核心文化服务出口包括演出、动漫游戏、数字内容服务、图书出版服务、广告会展服务，但是电影音像服务和广告宣传服务不仅在北京的文化服务出口中占很大比重，在全国也是如此。并且，北京地区的文化服务出口主要依赖于广告宣传服务，这也反映出北京文化服务出口结构的不均衡。

（二）"走出去"贸易平台

作为全国文化中心和国际交往中心，大量国际性文化展会、活动落户北京，成为众多优秀作品国际展示的重要窗口，对北京文化创意产业发展起到重要推动作用。其中，北京国际电影节、北京国际设计周、北京国际文化创意产业博览会、北京国际图书博览会等大型国际文化活动近几年举办规模不断扩大。根据《北京文化创意产业发展白皮书（2017）》，第六届北京国际电影节举办活动 340 余场，电影市场签约金额 163.31 亿元；第 11 届北京国际文化创意产业博览会推出千余个优质项目，协议总金额达 958.33 亿元；第 23 届北京国际图书博览会达成中外版权贸易协议 5018 项，同比增长 6.3%；第五届"动漫北京"活动共吸引全国近 600 家动漫游戏企业、相关机构及社团参加，游戏和各类衍生品现场销售收入达 3000 万元；"演艺北京"活动吸引国内外 125 家机构参展，超过 1000 家单位参与交易，推出剧目 2000 余部；"艺术北京"活动共有来自 18 个国家和地区的 166 家参展机构入围，94% 的参展商实现成交。北京在"一带一路"倡议中具有独特地位和意义。作为"一带一路"中线的起点城市，北京不仅积极组织文化机构和文化创意企业参与"一带一路"文化交流主题活动，并且推出了"文化年""交流年"系列知名品牌。

(三)"走出去"对象国分布情况

长期以来北京的文化贸易对象国集中在欧美发达国家和地区以及文化比较相近的周边国家和地区，如美国、新加坡、泰国、韩国。例如，北京影视走进俄罗斯、北京影视剧非洲展播季、戛纳国际电影节，以及多伦多国际电影节、北京国际电影节，以及"北京日"主题推介会亮相英国谢菲尔德纪录片节，组织企业参加美国NAB展和德国科隆游戏展，昆曲《牡丹亭》赴捷克、匈牙利巡演等。

在"一带一路""中非命运共同体""金砖国家""亚洲命运共同体"等作用下，北京也拓宽了海外市场。例如，沿线的俄罗斯、土耳其、波兰、印度尼西亚、乌克兰等是当前的热点地区。东南亚的新加坡、越南等国以及南亚的巴基斯坦、印度都是潜在可以发展的贸易伙伴国家。尤其是"一带一路"的发展不仅可以降低双边的交易成本，也可以加深文化的理解和认同。

二、北京市文化产业"走出去"问题分析

(一)供需结构尚需调整

通过"走出去"现状分析发现，北京市文化产品进出口还存在较大贸易逆差，尤其是图书、报刊、新型存储媒介贸易等出版物以及广播电视节目制作设备、印刷机、电影制作及放映设备等文化专用设备，和其他国家相比，在技术、创意和内容上竞争力不足；相反，在一些具有丰富中华传统文化的产品上，如珠宝、艺术品、收藏品、瓷器等产品的出口上，贸易逆差较小。因此在文化产品的供给上，不能只满足于简单地将国内剩余的文化产品出口，而是要转变发展观念，增加文化产品的创意，提高技术水平，尤其是一些设备上，技术水平的落后才是导致巨大贸易逆差的关键。

北京文化服务贸易也反映出核心文化服务的优质供给不足的问题，文化服务出口包括演出、动漫游戏、数字内容服务、图书出版服务、广告会展服务，虽然在游戏动漫、电影电视等方面北京地区的出口额在全国出口额中的比重很大，但是这类服务出口的国家是周边的东南亚国家、南亚国家；同时，英国、美国、日本、韩国等发达国家都是北京文化服务的进口国。这说明与发达国家相比，文化服务在技术水平上同样存在很大的差距。并且，北京地区的文化服务出口也存在结构单一的问题，比较占优势的只有广告宣传，而其他的文化服务细分行业的比重较小，说明文化服务的各细分行业存在发展不均衡的问题，客观上也不利于北京文化产业"走出去"。

(二)北京市文化产品与服务的出口模式单一

虽然北京作为全国文化中心和国际交往中心，拥有许多国际性会展和活动的资源，

但同时，这些会展和活动也局限了北京文化产业"走出去"的路径。大型的文化会展和活动近几年逐渐成为文化产品和服务对外展示的唯一窗口。诸如北京国际电影节、北京国际设计周、北京国际文化创意产业博览会、北京国际图书博览会等大型国际文化活动在给文化企业带来机遇的同时，也养成了相关企业不主动开发国外市场的习惯，并且也减少了文化企业的对外投资，不利于风险的分散。单一的出口模式虽然集中方便了相关产品和服务的出口，却忽视了国际市场环境的变化，导致对文化资源的创意开发不够，增加了国际市场的风险。

（三）在国际市场上缺乏有较大影响力的竞争品牌

目前，北京文化产业在国际上竞争力不足的原因还在于缺乏具有较大影响力的知名品牌，尤其是在影音制作上。对比英美法等国，他们具有世界知名的品牌活动和著名 IP，如戛纳电影节、柏林电影节、迪士尼、好莱坞、漫威，等等。虽然北京系列"节""年""周"丰富多样，但缺乏一个具有重大国际影响力的品牌。另外，北京较出名的品牌都带有传统文化的标签，在新媒体、动漫游戏、电影音像方面的竞争力还很薄弱，尤其是在影视方面，还存在比较低端的同质化竞争。具有国际竞争优势的文化企业屈指可数。

三、促进北京市文化产业"走出去"的对策建议

（一）以需求为导向增加出口文化产品和服务的有效供给

北京市文化产品和服务在欧美发达国家市场上，具有中国传统元素的产品比较受欢迎，但是在需要较高技术、深刻内容和创意的产品与服务上，竞争处于劣势地位；在东南亚、南亚、非洲等发展中国家市场上，相对来说技术水平较高，也具有相类似的文化渊源，电影出版物等市场前景比较好。一方面，在增加优质供给时，要具有针对性，充分发挥首都人才集聚的功能，推动文化创意产业的发展，加大对原创、创新的鼓励和支持力度，吸引培养一批技术人才。这是因为推动文化产业"走出去"不仅需要优质管理人才，也需要优质创作人才。另一方面，考虑进口国的文化背景和实际需求状况，在文化渊源相似的国家，出口的文化产品可以根据进口国的文化视角和审美来生产。但是，针对文化差异较大的进口国，出口的产品和服务应该符合进口国的审美和理解。

（二）整合文化产业资源，打造北京特色文化品牌

北京是一个文化底蕴厚重、艺术繁荣发展、社会风气高尚的城市，北京文化产业也应该继承弘扬这些特点。通过整合北京现有的丰富多彩的文化产业资源，将内容、资金、技术、艺术、设施融合起来，形成文化资源，在此基础上，结合北京创意文化

集聚区的作用，推动北京文化产业的创新发展，避免同质化竞争。

打造北京特色文化品牌需要立足北京的文化特色，融合北京丰富的历史文化资源和多彩的非物质文化遗产。2018年最新发布的北京文化"走出去"标准化体系将北京"走出去"文化产业分为十大类：北京文化遗址、北京传统商业文化、北京艺术家聚创平台、北京传统宗教音乐会、北京传统戏曲舞蹈、名校体育文化交流、北京传统文化艺术儿童体验基地、北京传统饮食文化制作技艺、北京传统民俗文化、北京书画艺术出版。在明确北京核心文化资源的基础上，可以根据2018年最新发布的北京文化"走出去"标准化体系十大重点项目，打造出具有北京特色文化的品牌。

（三）利用大国外交挖掘新的贸易伙伴

充分发挥利用国际交往中心的资源优势，抓住"一带一路"倡议、"中非命运共同体"等重大项目的契机，加强与国外沿线城市和组织的沟通合作，拓宽合作渠道，不断开发新的文化贸易市场和贸易合作伙伴。深入分析调研首都文化企业在"走出去"过程中面临的实际困难和需求，考察潜在目标国的民族、宗教、文化等，在加强人文交流的基础上推动博览会、电影电视艺术节、图书展、旅游推介等系列活动融入当地。

（四）丰富文化贸易模式，搭建贸易平台

北京文化贸易模式单一，主要依赖于在北京举办的文化展会和活动作为对外展示的窗口。丰富文化贸易模式有利于分散风险，开辟新的海外市场。一方面，要继续做好以北京为中心的主题展会，例如，2019年北京世园会、冬奥会、冬残奥会、"欢乐春节"等，将"欢乐春节"之类的活动推广到目标出口国，通过在国外的巡展，主动参与大型国际展览来吸引更多的国外需求；另一方面，可以充分发挥"两只手"的作用，政府主动引导与企业自主开拓海外市场相结合。文化企业可以利用对外投资、联合投资、并购、海外代理等方式，以分散投资代替单一的产品和服务对外输出，一部分企业可以尝试在出口国落地经营以分散风险。同时，政府积极搭建在出口国的文化出口基地，通过建立贸易友好合作关系，给相关文化企业开辟出口渠道。

参考文献

[1] 北京文化创意产业发展白皮书（2017）[Z].

[2] 北京文化创意产业发展白皮书（2016）[Z].

[3] 田蕾."一带一路"背景下首都文化"走出去"的路径选择 [J].市场论坛，2018（10）：67-71.

[4] 沈晓华."一带一路"背景下中国文化产业走出去的路径探讨 [J].吉林工商学院学报，2018，34（4）：110-112.

[5] 李夏卿.新时代北京文化产业发展的思考 [J].领导科学论坛，2018（15）：35-36.

［6］张春胜，王朝晖，温敏真．"一带一路"倡议下中国文化产业走出去路径探究［J］．中国商论，2018（20）：155-159.

［7］陈倩，严婷婷，张蕊，李可欣．北京市文化产业发展研究［J］．合作经济与科技，2017（23）：8-10.

作者简介

肖红霞，1994年出生，北京印刷学院经济管理学院硕士研究生。

佟东，1982年出生，北京印刷学院经济管理学院讲师，理论经济学博士，应用经济学博士后，硕士生导师。

基于顾客价值的古北水镇品牌化体验营销问题分析

李立雄　张　铭

摘要： 旅游目的地品牌化是近些年的热点研究问题，日益引起学术界和旅游目的地管理者的重视。本文对检索到的顾客价值，体验营销，旅游目的地品牌研究的相关文献进行了较为详细的梳理和评析。尤其值得指出的是，国外学者对旅游目的地品牌的认识也由最初的目的地主权向旅游者主权转移，所以谈到目的地品牌化，对顾客价值，旅游体验的研究和梳理是尤为重要的。本文选取古北水镇这个京郊旅游目的地作为研究对象，试图分析其顾客价值，旅游体验营销中遇到的问题，来促进古北水镇可持续发展，以期能为国内相关研究提供参考和启示。

关键词： 品牌化；顾客价值；古北水镇

一、引言

随着市场竞争的加剧，越来越多的公司和组织开始认识到，最有价值的资产之一是与各种产品和服务相联系的品牌。在复杂的环境中，虽然个人与公司面临的选择越来越多，但他们进行选择的时间似乎越来越少。强势品牌的价值无限，它可以简化顾客决策，减少风险和形成期望。因而，创建可以履行承诺的强势品牌，以及长期保持和强化品牌能力成为学术界和营销实践者所共同关注和探讨的热点问题。和其他消费品一样，旅游目的地也必须寻求品牌化来定位及区别自己，以及向旅游者传达积极的和鼓动性的信息。

尽管在旅游市场营销中，品牌化还是一个相对较新的概念，但是品牌化的领域已经扩展到了旅游目的地管理中。随着旅游目的地的日益趋同，可替代性以及竞争的加剧，品牌化也许是当代旅游目的地营销人员最强有力的市场开发武器。明天旅游目的地市场的竞争不再是价格的竞争而是如何赢得旅游者心智与情感的竞争，旅游目的地的竞争也由最初的单纯的旅游产品的竞争发展到品牌竞争的阶段。

本文选取古北水镇这个京郊旅游目的地作为研究对象，试图分析其顾客价值在旅游体验营销中遇到的问题，以促进古北水镇品牌化可持续发展，以期能为国内相关研究提供参考和启示。

二、顾客价值、体验营销与品牌化

泽瑟摩尔（1988）提出顾客感知价值理论，他把顾客价值的定义阐述为顾客能够感知到的利得与其在得到产品或服务时所付出的成本进行权衡后对所得效用的总体评价。企业应该从顾客角度出发为顾客设计、创造、提供价值，把客户对价值的感知当作决定性因素。格鲁罗斯（1996）从关系营销出发来讲述客户价值，进而提出了顾客价值过程理论。伍德鲁夫（1997）提出了顾客价值认知理论，他认为顾客对价值的认知会随着时间的推进而发生变化。以上三种经典的顾客价值理论都从顾客的视角出发，对顾客价值的含义做出了解释，但是其中的假设前提可能忽视了在形成顾客价值的过程中人的主观情感因素发挥的作用，因此，可能会不适用于当今复杂多变的商场营销战略制定的需要。

伯恩德·H.施密特（2001）在其《体验式营销》一书中提出了一种全新的体验营销模式，认为体验营销的核心是为顾客创造不同的体验，并且第一次将体验营销与传统营销做了详细的区分。另外，在书中他还提出了包括情感体验、感觉体验、创造性认知体验、身体体验和全部生活方式在内的体验营销的五种战略体验模块，以及与某一特殊文化团体或文明相关所产生的社会特性体验。与国外专家相比，国内专家们将体验营销的研究重点更多聚集在营销策略及如何切实实施等方面。周岩、远江（2002）合著的《体验营销》将营销新思维进行了整理，同时把它演绎成可以付诸行动的实战程序。

体验营销的本质，是通过提高顾客价值的方式来达到顾客满意和顾客忠诚，从而塑造企业的品牌。一方面，公司创造和提供的体验可以满足顾客各方面的情感需求，从而进一步提升顾客好感；另一方面，由于公司通过顾客的参与和体验，使公司自身所提供的产品和营销活动更好地迎合顾客日益个性化的需求，所以体验营销可以极大地提高顾客价值，从而塑造出强有力的品牌。可以说，体验营销的终极目的就是运用体验这个载体来提升顾客价值，离开了顾客价值，再新颖的体验活动也会失去意义。企业需要在对顾客个性化需求深入和全面理解的基础上，设计出富有个性化的体验活动，满足了顾客的体验需要，打造旅游目的地的品牌。

三、古北水镇现状

(一) 古北水镇简介

司马台长城脚下的古北水镇是独具北方水镇风格的度假小镇,占地总面积9平方公里,耗资将近45亿元,是集观光游览、休闲度假、商务会展、创意文化等旅游业态于一身的综合性旅游目的地。2010年7月,北京古北水镇旅游有限公司成立,是由中青旅控股股份有限公司、乌镇旅游股份有限公司、北京能源投资(集团)有限公司和一些战略投资者共同投资。

古北水镇坐落在北京市密云县古北口镇,背靠历史悠久的司马台长城,坐地环抱鸳鸯湖水库,是京郊十分少见的以山水古镇形象亮相的旅游景区。古北水镇着力挖掘古北口遗留的历史文化,将9平方公里的度假区整体规划为后川禅谷、伊甸谷、云峰翠谷和民国街区、水街风情区、卧龙堡民俗文化区等六区。作为古代边关驿站的古北水镇拥有浓厚的历史人文氛围,景区内不仅有历史悠久的英华书院(长城书院)、密云大戏楼、汤河剧院等学习娱乐场所,还深度还原了古北水镇真实的生活形态和独特的地域文化。例如,非物质文化遗产(面人、年画、剪纸等)、北方庙会文化、传统曲艺表演等。

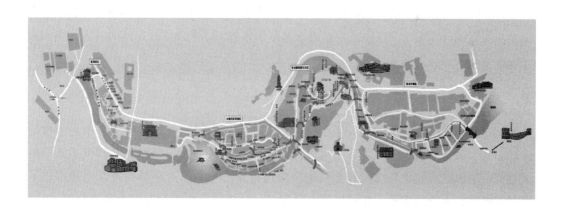

图1 古北水镇景区导览

资料来源:古北水镇官网。

(二) 古北水镇 SWOT 分析

1. 景区优势 (S)

古北水镇历史底蕴丰厚。自古以来一直是"京北锁钥",是历代兵家必争之地,相传乾隆皇帝曾给古北水镇赐名"虎北口"后才改为古北口。因此,古北口有着大量历史遗存和深厚的文化资源。古北水镇的前身是多个自然村落,背靠长城,坐地环抱鸳鸳湖水库，是北方少见的水乡风格的自然古村落。水镇内河道密布，民居依山傍水，在蓝天白云、绿树红花的掩映之下，人们仿佛置身于诗情画意的江南水乡。"古北水镇"项目的全部投资金额高达 42 亿元，景区规划控制面积 9 平方公里，占地面积 4000 亩，是北京市周边地区规模最大的旅游景区。古北水镇是首个运用乌镇模式的项目，在旅游行业内有着特殊的意义，水镇对乌镇模式的复制体现在投资团队、运营团队、建设团队方面。复制乌镇模式使古北水镇在整体理念、规划设计和项目动工等环节都少走了许多弯路，规避了许多风险。古北水镇位于北京市密云县，拥有充足的客源市场。北京地区经济条件优越，人民生活水平高，可支配收入较多，因此，有充足的金钱和时间来北京郊区古镇休闲度假。

2. 景区劣势（W）

古北水镇是新建的景区，尽管是在自然村的基础上修缮扩建而成，但整体给人一种人工雕琢的感觉。虽然水镇在筹建时收集了许多青石板等可用旧物，在建筑上也尽量保持原汁原味，但是景区内浓厚的商业气息已经冲淡了古镇的体验，游客观赏下来最大的体会就是仿古建筑外壳下的各式商店，古朴之感淡薄，商业化严重。无论是在周边，还是在国内，都已经有很多的以古镇为卖点的民俗古村落开始接待游客，古北水镇项目起步较晚，于 2014 年元旦才开始试运营，缺乏先发优势，需要在市场中夺取份额。虽然目前古北水镇在北京及周边小范围内有一定的知名度，但古北水镇作为新开发的景区，其品牌认可度在古镇景区中并不十分有名。古北水镇距密云县城区 60 多公里，到首都机场需要 100 多公里，进入北京市区要 120 多公里，总体而言，距离人流密集区相对较远。尽管临近 101 国道、京通铁路、京承高速三条交通干线，但是整个路途耗费时间较多。

3. 外部机会（O）

随着整体国民收入的增加，生活条件的改善，人们对旅游的需求呈现出大幅度增长的态势。带薪休假制度的落实、国民休假意识的养成都在一定程度上刺激了人们的旅游消费意识。人们更有时间和金钱来出门进行旅游消费，这些都为古北水镇提供了很好的机遇和大量的客源。新一届政府履职以来，旅游业作为第三产业的支柱性产业，受到各级政府的高度重视，得到了政府的大力支持。在筹建的过程中，作为市级"十二五"规划重点建设项目的古北水镇得到了当地政府的大力支持，不仅在征地拆迁、水电供暖、道路交通等方面获得当地政府的鼎力支持，密云县政府更是拨发了 4100 万元的基建补贴。随着网络技术的普及和发展，古北水镇的营销展示逐步完善，游客可以通过古北水镇的官网、微信公众号、官方微博、第三方旅游网站（携程、途牛等）等渠道了解古北水镇的信息，从而提前规划旅游行程，提高顾客满意度。

4. 威胁因素（T）

我国拥有上下五千多年的文明，悠久的历史长河使可开发的古镇旅游资源非常之多。目前全国古镇数量超过 5000 个，仅在北京地区就有将近 100 多个。随着人民文化水平的提高，人们对古镇旅游的要求也随之不断发生变化，走马观花式的古镇游览已经满足不了旅游者的要求，他们在寻求更有文化深度的古镇体验。旅游景区需要大量的人员来维持日常运营，北京地区人们的薪酬相对较高且薪酬水平一直在保持着增长，这使古北水镇的人力成本压力不言而喻。

四、古北水镇顾客价值感知因素分析

根据笔者此次实地调研和采访情况，古北水镇的游客群体主要集中在 18~35 岁，青壮年学生居多，学历多是大专及以上，他们对旅游产品的需求偏向于体验型旅游产品，且要求旅游产品中能够感受到更多的文化元素。古北水镇除了旅行社带的旅游团之外，游客多是北京市的常住居民，少有外地游客。这些游客一般是与家人和朋友一起出游散心，游玩时间一般是 1~2 天，他们希望呼吸清新的空气、观赏优美的自然环境和欣赏古北水镇的特色民居建筑。在问及对古北水镇有什么不好的体验时，游客的主要抱怨来自门票、住宿费用较高和缺乏体验项目两个方面。因此，笔者认为古北水镇顾客价值感知因素主要有以下五个方面：

（一）旅游资源

旅游资源既是景区开发的前提和基础，也是吸引游客进行旅游活动的主要来源之一。我国很多的旅游景区都是以旅游资源为开发导向的，将可开发的旅游资源进行规划管理，进而修建成旅游景区，因此，足以表明旅游资源是游客主要感知的因素之一。古北水镇依托密云县古北口镇清新秀丽的自然旅游资源和古代边关人民遗留的人文旅游资源，在深度细致地分析景区旅游资源的基础上，开发筹建成现在如此规模的旅游景区。

（二）旅游体验项目

随着人民生活越来越富裕，人们更多地开始选择在节假日出去游玩，如此人们积累了丰富的旅游经验，旅游经验的不断丰富直接导致人们的旅游需求发生改变。以前人们走马观花即可，现在他们已经不再满足于单纯的观赏活动，而是向往一些体验色彩浓厚、参与性强的旅游体验项目。现在的游客要求旅游景区提供更多的旅游体验项目，通过参与体验各类富有趣味的旅游项目而达到愉悦身心的目的。如果景区的旅游项目缺乏参与互动性，很多游客在景区的停留时间就会大大缩短，导致景区收入、游客满意度、重游率等受到影响，不利于景区长期发展。

（三）感知成本

影响顾客价值的另一个重要因素是游客的感知成本。游客的感知成本不仅只有货币成本，还有游客付出的时间、体力、精神等非货币成本，但游客感知最明显的就是货币成本。在进行旅游活动时，游客为了获得旅游产品或服务，必须付出一部分的金钱。对于那些经济收入较低的价格敏感型游客来说，价格的高低是影响感知成本的重要因素。相反，对于那些对产品价格不敏感或者经济条件较好的游客来说，能否在旅游过程中得到身心的愉悦、精神的享受、热情良好的服务，是他们衡量感知成本的重要因素。一个人的感知成本越高，就会导致他所感知到的顾客价值越低。相反，若感知成本很低，或者在旅游者权衡的过程中认为所获得的旅游产品或服务与感知成本相符，游客的顾客价值就会很高，从而对旅游地的满意度也会很高。

（四）旅游地的接待服务

旅游地接待服务种类的多寡和质量的优劣，直接关系着游客对旅游地的直观感受。好的接待服务，可以使游客对旅游地的好感度增加。相反，如果旅游地的人员接待、服务接待、基础设施等质量不好，会直接破坏游客的心情，影响游客的满意程度。

（五）情感因素

情感因素能够在更深的程度上对顾客价值产生影响。游客在经历了一次完整的旅游活动后，他会身心愉悦，获得精神满足。当他的情绪和情感是积极正面的时候，游客就会对景区产生好感，提升顾客满意度和景区品牌忠诚度，从而增加顾客价值。相反，一些负面的情感体验，会降低顾客的满意度，影响顾客价值的提升。随着旅游活动成为人们普遍的娱乐活动，人们对旅游活动所能提供的情感体验越来越重视，人们期待能够从旅游活动中满足身心的愉悦和放松，亲友的关注和羡慕，感情的交流和深化等情感需求。

基于以上分析的结果，结合古北水镇具体的体验情况，总结出以下古北水镇顾客价值感知因素。具体感知因素如表1所示。

表1　古北水镇顾客价值感知因素

感知因素一： 旅游资源	感知因素二： 旅游体验项目	感知因素三： 感知成本	感知因素四： 旅游地的接待服务	感知因素五： 情感因素
优美的自然风光	旅游项目的 可参与性	景区的门票价格	景区工作人员的 服务态度和水平	获得身心的 放松与愉悦
古朴的人文景观	旅游活动的丰富性	景区的食宿价格	接待服务的种类	与亲友进行 情感交流，增进感情
民俗文化的独特性	项目内容的新颖性	旅游的交通成本	基础设施的完备性	引起亲友的 关注和羡慕
餐饮特色	体验项目的 体验氛围	景区商品的价格	景区的环境卫生	受到启迪或教育

资料来源：陈海波. 顾客感知价值视角的旅游者重游意愿研究——以凤凰古城为例［D］. 湖南师范大学，2010；30-41.

五、基于顾客价值的古北水镇体验营销问题分析

（一）文化内涵挖掘不足

游客对于和谐的自然空间以及深厚的历史民俗文化的向往是古镇旅游体验需求的真正所在，因而真正的古镇旅游应满足人们对文化更深层次的需求。在一定程度上，特殊的文化背景是古北水镇生存和吸引游客的关键。古北水镇以独特的北方水乡为宣传点，将北方的胡同文化和江南的水乡风情融合起来，带给游客别具一格的体验价值。而如今呈现在眼前的古北水镇，虽然有历史古建和具有文化古韵的建筑，并在原有自然村的基础上修缮扩建了景区，但并未能充分地使游客体验到"古香古色、原汁原味"的古镇风貌，未满足游客文化深度游的体验需求。大规模的修缮，使古北水镇把古镇游的重点放在了"观光"或者"度假"上，忽视了古北水镇文化内涵的挖掘和历史文化的再现，导致游客体验不佳。

古北水镇具有深厚的历史文化底蕴，是历史上的边关要塞、行镖通道，拥有震远镖局、八旗会馆、杨无敌祠等资源，边关历史是其最突出的文化内涵之一。同时水镇的"山、水、城"的空间格局、自然纯朴的农事生产活动、丰富多彩的民俗活动等都是可挖掘的文化内涵。然而从目前的开发情况来看，古北水镇以上述这些文化为开发对象的旅游产品较少。由于缺乏旅游产品的创新设计和文化元素的有效利用，古北水镇所提供的旅游产品文化品位不高，难以满足游客感受和体验北方水乡古镇生活的需求，从而影响到游客的满意度和重游率。只有深入发掘古北水镇的文化资源，打造旅游品牌化产品，才是培育古北水镇旅游核心竞争力的基础，也是古北水镇可持续发展的必由之路。

（二）体验项目同质化

国内很多旅游景区都普遍存在着体验项目同质化的现象，一个重要的原因就是缺乏对各细分市场的研究。一种旅游产品和服务根本不能满足游客的需求，旅游经营者必须有针对性地对各个细分市场开展市场营销活动，竭尽全力实现人们愈加复杂和高文化要求的旅游需求。现在的游客更倾向于消费体验型旅游产品，不仅局限于基本的吃住方面，还要包含户内、户外、游览型以及参与型。虽然古北水镇在节假日人满为患，吸引了大量的游客，但这些游客主要以观光、休闲为主，走马观花地游览沿途主要的景观，然后就拍照吃饭，大多数游客只停留一到两天。景区缺乏一些可供游客花较多时间体验参与的旅游活动。游客只需一个白天的时间就足以走马观花般地游览完整个景区，能够吸引他们留下来的景点或者娱乐活动很少，只有传说中"灯火倾城的绝

美夜景"这一吸引点难以让游客为其支付较高的景区住宿费。体验活动缺乏足够的吸引力，导致很多游客会选择当天离开，这样游客在景区的滞留时间就很短，相应地游客在景区的消费也会很低。

体验营销注重通过顾客充分地参与，使企业和顾客产生互动，进而满足顾客的体验需求。目前古北水镇体验项目的参与性和独特性相对不足。古北水镇没有具有独特吸引力的体验项目，除了"长城脚下泡温泉"之外，其他的体验项目在各大景区随处可见，同质化严重。例如，震远镖局的射击游戏、月老祠的拜祭活动、永顺染坊的DIY印染等。这些体验活动没有精心设计，缺乏独特性，不能使古北水镇与其他旅游景区区别开来，从而更好地吸引游客。若体验项目设计得具有特色，游客可以通过视觉、嗅觉、听觉等全方位感官的体验或参与，进一步了解或探索古北水镇的文化内涵，从而在情感上产生共鸣。相反，体验项目缺乏吸引力，游客只能置身于商业性强的商业街道，并未能领略到古北水镇所承载的深厚文化底蕴。

（三）景区历史感缺失

古北水镇是新建的景区，尽管是在原有自然村的基础上修缮扩建而成，但很多人对其的第一印象还是会产生人工雕琢的感觉，从而心里产生抵触情绪。虽然古北水镇在筹建之初搜集了许多青石板等可用旧物，在建筑上也尽量保持原汁原味，但置身于水镇之中，景区给人的感觉俨然是仿照古时新建而成的仿古建筑群，"新建"之感分外强烈。景区所展示的物品也是"赝品"居多。笔者在参观过程中，目睹了景区内的工作人员拿抹布擦拭展品上的灰尘，展品上一尘不染，这若是在博物馆内根本不会有这样的事情发生。而且，景区内很多展品连防护的玻璃罩或者是禁止触摸的标语都没有，这更加深了游客对景区历史真实性的怀疑。

另外，古北水镇内浓厚的商业气息已经冲淡了古镇的体验，游客观赏下来最大的体会就是仿古建筑外壳下的各式商店，古朴之感淡薄，缺乏深厚的历史感。水镇内有大量店铺，售卖着各种风味小吃、民族服饰、民俗手工艺品等，这些商品占据了古北水镇旅游元素的大部分。然而，古北水镇里出售的商品存在着质量低劣、价格高、同质化严重等问题，缺少真正具有特色的手工艺品。例如，古北水镇中售卖的灯笼、剪纸、年画、油纸伞等，基本上放在任何一处古镇均可适用。更令人不解的是，水镇中还卖金鱼、乌龟等宠物，这与古北水镇古朴的形象相差较远，使游客很是"出戏"。水镇浓厚的商业气息和修缮痕迹，不仅淡化了古北水镇的文化特色和定位，更削弱了游客的良好体验。

（四）传统化的推广手段

以传统营销为主，客源多依靠旅行社、熟人介绍，相信"口碑"效应是古北水镇营销中的主要问题。管理者根据景区自身的资源条件和特色进行旅游产品开发和营销，向游客提供一些"过时"的旅游产品，这些旅游产品不注重旅游者的体验而是专注于产品的种类和利益，所提供的旅游产品仅可以满足游客一些吃、住的基本需求，较少考虑游客多种层次的体验需求。古北水镇现在提供的旅游产品非常符合"中国式的旅游"的需求，即上车睡觉，下车景点拍照，景区内大量的仿古建筑提供给游客大量的拍照资源。这样的旅游结束后游客对古北水镇的历史文化、民俗活动毫无了解。古北水镇营销缺少体验营销的意识，旅游产品没有从游客的情感、感官、思考、行动、关联五个方面去设计，不能通过体验项目满足游客日益个性化的体验需求，因此难以使游客得到情感上的共鸣和深层次的体验价值。

此外，古北水镇在市场营销中对现代科技手段的应用不够，有待提高信息化水平。在网络技术和自媒体快速发展的今天，古北水镇的市场营销活动中没有充分利用网络技术的优势，没能使网络的推广促销功能充分发挥作用。虽然古北水镇有官方网站、微信公众号、官方微博等网络推广平台，且取得了一定的营销效果，但是由于古北水镇这些网络平台知名度有限，信息更新速度缓慢，再加上平台信息承载量小等原因，还无法吸引到大量游客，难以成为景区强有力的支撑。以古北水镇景区官方微博为例，运营了这么多年，该微博截至目前才有23800多人，转发、评论、点赞数量极低，如何设计出有吸引力的活动还有待加强。

六、结论

虽然品牌化对于目的地市场营销的作用已经得到广泛的认可，但是由于旅游目的地的独特性，旅游目的地品牌化面临着一些特殊的挑战。品牌化的困难主要来自旅游者、目的地以及外部环境三个方面。

首先，本文梳理了顾客价值理论和体验营销理论，对理论发展进行了理论综述，为具体分析古北水镇的问题提供理论支持；其次，对古北水镇进行简单的概述，分析了古北水镇顾客价值感知因素，之后重点对古北水镇做了SWOT分析，以从总体上对古北水镇有个详尽细致的了解；最后，通过对古北水镇的实地调研和理论分析研究，笔者分析得出，古北水镇体验营销存在着文化内涵挖掘不够，文化深度游受阻、体验项目同质化严重，缺乏独特性、景区修缮痕迹较重，历史感缺失、推广手段传统，缺少体验营销意识五个方面问题，今后在进行问题分析时，通过促进古北水镇品牌化可持续发展，以期能为国内相关研究提供参考和启示。

参考文献

[1] Yi-Hua "Erin" Yuan, Chihkang "Kenny" Wu. Relationships among Experiential Marketing, Experiential Value, and Customer Satisfaction [J]. Journal of Hospitality & Tourism Research, 2008, 32 (3): 387-410.

[2] [美] 菲利普·科特勒，加里·阿姆斯特朗．市场营销原理（第13版）[M]．北京：中国人民大学出版社，2010.

[3] 何映宇．基于感知价值的乡村旅游体验营销研究 [D]．安徽农业大学，2011：17-20.

[4] 郑明．顾客体验价值视角下的酒店营销研究 [D]．中国海洋大学，2010：5-11.

[5] 赵艳艳．基于顾客价值视角的体验营销研究 [D]．中国海洋大学，2010：23-25.

[6] 李志刚．古北水镇能否复制乌镇模式？[N]．中国旅游报，2014-02-10.

[7] 赵方忠．古北水镇长成记 [J]．投资北京，2015 (5).

[8] 陈海波．顾客感知价值视角的旅游者重游意愿研究——以凤凰古城为例 [D]．湖南师范大学，2010：30-41.

[9] 韩冉冉．基于体验营销的乡村旅游营销组合策略研究——以乌镇为例 [D]．安徽工业大学，2011：36-46.

[10] 王克敏．基于景观叙事的游客体验研究——以密云县古北水镇为例 [D]．北京林业大学，2016：28-68.

[11] 梁萌．安仁古镇旅游发展战略研究 [D]．西南交通大学，2013：20-39.

[12] 郭永锐，陶犁，冯斌．国外旅游目的地品牌研究综述 [J]．人文地理，2011 (3).

作者简介

李立雄，1995年出生，中国传媒大学文化产业管理学院硕士研究生，研究方向为广播电视专业文化市场。

张铭，1976年出生，北京印刷学院经济管理学院讲师，研究方向为文化产业管理。

法国文化政策研究综述的分析及启示[①]

王丽欣　刘统霞

摘要：文化政策对国家文化发展、提升软实力具有重要意义，一方面，研究文化政策可以评估一国政府政策制定的合理性；另一方面，可以为政府提供更加具有建设性的意见，推动其文化制度的完善。近几年，中国政府着力加强文化自信，更是在文化政策上事无巨细地强调文化建设。法国的文化政策在世界上作为国家主导的典型，近三十年来，中外学者针对其的研究无论是内容还是角度都颇为广泛，本文试图梳理法国文化政策变迁，国内外学者对法国文化政策的研究及其演变趋势，并探索对比分析对中国文化政策制定的启示。

关键词：文化政策；研究综述；对比分析

一、研究的缘起

（一）文化政策的功能及研究意义

2005 年，联合国教科文组织把文化政策定义为"地方、国家、区域或国际层面上针对文化本身或为了对个人、群体或社会的文化表现形式产生直接影响的各项政策和措施，包括与创作、生产、传播、销售和享有文化活动、产品与服务相关的政策和措施"。文化政策对一个国家来讲，其基本的功能就是促进文化发展和社会进步，政府利用财政、法律以及行政等手段对文化产品进行保护或支持。另外，丰富人民的精神生活，提高文化修养。广播电视业的出现，极大地丰富了人们娱乐的内容，尤其如今新媒体的出现，不仅改变了我们娱乐的方式，也扩大了我们接受娱乐产品的范围，文化政策的导向也影响着文化内容的输出。因此，文化政策的制定非常重要：一方面，研

---

① 北京印刷学院校级重点课题"北京民俗文化资源的再生模式研究"（23190115019）。

究文化政策可以批判反思一国政府政策制定的合理性；另一方面，通过研究文化政策，为政府提供更加具有建设性的合理的观点，推动其文化制度的完善。

（二）法国文化政策的特点及研究意义

在全球化背景下，每个国家都在各方面互相影响渗透着，拥有突出实力的一方想要建立其霸主地位，文化产品的输出是最具渗透力的。如今，美国的影视输出遍布全球，娱乐业成为最大产业之一证明了其文化政策的成功。一方面，相比美国的自由文化市场，政府主导下的法国文化产业在很大程度上接受着国家的支持和资助。另一方面，法国作为最早有意识保护本国本民族文化安全的国家之一，其强烈的民族意识、民族保护主义也使它在面对美国强大的文化侵袭时，必须把本国文化产业的发展放在首位。

法国这种国家主导型的文化政策在世界上具有代表性，德国、加拿大等都是国家控制下的文化产业，只是程度不同。因此，研究法国文化政策有助于我们发现法国文化政策制定的深层根源，以及其特点与弊端。中国同样是政府主导下的文化市场，虽然中国经济一直大踏步前进，但传统文化，大到民族传统小到地方习俗，这些是否以及如何在政府政策支持下得到很好的保护、继承与发扬，却值得探究。中国在 20 世纪 80 年代改革开放后才在真正意义上有了文化政策，相比法国早在 14 世纪就有了文化政策晚了相当多。无论是伏尔泰口中的最接近文化艺术"尽善尽美"的路易十四时期，还是文化艺术逐渐走下坡路的近现代，研究法国的文化政策对我们来说都有借鉴意义。

（三）对法国文化政策进行研究综述的意义

中国关于文化政策以及法国文化政策的研究主要从 20 世纪末开始，主要针对法国文化的文化安全、民族主义以及文化遗产等方面有较多研究。近几年来，中国学者更加关注文化安全，对中国的文化政策也有了更多的反思。无论是借鉴经验还是反思吸取教训，通过研究综述，希望梳理出近几十年来世界上不同时期对法国文化政策的研究是否有所侧重以及演变趋势，通过与中国文化政策对比，发现中国存在的问题并探索一条解决之路。

二、法国文化政策的变迁

法国国家对文化的管理并非现代以来的新生事物，早在 16 世纪，法国就开始制定相应的政策来管理国家文化，特别是保护文化遗产方面，弗朗索瓦一世在位时先后颁布《蒙特利埃赦令》以保护本土书籍，颁布《维雷·戈莱特法令》以确立法语的语言地位。路易十四时期，国家成为艺术创作最大的支持者，舞蹈学院、绘画和雕塑学院、音乐学院、建筑学院等都由国家管理和支持。在这个时期，国家对文艺的管控已经全面。即使在法国大革命时期，国家对文化的重视也并未减弱，成立国家档案馆、国家图书馆和中央美术馆，以起到教育国民、培养艺术人才和保护遗产的作用。一直到第五共和国时期法国成立文化事务部，国家管控文化的特点基本定型。其后的几任政府，不断加强对文化事务的控制，希拉克政府更把推广法国文化看作是重塑法国世界大国地位的重要举措。

20世纪末，随着全球化国际贸易的兴起，为应对美国文化强势输出，在1993年关贸总协定的"乌拉圭回合"谈判中，法国提出"文化例外论"，认为文化产品不同于一般商品，应区别对待。1999年后"文化例外论"被联合国提出的"文化多样性"所替代。无论前后哪一种说法，不过是一体两面，都反映了法国强烈的文化保护主义以及民族意识。2006年，法国加入《保护非物质文化遗产公约》，标志着法国拉开了保护非物质文化遗产的序幕，法国大学将保护非遗文化作为高等教育的使命。为了更好地保护历史文化遗产，法国专门委托民间社团组织，鼓励民间组织在保护遗产中发挥作用。

文化部成立后近五十年的今天，法国文化政策面临来自多方面的挑战。欧债危机背景下，法国依然增加对文化的财政投入，增设艺术机构，丰富文化产品。1959年文化部长提出"文化民主化"，文化消费依然以精英阶层为主。此时，却突出了民间的赞助力量。马尔罗另一政策目标是"鼓励创作"，在资金支持、税收优惠以及民间资助力量的带动下，以电影为代表的文化产业取得很好的成绩。尽管数字化时代的来临一度让法国陷入困境，但它并没有逆流而上，文化部一改"文化例外"旗帜，积极转型创新。

三、法国文化政策的研究综述分析

（一）中国对法国文化政策的研究综述及趋势分析

1. 法国文化政策宏观层面变迁研究

（1）基于文化安全的相关研究。国内基于文化安全视角下的法国文化政策研究主要集中在20世纪末，近几年又重新被当作重点研究。文化安全对应文化霸权，一些国家企图利用强大的文化产业，输出本国的意识形态和价值观念，在全球范围内建立自己的文化霸权下，更加重视本国文化安全，建立文化安全政策更显得尤为重要。武汉大学的金海波从文化安全政策的人本化角度出发，认为其文化安全政策的建立都将人在文化中的作用放在了重要位置，从文化立国、文化发展、文化外交三个方面阐述了法国政府制定政策时的人性考量。麻曰梅从治理性、语言安全和数字化三个角度肯定了法国维护文化安全的措施，也分析了现今法国面临的来自美国文化霸权、自身经济实力衰退以及欧盟的制约三重困境。石文卓对法国文化安全政策的肯定态度与麻曰梅基本一致，他从法国文化政策的特点入手，国家管理、民族保护主义、多样性以及信息技术都有助于捍卫民族文化的独立性。

（2）基于民族主义的相关研究。在法国几百年的文化政策的变迁中，各个时期的领导者都无一例外地将文化置于重要位置，形成了一代代的法国人对本国文化强烈的荣誉感和使命感。田珊珊认为，法国的文化政策并非出于应对美国文化霸权的被动举措，而是其内在的民族保护精神使得他自动自发地维护自身利益。何向也认为民族意识强烈的法国，其文化战略绝非内向型的狭隘自卫，而是一种颇具进攻性的以自主为基础的外向型文化扩张战略。其民族主义贯穿法国文化政策的各个方面，民族利益至上是最高准则。

（3）基于全球化背景下的文化政策研究。保护主义是法国文化政策的一个重要特征。肖云上总结了法国实行文化保护主义的三点原因，文化产品不是普通商品，文化经济的一部分，文化构筑未来。李莐将法国文化保护主义放在全球化背景下考察，认为全球化给法国文化带来了不小的冲击，因此法国提出文化例外以及文化多样性来应对不断变化的外部环境，认为文化单一化、同质化是对世界文化发展的危害。

（4）基于欧盟视角下的法国文化政策相关研究。在欧洲一体化进程中，身为其中一员的法国在制定对外文化政策时不免受到影响，但也是借助欧盟及其成员在国际上的地位和力量，来抵御美国文化的侵袭。因此，法国的文化政策从根本上说还是在维护法国的民族利益。

（5）基于国际层面法国对外文化政策的相关研究。从法国的对外文化政策出发，彭姝祎提出作为最早有意识将文化纳入外交手段的国家之一，谋求国家利益、借文化软实力扩大自身影响力、复兴大国地位的目标一直明确。马胜利在他的文章中分析法国外交政策的文化传统，普世主义和大国理想使法国在全球化加速发展的今天，心有余而力不足，认为法国的理想和目标只能在欧洲一体化中实现。王晓雪认为，法国的对外文化政策是其扩大国际影响，复兴大国地位的主要手段，并在对外交往中形成了自己鲜明的特点。

（6）基于对反思政府主导体制下的不足的相关研究。法国的文化产业受到政府较多的政策和资金支持，王吉英认为，文化例外就是法国文化政策的典型，如果欧洲的文化产业单纯依靠政府的支持和保护生存和发展不是长久之计。单万里也在《法国文化例外主张的衰亡》中阐释了文化例外政策的衰变，认为文化例外会受到来自法律、规则、电影及观众多方面的压力，若想打破这种局面，应向美国学习，学习他们制作电影的技巧，并向国内外普及自己的文化。李宁将美国的自由文化市场与法国—加拿大的文化产业政策如何实施进行了对比，两种文化政策各有优劣，中国应该选择中间道路，创新文化发展，也要重视民族传统。

2. 法国文化政策微观层面变迁研究

（1）影视文化政策的相关研究。具体到文化政策的实践，黄玉蓉从文化资助制度的运作趋势入手，分析得出法国的资助特点是以政府资助为主，企业和个人辅助，主要手段有财政收入、减税和限额进行。王璇与贾玉敏分别从电影业和广电业两个支柱产业切入，电影业和广电业同在文化政策的影响下，却呈现出不同的发展趋势，电影业在接受政府资金和制度支持的同时，私人电影出口公司的务实经营也起到了关键作用，使电影出口成为仅次于美国的国家。相反对于广电业，贾玉敏认为政府政策支持较多，虽然广电业垄断明显，但法国仍坚持保护主义政策。

（2）文化遗产的相关研究。王海冬对法国路易十三时期到第五共和国这一阶段的文化政策进行了简要阐述，认为法国是历史悠久的文化大国，并将文化遗产的保护放在文化政策的首位。杜莉莉从高等教育方面，分析其对文化遗产设立的课程学位，解读法国对文化遗产的重视。汪四红将日、韩、法三国对保护本国文化遗产做的投入进行了对比，他们在公私法方面共同参与保护，政府和民间组织一起出动，并培养公民保护文化遗产的意识。杜红艳和朱晓婷也认为民间组织在保护文化遗产上功不可没。

3. 近三十年中国研究法国文化政策的变迁及特征

近三十年来，中国学者对法国文化政策的研究随着国内国情变化而焦点不同，得出的结论也不同。

国内学者对法国文化保护主义的研究从 20 世纪末一直延续到近几年，但主要集中在 20 世纪末期，也就是法国文化例外论刚提出，内容主要分析法国文化保护主义的缘起与特征。并且大家在讨论保护主义时，都无可避免地与美国作比较，认为法国鲜明的保护主义政策与美国自由主义政策形成两个极端，得出的结论普遍是少些政府干预，给予市场更多自由。而近几年，在国家经济基本稳定，文化软实力被视为国家之间竞争的新目标，文化安全视角下的法国文化政策又被学者广泛研究，文化保护与文化安全说法不同，实则均是为维护本民族文化独立发展的空间。

法国对文化遗产的保护也是广大国内学者研究的焦点，研究时间也集中在近几年，突出强调民间组织在法国文化遗产中的重要作用，并分析中国国内虽有数量不少的民间组织，但因社会上对其认识局限，组织内部制度不完善，人员素质不高等问题，没有得到合理的利用。

从时间顺序上来看，中国学者对法国文化政策，从最开始单纯地研究文化保护主义的缘起及特征，逐步深入到法国的文化遗产、建筑、博物馆等各个方面，也有从更广的层面比如欧盟、全球化角度探讨法国文化政策的制定与影响。无论哪一方面，学者们更多的是借鉴用以中国。

（二）国外对法国文化政策的研究综述及趋势分析

贝尔纳·古奈在其著作《反思文化例外论》一书中详细阐述了文化例外论的产生，

冲突的根源以及相关的公共辩论等，他的立场更为客观，认为大多数国家的初衷都是在本国范围内尽可能多地为文化艺术学科和表达形式保存并发展独立生存的空间，只是表现出来的行为各有不同。Vincent Dubois 深入分析了法国低俗文化与法国文化政策之间含混不清的关系。Jeremy Ahearn 探析了在第五共和国时期，法国知识分子厌恶参与国家文化政策过程的原因，包括历史的反例、积极的世俗主义传统、对学术地位的不良影响。文章还分析了知识分子如何既是被构建者或者批评者，而且还是文化政策的对象。他的另一篇文章则对法国 2002~2007 年希拉克政府通过"世俗化"政策实施对民众文化霸权，Philippe Poirrier 认为，从大革命到现在，法国都在用历史遗产作为国家构建的手段。但这种保护的意识已经发生了深刻的变化，从历史文物转变为传统。而这观念的变化带来的是政策变化。

第一次世界大战后法国的外交和安全政策经常被视为迫使德国履行凡尔赛条约的工具，却忽视了法国的安全思想中的国际主义潮流以及其在第一次世界大战中的重要作用。Peter Jackson 认为"合法国际主义"，在 20 世纪 20 年代早期出现并在建立国家安全政策中发挥了越来越大的作用，逐步摆脱传统方法的对抗政策，越来越强调强制性仲裁和互助。David Looseley 的文章着眼于法国文化政策中的社会排斥议程，解决排斥问题对法国文化部来说是一直是个长期存在的问题，因为从 20 世纪 60 年代到 80 年代和 90 年代，由于一种创始的、显然无法抑制的信念，艺术在没有调解的情况下无法发声；也因为由此造成的"文化"与"社会"之间的结构性分离。这一信念在 20 世纪 60 年代末遭到质疑，部分原因在于布迪厄的文化资本概念，尽管自那以后，政策人员大多试图通过反对布迪厄而改变马尔罗的立场。作者追溯了这些尝试的历史，然后更详细地考察了法国文化政策中排斥议程的原则、问题和悖论。

国外关于法国文化政策的探究与中国不同，他们的角度更宏观，但也更深入，关注点多在法国文化政策内部的矛盾，与社会之间的磨合，对于其政策的批评与反思较多。

(三) 研究综述的总结分析

通过上文的梳理分析，可以发现国内和国外的研究视角虽有相同，但分析态度往往相反。国内更侧重从法国文化政策中学习借鉴经验，为国内更好地制定文化政策所使用。而国外的政策研究则更多的是批判性、反思性，研究偏向从法国文化传统中发现弊端。这两类不同的研究体现出不同国家对法国文化政策的借鉴与思考各有不同。

国内学者多从法国文化政策的特点、在不同时代背景下文化政策的制定等角度来探究分析法国与中国的异同。而国外学者则多是从政策内部制定的过程，比如知识分子的作用、社会与民众、艺术之间的矛盾，或者一些学者具体到某一项政策实施时产生的问题等角度来分析。对比国内国外学者的文献可以发现，国内在研究过程中忽略了法国文化政策制定时的内部因素考量，相比国外学者针砭时弊的见解，国内要保守很多，对尖锐问题缺乏探索或者不敢探索。

四、法国文化政策文献综述的启示分析

（一）中国文化政策及影响分析

自中国改革开放有相对正式的文化政策以来，在政策制定的数量及内容上大致经历了三个阶段。第一阶段，中央政府在政策制定过程中占绝对主导地位，文化政策多为自上而下的强制性命令；第二阶段，中央与地方互相协调，给地方政府更多自主性，以促进当地的文化发展；第三阶段（现阶段），中央明确的行政指令较之前明显减少，政府更多的是扶持和引导文化产业发展，地方政府依据中央文化政策结合自身特色制定的政策更多，有时市场倒逼政府完善文化政策。

由此可看出，一方面，中国文化政策的制定正在慢慢放开，但大前提总是围绕在中央即党的意识形态下，即使有些文化产品制作精良深受大众喜爱，但因不符合主流意识，而被埋没；另一方面，文化政策的制定具有滞后性，往往是市场中某一问题出现并演变得越发严重后，相关政策才姗姗来迟，但此时已经给社会和民众造成了一定的损失。由于缺乏第三方监管，在政策下发执行时，难免会遇到地方政府应付差事，使政策难以发挥真正效应。

（二）法国文化政策的研究综述对中国的启示分析

法国作为国家主导文化的典型，受到国内外学者的热捧，这为中国执政者制定文化政策提供了范本。但是，上文我们看到，国内学者的研究主题大多大同小异，研究结论也都很保守，多以积极学习为主，不似国外学者一针见血。本文来看，国内学者在埋头研究法国政策之时，不该束手束脚、局限目光，也应抬头看看国外学者是以何种角度、何种层面看待同一政策，在开拓研究视野的同时，也在学术上帮助中国建立健全既发展传统又符合国际潮流的文化政策。

1. 法国文化政策的优势借鉴

（1）从宏观层面看法国文化政策，呈现出文化保护主义、国家主导文化产业的特点，强调政府干预与国家控制。在国际环境下，各国文化交流中，法国所做的呼吁，例如"文化例外"，以及在欧盟内语言多样性的倡导，虽然其动机都是以本国利益出发，但无可置疑的是，其在某些程度上既传播了本土文化，也为世界某些地区发声，推动了文化事业发展，可谓"双赢"。中国近几年也积极谋求与周边国家的合作共赢，不妨借此多做些文化交流共同发展。

（2）在微观层面看法国文化政策，影视业、文化资助政策和文化遗产等方面的政

策也有值得国内学习的地方。在艺术创作上从不减弱的财政支持、税收优惠以及民间资助力量的作用下效果显著。在保护文化遗产方面，发动民间力量参与进来，并给予政策鼓励和资金支持，使法国的文化遗产得到全面的保护和传承。对中国来讲，提高政府及民众对文化创作的积极性，为文艺爱好者提供生存和发展空间。合理利用好民间组织在政策制定和执行时的作用，让民众参与到政策的制定和执行中，尤其是具有话语权的文化大师，可以有效发挥政策的作用，不仅是在文化遗产保护中，在中国的各项文化事务中，也发挥民众的创造力和监督作用。

2. 法国文化政策中的弊端警示

（1）法国文化政策中的弊端我们也不能视而不见。法国的文化产业过度依赖政府的政策保证与资金支持。如就法国广电业来说，即便是私人企业，也是在与政府签订细则的基础上运营，失去了很多自由创作的空间。虽然短时期内在一定程度上保护了本国传统文化的传承与发展，但是也致使本国传统文化的固化与单一，像一潭死水一样失去活力。传统文化的保护宜疏不宜堵，与其单方面地严防死守，不如将资金和政策多投入到文化创新方面，给市场多一些自由，加大文化的产业化，多生产趣味性与高雅性相结合的高质量作品。一方面，在中国大体制不变的情况下，政府能做到的就是不断完善市场的法律保护制度，给予市场更高的自由度；另一方面，财政支持也必不可少，文化企业要想在其他产业之中做大做强，政府的财政投入有利于其快速发展。

（2）法国文化政策制定过程中出现的"文化"与"社会"相分离的状况，使艺术不得发声。这种过于阳春白雪的政策与平民化的文化之间无法交流，便无法发挥最大效果，因此，中国在制定文化政策时应汲取法国曲高和寡的教训。

五、结语

在全球化背景下，文化软实力成为国家之间角逐大国地位新的标准，而文化政策作为文化软实力调控的一种手段，在文化政策的制定过程中，应该对比借鉴其他国家文化政策制定及研究的优劣得失，并结合本国历史文化背景和现实条件，从多元角度考量，逐步优化本国的文化体制，创造良好的文化生态。

参考文献

[1] 金海波．文化安全政策的国际镜鉴与启示［J］．重庆社会科学，2017（3）：114-120.

[2] 麻曰梅．文化安全视角下法国的文化政策［J］．大连干部学刊，2017（10）.

[3] 石文卓．文化安全视域下法国文化政策及其现实启示［J］．文化论苑，2016（10）.

[4] 田珊珊．法国文化政策——一个基于民族文化视角的研究［J］．法国研究，2010（2）.

[5] 何向．浅谈法国民族主义与其文化政策［J］．湖南省社会主义学院学报，2006（3）.

[6] 肖云上．法国为什么要实行文化保护主义？［J］．法国研究，2000（1）：93-101.

[7] 李棻．全球化背景下法国文化保护主义政策研究［J］．文学教育（上），2018（3）：162-165.

[8] 彭姝祎．试论法国的文化外交［J］．欧洲研究，2009，27（4）：1+107-122.

[9] 彭姝祎．法国对外文化政策的欧洲化与认同问题［J］．欧洲研究，2008（1）：59-73+160.

[10] 马胜利．大国的光荣与梦想——法国外交的文化传统［J］．国际论坛，2004（2）：51-57+81.

[11] 王晓雪．法国文化外交战略对提升中国文化软实力的启示［J］．湖北大学成人教育学院学报，2012，30（6）：60-63.

[12] 王吉英．从"文化例外"看法国的文化保护主义政策［J］．科教文汇（上旬刊），2013（10）.

[13] 单万里．法国"文化例外"主张的衰亡［J］．读书，2004（7）.

[14] 李宁．"自由市场"还是"文化例外"——美国与法—加文化产业政策比较及其对中国的启示［J］．世界经济与政治论坛，2006（5）：106-109.

[15] 黄玉蓉，车达．法国文化资助制度运作特点及其对中国的启示［J］．深圳大学学报（人文社会科学版），2015，32（5）：110-115.

[16] 王璇．法国文化政策下的法国电影业研究［J］．法国研究，2013（3）：89-93.

[17] 贾玉敏．文化保护与市场化进程中的法国广电业［J］．当代传播，2001（4）：46-48.

[18] 王海冬．法国的文化政策及对中国的历史启示［J］．上海财经大学学报，2011，13（5）：12-19.

[19] 杜莉莉．非物质文化遗产保护作为高等教育的新使命——以法国大学为例［J］．现代大学教育，2016（3）：45-51.

[20] 汪四红，李晓星．比较与借鉴：中国非物质文化遗产保护——基于法制建设视角［J］．宿州学院学报，2016，31（4）：89-92.

[21] 杜红艳．国外民间组织在历史文化遗产保护中的作用与启示［J］．探索，2012（2）：123-126.

[22] 朱晓婷，张利民．论外国民间组织对历史文化遗产保护作用及对我国的启示［J］．旅游纵览（下半月），2014（1）：326-327.

[23] 贝尔纳·古奈．反思文化例外论［M］．北京：社会科学文献出版社，2010.

[24] 姚岚．从"文化例外"到"文化多样性"［D］．上海外国语大学，2014.

[25] 高永丽．政府和民间组织的共识与互动——法国"文化遗产日"览要［J］．文博，

2007（3）：86-87.

　　［26］查正亚. 法国"文化例外"原则的政治分析［D］. 西南交通大学，2014.

　　［27］刘望春. 法国鼓励民间组织在保护文化遗产方面发挥作用［J］. 北京观察，2003（3）：43-44.

　　［28］范周，熊海峰. 文化产业政策供给分析［J］. 中国国情国力，2017（5）：41-47.

　　［29］栾晓梅. 文化政策变迁及其对文化产业发展的效应评价［J］. 现代商贸工业，2016，37（30）：7-8.

　　［30］胡惠林. 当代中国文化政策的转型与重构——20年文化政策变迁与理论发展概论［J］. 上海交通大学学报（社会科学版），1999（1）：110-115.

　　［31］王晶，弗朗索瓦兹·贝娜穆. 挑战与反思：法国文化政策的新变革——对弗朗索瓦兹·贝娜穆教授的采访［J］. 经济资料译丛，2015（4）：50-56.

　　［32］Vincent Dubois. Lowbrow Culture and French Cultural Policy：The Socio-Political Logics of a Changing and Paradoxical Relationship［J］. International Journal of Cultural Policy，2011，17（4）.

　　［33］Jeremy Ahearn. Public Intellectuals and Cultural Policy in France［J］. International Journal of Cultural Policy，2006，12（3）.

　　［34］Philippe Poirrier. Heritage and Cultural Policy in France under the Fifth Republic［J］. International Journal of Cultural Policy，2003，9（2）.

　　［35］Jeremy Ahearn. Laïcité：A Parallel French Cultural Policy（2002-2007）　［J］. French Cultural Studies，2014，25（3-4）：320-329.

　　［36］Peter Jackson. Politics，Culture，and the Security of France：A Reinterpretation of French Foreign and Security Policy after the First World War［J］. French Historical Studies，2011，34（4）：577-610.

　　［37］David Looseley. The Development of a Social Exclusion Agenda in French Cultural Policy［J］. Cultural Trends，2004，13（2）：15-27.

作者简介

　　王丽欣，北京印刷学院经济管理学院传媒经济与管理专业2017级硕士研究生。

　　刘统霞，文化人类学博士，北京印刷学院文化产业管理系副教授，硕士研究生导师。研究方向为文化产业管理与传媒文化研究。

我国影视产业"走出去"对策研究①

陈　妍　李明月

摘要：影视产业是文化产业中最重要的组成部分，不仅能够推动经济增长，还能够促进文化传播、增强国家文化软实力。但目前，我国的影视产业在产品、企业以及价值链方面的"走出去"还存在出口规模小、贸易逆差较大，内容创新不足、制作水平较低，文化折扣现象较为严重，营销渠道窄，投融资体制不完善，国际合作不深入，产业价值链不完善等问题。为此，要扩大出口规模，积极拓宽国际市场，进行内容融合创新，减少文化折扣，提高制作水平，提高营销能力，完善投融资机制，增强国际合作，注重对衍生产品的开发。

关键词：影视产业；"走出去"；对策

一、我国影视产业"走出去"的现状及问题

（一）影视产品"走出去"现状及问题

1. 出口规模较小、价格低，贸易逆差较大

我国的电影从 1979 年开始逐渐转型为商业电影，至今，已取得了较大的发展成果，电影票房收入逐年增加。自 2010 年以来的电影票房收入如图 1 所示：

由图 1 可知，2010 年我国电影票房收入为 101.72 亿元，到 2017 年我国电影票房收入已超过 500 亿元，与 2010 年相比翻了 5 倍多，增长速度较快。

虽然我国电影票房逐年增长，但海外票房却不景气，出口规模较小，贸易逆差逐

---

①　本论文受北京市社会科学基金研究基地项目（项目号：16JDXCB006）的支持。

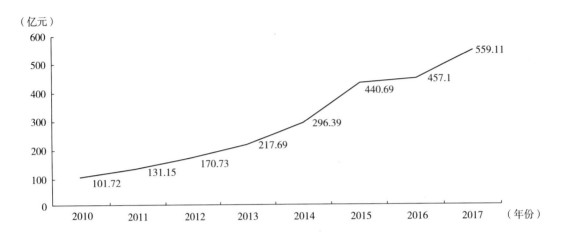

图 1　我国电影票房总收入

资料来源：根据中国报告网、中国情报网、财经网等网站内容整理得出。

渐拉大（如表 1 所示）。

表 1　2010~2017 年我国国产电影票房统计

年份　　类别	2010	2011	2012	2013	2014	2015	2016	2017
国产影片出口票房（亿元）	35.17	20.46	10.63	27.70	18.70	27.70	38.25	42.53
国产电影票房（亿元）	57.34	70.31	82.73	127.67	161.55	271.36	266.63	301.00
出口票房占国产总票房比重（%）	61.34	29.10	12.85	21.70	11.58	10.21	14.35	14.13

资料来源：根据中国报告网、中国情报网、财经网等网站内容整理得出。

　　由表 1 可知，2010 年我国国产电影出口票房占国产电影票房总额的比例超过 50%，但是，从 2011~2017 年，这一比例就降低了很多，大多数年份的比例在 10%~20%，说明我国的国产电影出口规模较小，国产电影出口票房对总票房的贡献很小。由图 2 可以看出，我国国产电影票房远低于进口电影票房，呈贸易逆差状态，且贸易逆差呈逐年波动扩大的趋势。

　　除了电影进出口贸易存在逆差之外，电视剧进出口也存在贸易逆差现象。自 2008 年起，我国电视剧贸易只有在 2015 年实现了贸易顺差，其他年份一直处于逆差状态，具体情况如表 2 所示：

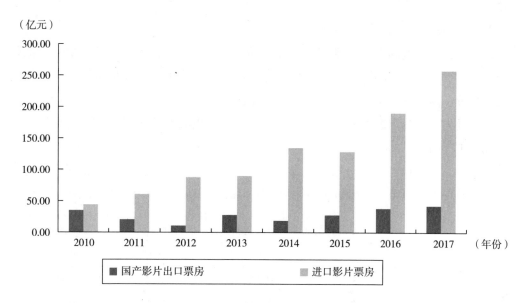

图2   2010~2017年我国国产影片出口票房与进口影片票房

资料来源：根据中国报告网、中国情报网、财经网等网站内容整理得出。

表2   2008~2016年我国电视剧进出口统计

年份\类别	电视剧进口总额（万元）	电视剧出口总额（万元）	电视剧进口量（集）	电视剧出口量（集）	进口单价（万元/集）	出口单价（万元/集）
2008	24293.23	7524.95	3594	6662	6.76	1.13
2009	26887.15	3583.59	4035	5825	6.66	0.62
2010	21449.75	7483.51	4482	12362	4.79	0.61
2011	34563.57	14648.95	3423	14001	10.10	1.05
2012	39583.88	15019.78	3164	15329	12.51	0.98
2013	24497.67	9249.77	6547	11180	3.74	0.83
2014	169807.30	20795.49	14022	13824	12.11	1.50
2015	29465.61	37704.63	2340	15902	12.59	2.37
2016	81499.50	29732.21	5070	25455	16.07	1.17

资料来源：根据国家统计局数据整理得出。

根据表2和图2可以看出，我国电视剧出口量基本呈波动上升趋势，电视剧进口量低于出口量，说明我国电视剧出口情况有所改善。但是出口的单价却较低，与进口单价相差甚大，说明当前我国电视剧出口主要是以价格优势扩大出口数量，我国电视剧在国际市场上的竞争实力还需要进一步提高和加强，逐步实现以质取胜，不断促进电视剧更好地"走出去"。

2. 出口类型单一，目标市场单一

近几年，我国电影出口类型朝着多样化的方向发展，出口类型涉及功夫片、动作片、古装片、科幻片、喜剧片等。但是，动作片、功夫片和古装片仍占据整个影视出口的大部分，这也导致了国外对中国影视文化的印象多是停留在功夫片的层面，久而久之，就会失去对我国影片的兴趣和向往，造成我国电影产业市场占有率低，同时也会限制我国影视产品的出口。

此外，我国电视剧的出口地区主要局限于日本、韩国、我国香港、我国台湾等亚洲地区，其他虽然有电视剧出口贸易，但是出口额非常少，如表3、表4、图3所示：

表3　我国电视剧出口亚洲部分地区统计　　　　　　　　单位：万元

年份	日本	韩国	中国香港	中国台湾
2012	1352.74	481.51	1157.45	5189.90
2013	1545.80	1126.49	553.92	1855.13
2014	1314.00	767.12	5402.95	7438.51
2015	1966.06	1217.13	7149.06	6405.17
2016	5108.46	1695.83	2794.60	8233.44

资料来源：根据国家统计局数据整理得出。

表4　2012~2016年我国电视剧出口按地区统计　　　　　　单位：万元

年份	欧洲	非洲	美洲	亚洲	大洋洲
2012	156.27	51.35	1405.06	11142.13	2264.97
2013	623.72	547.95	1279.50	6597.83	200.77
2014	677.69	6.70	1209.77	18879.28	22.05
2015	3461.34	871.55	5019.01	27080.01	1272.72
2016	503.07	155.76	589.89	28194.36	289.13

资料来源：根据国家统计局数据整理得出。

通过表3、表4和图3可以看出，自2012年起，我国电视剧向亚洲出口额较大，占总出口额的70%以上。可见，电视剧出口目标市场较单一，还需要进一步开拓国际市场。

3. 内容创新不足，制作水平比较落后

我国影视产品出口额较小，究其根本原因在于我国的影视产品质量不高，内容不佳。一直以来，我国的影视产品出口局限于古装片、动作片等，久而久之造成海外观众审美疲劳，缺乏新意的影视作品必然会慢慢地被激烈的竞争市场所淘汰。同时，我

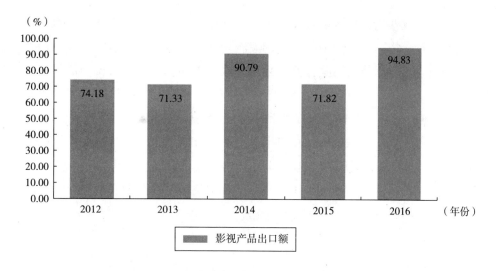

图3 电视剧亚洲出口额占总出口额比重

资料来源：根据国家统计局数据整理得出。

国的影视产品大多只是立足于我国的市场需求，并没有充分考虑到国外观众的审美、情感以及信仰，不能够将影视作品上升到共同情感理念层面，因而不能够很好地引起观众的情感共鸣，由此也导致了我国影视产品出口收益不乐观。

此外，我国的影视产品制作水平不高，在激烈的市场竞争中处于相对劣势。美国从2009年开始采用3D技术制作影片，在我国上映的《阿凡达》凭借着优秀的制作，高科技的呈现水平，在我国获得了13多亿元的票房，从此也掀起了3D制作的热潮。由于我国数字化制作起步较晚，缺少相应的高技术人才，所以我国的影视制作技术和美国等影视产业发达的国家相比还存在差距，拍摄出来的科幻片、动作片等对画面感要求高的类型影片在国外并没有取得非常漂亮的成绩。

4. 文化折扣现象较为严重

文化折扣亦称"文化贴现"。是指因文化背景差异，国际市场中的文化产品不被其他地区受众认同或理解而导致其价值的减低。由于我国和西方国家存在文化差异，各国人民的价值观相差较大，国外观众对中国的传统文化了解较少，加之语言沟通问题，使国外观众不能很好地理解我国影片传递出的文化，造成了我国影视产品出口收益低，阻碍了我国影视产业"走出去"。例如，《战狼2》在国内取得了56.81亿元的票房，在海外却只获得了100多万美元票房。如何降低文化折扣，让我国的影视作品在海外得到好的收益是我国影视产业"走出去"面临的一大难题。

5. 营销渠道窄，国际发行营销能力弱

营销、发行是影视产业链的核心环节，一方面，影视产品海外收入不尽如人意是由于影视产品内容不佳导致的；另一方面，还是由于营销渠道少，营销能力弱的缘故。

目前，我国缺少成熟化、整体化的营销体系，海外发行渠道和网络建设相对滞后，主要的营销方式是参加国外电影节，主要的发行模式是代理发行权、直接买断版权，近几年也逐渐出现了全球分账模式，但在采用分账模式的初期，其取得的成绩也不是很理想。加之用于营销的经费支出较少，导致营销的力度不够，进而导致了影视产品出口回报率不高。相比之下，美国拥有成熟和完善的营销体系，全面和系统地包含了发行、宣传和营销等环节，关于影视产品的后期开发也做得相当出色，已经形成了一条产业链。其中50%的开支都用于营销环节，这些都充分说明了营销方式对于电影走向市场的重要性。我国还需要加强对影视产品出口的营销，进而促进影视产业更好地"走出去"。

（二）影视企业"走出去"现状及问题

1. 投融资体制不完善

资金是影响影视企业"走出去"的一大重要因素。首先，目前国内大多数的影视企业都缺少足够的资金来支撑其"走出去"，加之我国的投融资体制还不够完善，互联网众筹、版权证券化、私募影视基金融资等融资方式还不够成熟，不易分散风险，导致融资困难，严重制约了我国影视企业"走出去"。其次，我国缺乏专业机构的引导，导致国家扶持基金、民间资本、金融资本无法顺畅地进入影视文化产业。中国电影基金会作为现阶段国家代表的公募基金对促进影视文化产业发展能力也是非常有限的，影视企业缺少社会资本的注入会导致其成长发展的速度受到限制。另外，我国缺少专业的投资人才和投资团队，导致影视企业对外进行投资时有较大的投资风险。如小马奔腾于2012年收购好莱坞特效制作公司Digital Domain 70%的股份，2013年就因经营不善全部转让。

不健全的投融资体制不能为我国影视企业的投融资提供保障，进而制约了我国影视产业"走出去"，影视企业要想更顺利地"走出去"需要有健全完善的投融资机制来支撑。

2. 国际合作不够深入

过去，我国影视企业和国外企业的合作主要是资本方面的合作，且大多数企业的资本效率并不高，国际合作不够深入。近几年，随着我国影视企业的不断发展，我国影视企业也与国外企业进行了联合制作。例如，2017年上映的《地球：神奇的一天》是由中英联合制作的，但是由于我国的制作技术不高，缺少相应的复合型人才，在制作过程中参与度不高，前期的策划与拍摄还是由外方完成，我国只参与了导演与后期工作，在合作过程中扮演的角色较小。今后我国影视企业要不断提升自身技术实力、资本实力，不断参与到核心制作当中，一改在国际合作中处于弱势、被动的地位，努力在国际合作中享有主动权以便促进我国影视企业"走出去"。

3. 影视产业价值链不完善

影视产业是以电影、电视产品为核心，从视频、音频的创意、生产、传播到最终消费所涉及的具有上下游关系的各个功能主体的集合。影视产业链包括内容制作、内容发行、内容放映、内容衍生等几个环节。目前，我国影视产业的价值链还不够完善，带动性不强，尤其是衍生产品开发不足，开发的价值低，没有对玩具、服装等产业起到很好的带动作用，对影视产业收入的贡献很小。同时，我国对影视产业保护法律法规不健全，盗版横行、无授权开发衍生品都给影视产业收益造成了损失，种种因素都成为了影视产业"走出去"的障碍。

二、我国影视产业"走出去"对策分析

（一）影视产品"走出去"对策分析

1. 激发影视企业"走出去"的积极性，扩大出口规模

近年来，尽管我国政府逐渐重视影视产业的发展，运用出口退税和财政补贴等一些经济手段来扶持影视产业的发展，促进影视产业"走出去"。但这些政策还存在覆盖范围小、针对性弱、缺乏监管机制、落实不到位等问题，因而无法为我国影视产品在国际市场竞争中提供强有力的后盾。为此，我国政府及相关机构应在深入研究影视产品出口贸易的基础上，加快影视产品出口贸易的立法，进一步细化相关法律条文；简化税收退免的流程，为影视工作者提供经济支持，激励其将更多的精力投入于创作之中；建立影视产品出口的管理机构及行业协会，建立行业内部的监管制度，形成独特的产业文化；加强对政策落实情况的监督，引导行业良性发展。以此来激发影视企业"走出去"的积极性。

同时，在国家强有力的政策支持下，影视企业要抓住机会，积极、主动地向国际市场迈进，不断提升影视产品出口的能力，扩大出口规模，缩小贸易逆差。

2. 积极拓宽国际市场、出口类型多样化

目前，我国影视产品出口存在出口目标单一、出口类型单一等问题，影响着影视产品的出口。因此，我国影视企业要明确出口目标，出口目标是影视产业"走出去"的指南针，只有明确了"走出去"的方向，才能更好地促进影视产业"走出去"，逐渐提高我国影视企业在国际市场中的竞争实力，加深我国影视文化传播的程度。同时，我国影视产品出口局限于亚洲和华侨聚居地区，在其他国家和地区的出口情况还需不断改善。我国影视企业要不断地进行市场调查，进行市场细分，根据地区文化的不同、价值观的不同以及观众喜好的不同等多个方面出口不同类型的影片，做到影视产品出口类型多样化，进而把握住每一个国际市场，促进影视产业发展。

3. 进行内容融合创新，减少文化折扣

任何国家的影视产品要想在海外获得较好的收益，都要有独特的、优秀的内容。内容是文化的根本，更是影视产业的根本。当前，我国大多数的影视产品的内容都缺

少独特性，内容千篇一律，缺乏新意，让国外观众产生了审美疲劳，进而阻碍了影视产业"走出去"。而我国拥有上下五千年的优秀文化资源，可制作的影视素材非常之多，我国的影视企业要利用好这一优势，再对其进行文化创新，使影视产品有特点、有新意，能够激发消费者的好奇心。同时，我国和其他国家还存在文化差异，不同的国家对影视文化的理解不同，我国影视产品要想在海外市场取得好的收益，就必须在创新的基础上考虑到海外市场的文化需求，融入当地的文化元素，降低文化折扣，引起观众的情感共鸣，以便于海外市场更容易接受我国的影视产品。

4. 不断进行科技创新，提高制作水平

我国数字化发展起步晚，首先，信息化、数字化技术基础薄弱，导致我国在影视产品制作方面存在技术缺陷，一些高难度的特效制作需要聘请国外的专业技术人员来完成，这增加了制作成本，进而导致利润降低。其次，我国的影视产品后期制作也存在剪辑混乱、不流畅等问题，严重影响到了影视产品的质量，不能满足海外观众对影视产品的高质量要求，进而导致影视出口产品海外市场占有率不足、收益低等问题。最后，由于语言表达方式的不同，文化差异的不同等原因，我国在影视产品的译制方面也存在缺陷，主要表现为不能很好地将影视产品本身所传递的文化进行符合实际的表达，造成海外观众不能很好地理解、接受影视产品。为此，我国要不断地进行科技创新，提高制作、译制水平。通过与国外优秀制作团队进行合作，在合作中不断学习与进步；通过自主科技研发，弥补当前影视产品制作缺陷；培养、引进具有高水平的科技研发、影视制作方面的人才等方式进行提高。

5. 建立健全国际营销体系，提高营销能力

良好的国际营销体系是我国影视产业"走出去"的一大保障。我国的影视产业营销体系还不健全，存在营销渠道狭窄、发行渠道单一、缺少专业营销团队等问题，所以，要建立健全国际营销体系，提高营销能力，为我国影视产品"走出去"做好铺垫。

（1）拓宽营销发行渠道，创意营销发行。首先，影视企业可以充分引用好新媒体和网络传播媒介，建立海外推广网站，建立国际网络发行体系，既能降低营销发行成本又能让海外观众更便捷地了解中国影视产品。其次，通过建立国际发行公司增加我国影视产品的发行量。再次，创新发行模式。目前我国的发行模式多采用买断版权、分账发行等，可以在该基础上进行细分市场分别定价销售、保底分账等。最后，进行有针对性的营销。根据不同国家的不同文化价值观、观众喜好等因素进行不同侧重点的营销，使营销更加有针对性，更能把握海外市场。

（2）培养专业的营销人才，建立专业的营销团队。建立专业的营销团队是建立健全国际营销体系的重要组成部分。有了专业的营销团队，有利于制定高效益的营销策略，有利于通过营销手段拓展、把握影视出口产品市场，进而实现影视产业更好地"走出去"。

（二）影视企业"走出去"对策分析

1. 完善投融资机制

完善投融资机制首先要完善融资方式，实现多元化融资。目前，我国的融资方式不断增多，但并不够成熟。例如，尽管互联网众筹这一融资方式凭借着其开放程度门槛低、网民参与热情程度高、传播渠道多元化等优势快速兴起，但是由于缺少完善的运行机制和相关制度，多家众筹运营平台相继停止运营。鉴于此，要不断地完善融资方式。同时，影视企业也要进行多元化融资，以便达到分散风险的目的。其次，要建立专业的投融资机构，使影视企业能够容易地、顺利地获得国家扶持基金、民间资本等资本注入，促进企业的发展，为影视企业"走出去"奠定资本基础。最后，要培养专业投资人才，建立专业的投资团队，以便于企业在"走出去"的过程中能够谨慎行事、减少投资风险和经营风险、为企业带来较好的投资收益，逐步积累"走出去"经验，实现越来越好、越来越稳地"走出去"。

2. 提高资本运作效率，增强国际合作

近年来，尽管光线传媒、华谊兄弟、万达影视传媒等国内影视行业龙头企业的资本运作效率有所提高，海外的资本输出有所增加，为我国影视产业"走出去"开拓了道路。但是国内大多数影视企业资本运作效率不高，在"走出去"的过程中面临较高的风险和困难。在此背景下，我国影视企业在资本"走出去"的过程中要不断地增加资本积累，在进行海外投资时要注意防范风险，避免陷入财务困境，提高资本运作效率。具体可以表现为：通过完善公司治理结构、完善企业经营板块、提高生产效率等方式进行资本积累；通过企业合并、企业收购、建立海外分公司等实现资本"走出去"多样化；熟悉国内外相关法律制度和政策，在遵守法律的范围内进行资本"走出去"，避免陷入法律困境。此外，影视企业"走出去"不能局限于资本"走出去"，更要加强除资本合作以外的合作，例如，加强在影视产品制作发行等方面的合作。同时，我国企业更要加强对技术人才的培养，提升自身的制作能力，以便在国际合作中能够更多地参与到核心制作过程，逐渐提升我国影视企业在国际市场的竞争实力。

3. 注重对衍生产品的开发、促进影视产业价值链"走出去"

影视产业是高风险高投入的产业，不仅包括制作、发行、放映环节，还包括衍生品的开发。在电影或者电视剧面向市场后，创作人员可以开发其后续的价值，即开发价值链的衍生产品，包括玩具、游戏、动漫、餐饮、旅游等。衍生产品不仅能起到宣传的效果，还能为影视企业创造更高的价值。美国好莱坞电影票房收入占总收入的30%，其他均为来自衍生产品的收入，而我国的衍生产品收入占总收入的20%以下。例如，漫威影业推出的《美国队长》《复仇者联盟》等一系列电影，在电影上映后陆续推出了美国队长、蜘蛛侠等玩具，不仅电影取得了高票房收入，衍生产品带来的收益更是可观。而我国的电影票房收入占总收入的比重较大，不重视衍生产品的开发，造成衍生产品开发不足，衍生产品收益低等问题。因此，我国影视产业要重视衍生产品的开发，同时还要对衍生产品开发进行版权保护，避免市面上无授权生产，盗版产品横行现象的发生，真正做到整个影视产业价值链"走出去"，提高影视产业价值。

三、总结

在经济全球化和我国文化产业"走出去"的背景下，影视产业要抓住一切发展机会，积极融入国际市场中。在此过程中，要不断克服困难，根据国内外市场的变化积极做出回应，不断促进我国影视产品、影视企业"走出去"，进而实现整个影视产业的"走出去"，传播好中国文化，逐渐将我国打造成文化强国。

参考文献

[1] 仇园园，李琦，肖洋. 影视文化产业走出去研究——以江苏广电总台为例 [J]. 淮阴师范学院学报（哲学社会科学版），2011，33（4）：554-560.

[2] 江曼. 我国影视文化产业出口的现状分析及对策研究 [D]. 首都经济贸易大学，2014.

[3] 朱新梅. 中国影视业走出去的现状、问题及对策 [J]. 中国广播电视学刊，2016（2）：49-52.

[4] 闫玉刚，李怀亮. 中国电影"走出去"的问题与对策探析 [J]. 现代传播（中国传媒大学学报），2010（10）：7-11，20.

[5] 赵磊磊. 中国电影业"走出去"研究 [D]. 天津商业大学，2017.

[6] 王伟林. 文化折扣视角下中国电影"走出去"问题探析 [J]. 人文天下，2017（10）：72-76.

[7] 刘渊. 电视剧"走出去"的现状及策略探讨 [J]. 中国电视，2013（8）：57-60.

[8] 袁琳. 浅析中国电视剧"走出去"的机遇和挑战 [J]. 视听，2017（9）：38-39.

[9] 朱春阳. 影视产业如何"走出去"？[J]. 社会观察，2014（9）：18-20.

[10] 王熙，高崇文. 中国影视产业"走出去"战略与国家文化安全 [J]. 中国电影市场，2012（8）：20-22.

[11] 黄敏红. 基于互联网金融的影视产业融资模式研究 [D]. 东南大学，2017.

[12] 刘洪. 中国影视文化产品出口研究 [D]. 首都经济贸易大学，2017.

作者简介

陈妍，北京印刷学院经济管理学院会计专业，硕士研究生。

李明月，北京印刷学院经济管理学院会计专业，硕士研究生。

我国文化金融服务体系的创新与完善

吕忆秋

摘要： 文化产业的发展已经成为国家重要的经济发展需求，产业经济的发展离不开其金融体系的搭建，目前我国文化金融服务体系尚不健全。本文主要介绍文化产业及文化金融服务体系的发展现状，找出文化金融服务体系中存在的问题并加以分析，提出文化金融服务体系创新与完善的具体建议。

关键词： 文化产业；金融；创新

一、引言

随着我国社会经济的发展，人们不仅满足于物质的追求，更加注重文化精神的追求。文化产业已经不只是媒介和知识产业的载体，其内涵在不断地扩大，文化产业是为了满足人们精神需求所进行的生产活动，同时包括辅助文化产业生产的设备及中间机构进行的活动。我国文化产业的发展还处于初级阶段，受经济条件制约影响较大，中小微文化企业资金短缺成为限制文化企业健康发展的主要因素。我国尚未建成政府政策扶持—银行惠企措施—企业投资互助的文化金融服务体系发展闭环，文化金融服务体系的创新与发展具有较大空间。

文化的发展和繁荣是衡量一个国家能否走上经济强国的标志。如果一个国家文化产业的发展停滞不前，则其社会经济发展很难再创新高。随着第一产业和第二产业处于增长稳定期，为寻求新经济增长点，我国文化产业的兴起成为必然。2017年在全国文化产业工作会议上文化部发布《文化部"十三五"时期文化产业发展规划》，可见发展文化产业的重要意义。在大数据背景下，文化产业的发展不能仅仅依靠自身，同时应良好利用金融市场的杠杆作用，进行文化金融服务体系的创新。本文提及的文化金融服务体系主要指政府财政专项资金及直接投资的扶持、银行融资、文化产业基金、文化金融服务平台等。我国文化金融服务体系还处于建立的初期，文化金融服务体系的创新与完善为文化企业的后续发展提供较好的资金保障。文化金融服务体系的创新、完善能够加快我国成为社会主义文化强国的步伐。

二、文献综述

在现有研究中，有许多金融支持文化产业创新发展的研究。林孝标（2018）在《金融支持文化产业的创新和思考》一文中提出，尽管我国制定了相应的政策扶持文化产业发展，但在实际发展过程中受到很多因素的限制，使我国现阶段的文化产业发展水平与发达国家相比仍有一定差距。林孝标以哈尔滨为例，截至2016年3月文化金融贷款规模及数量均有显著提升。作者认为，国家应大力发展非银行文化类金融组织，为文化产业金融支持提供渠道；金融支持作为保证文化产业创新发展的重要路径，有助于我国文化产业长效发展发挥积极意义。

林枫（2018）在《互联网金融与文化产业融合的现状研究》一文中强调，互联网与金融的结合不仅改变了许多行业的发展模式，也为文化产业的发展提供了资金的保障，两者结合是推动文化产业创新的重要推动力。作者提出，文化企业要创新商业模式以获得更多的投资机会，同时要促进文化企业知识类产权资产化，使互联网金融在文化投融资方面发挥更大作用。

白兴文（2018）在《让金融促进文化产业发展》一文中提到，要丰富融资渠道，培育文化重点企业，加快文化企业的上市融资，借助资本市场快速成长；加强保险企业的保险资金融资功能并参与文化产业投资基金；寻找银行机构与文化企业合作的新模式，加强文化产业资本化运营。

周瑜、吴剑儒（2018）在《金融如何与文化产业协调发展》一文中指出，文化产业发展需要更多的资金投入，同时需要解决如何担保、如何融资的问题；文化产业结构也需要更多的方式，加快与互联网时代相结合，获得更多金融机构的扶持；文化产业的融资方式需要改进，构建文化产业信息通用平台，与银行建立信息交互平台。

李勇（2018）在《文化产业金融服务模式创新研究》一文中提到，文化产业金融服务在间接融资方面表现不强，信贷总量偏低，金融部门应加大在文化产业的投入；政府财政基金在行业内部和企业间配置不均衡，抑制了中小企业的创新发展。

上述学者均认识到金融在我国文化产业发展的重要地位，通过分析我国文化产业的发展现状，分别对银行、互联网等金融方式提出了金融促进文化产业发展的相关意见，但均未探究我国文化金融服务体系的改进措施。本文旨在研究我国文化产业中如何建立政府—银行—企业之间三位一体闭环的文化金融服务体系。

三、我国文化金融服务体系发展现状

（一）文化产业总体发展

《国家"十三五"时期文化发展改革规划纲要》明确将文化产业打造成我国支柱型产业。近几年，文化产业的发展与政府的扶持密不可分，国家不断寻求在文化产业中改制创新。2018 年 12 月国务院办公厅发布《国务院办公厅关于印发文化体制改革中经营性文化事业单位转制为企业和进一步支持文化企业发展两个规定的通知》，在该通知中将国有经营性文化事业单位转制为企业，推进了国有文化企业增强实力与抗风险能力，更好地发挥其影响力，体现了国家增强文化产业发展的决心。近十年来，我国文化及相关产业增加值如图 1 所示。

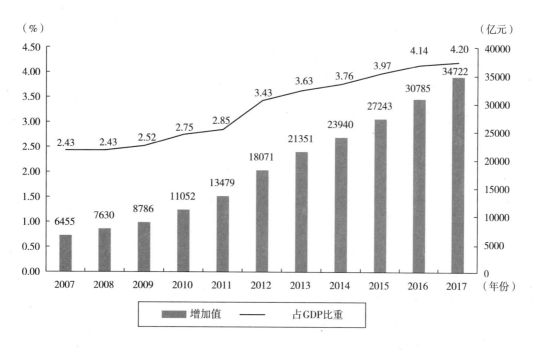

图 1　2007~2017 年文化及相关产业增加值及占 GDP 比重

资料来源：国家统计局官方网站。

从 2007~2017 年，我国文化产业增加值不断攀升，处于快速增长阶段，2017 年文化及相关产业增加值占 GDP 的比重达到 4.20%。虽然，其占 GDP 比重稳步攀升，但从总体来看，所占国家 GDP 的比重不高，在推动经济发展中起到的作用远不及工业等支柱性产业所起的作用。在发达国家中，文化产业已成为支柱型行业，世界知识产权组织的最新数据显示，2013 年美国文化增加值占 GDP 比重就已达 11.3%，在此方面我国与发达国家相比，文化竞争力不够强大，还有很大的发展空间，我国还需要进一步推动文化产业的发展，可通过文化金融体系发展来推动文化产业的可持续发展。

（二）文化金融体系的发展现状

目前，文化及相关产业分为文化核心领域和文化相关领域两大类。具体分为九个层面：新闻信息服务、内容创新生产、创意设计服务、文化传播渠道、文化投资运营、文化娱乐休闲服务、文化辅助生产和中介服务、文化装备生产和文化消费终端生产。文化投资运营主要体现在国有文化资产管理机构和文化行业管理机构的活动，并不包括资本市场投资。本文将从财政专项资金、证券市场融资、银行信贷融资和文化产业基金四个方面来分析文化金融体系的发展现状。

1. 财政专项资金

在文化投资运营层面，反映了国有文化管理机构和文化产业管理机构在文化投资运营上的管理（如表1所示）。

表1　2017年文化及相关产业增加值

类别名称	绝对额（亿元）	构成比（%）
文化及相关产业	34722	100.0
第一部分　文化核心领域	22500	64.8
一、新闻信息服务	4864	14.0
二、内容创作生产	7587	21.9
三、创意设计服务	4537	13.1
四、文化创博渠道	2896	8.3
五、文化投资运营	190	0.5
六、文化娱乐休闲服务	2426	7.0
第二部分　文化相关领域	12222	35.2
七、文化辅助生产和中介服务	5973	17.2
八、文化装备生产	1981	5.7
九、文化消费终端生产	4268	12.3

注：绝对额按当年价格计算。

资料来源：国家统计局官方网站。

在2017年文化及相关产业增加值中，文化投资运营增加值仅为190亿元，占文化及相关产业增加值的0.5%，与其他文化核心领域相比相去甚远。结合2017年文化及相关产业占GDP的比重可以得知，我国文化产业在融资方面的发展还处于起步阶段，其增值的可能性较强，我国文化产业在财政政策层面还有上升的空间，在文化投资运营方面的增长空间较大，文化金融服务体系有待改善。

在 2016 年、2017 年中央财政文化产业发展专项资金重大项目资金达到 7.17 亿元和 5.88 亿元。下发地区数量由多变少，由范围化变为精准对接。2016 年、2017 年文化产业发展专项资金（重大项目）均下发了 36 个省市区，而 2018 年的资金有针对性地下发至 23 个省市区。说明国家对文化产业发展专项资金的运用更加具有针对性，加之 2018 年国家文化事业单位改制规定的出台，均体现出国家的关注点从文化产业的直接投资，变为更注重文化产业的市场融资。截至 2017 年，国家共公布 45 个文化消费试点城市，并于 2017 年确定北京与宁波为首批国家文化与金融合作示范区创建候选地区，北京于 2018 年 8 月建立北京文化金融服务中心。国家通过以建立文化产业园区、示范基地等具体措施将扶持文化产业资金的运用落到实地。截至 2017 年，我国文化市场有 1 个国家文化产业创新试验区，1 个国家动漫产能示范园区，10 个国家级文化产业示范园区，10 个国家级文化产业实验园区，335 个国家文化产业示范基地①。同时，中央也对地方文化项目进行资金补助（如图 2 所示）。

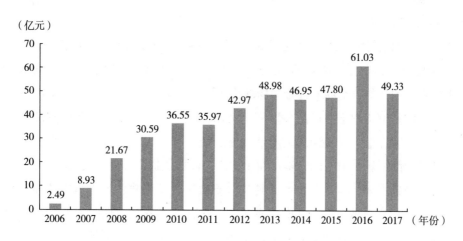

图 2　2006~2017 年中央对地方文化项目补助资金情况

资料来源：中华人民共和国文化和旅游部 2017 年文化发展统计公报。

2006~2016 年中央对地方的文化项目资金补助整体保持增长，接近翻了 24 倍；在 2011~2014 年略有下调，下调幅度分别小于 0.58 亿元和 2.03 亿元；2017 年对地方文化项目大幅下降，下降幅度约为 19.17%，这是因为从 2017 年开始，国家侧重文化产业市场化发展，利用文化示范区与地方新设文化银行作为市场运作手段，使文化产业发展趋于规模化、市场化。

2. 证券市场融资

截至 2017 年底，我国共有 25.74 万家文化经营性企业，其中在我国证券市场上，

---

① 资料来源：中华人民共和国文化和旅游部。

A 股共有文化传媒类企业 144 家，暂不包括体育与娱乐用品制造业、文化创意和设计服务业等。在 2017 年我国 IPO 的文化企业，有 21 家文化企业在 A 股上市，约是 2016 年的 2 倍，其公司注册地多为北京、上海、广东和湖南。

2015 年，有 358 家文化企业挂牌新三板，而到 2016 年共有 818 家文化企业挂牌新三板，翻了一番。在 2017 年仅前十个月中共有 354 家文化企业挂牌新三板，数量下降较为明显。随着新三板整体市场进入流动性困境，同时市场从火爆变为理性发展，2017 年下半年文化企业在新三板上市数量明显较低。有关数据显示，2016 年下半年至2017 年上半年在新三板挂牌上市的企业中，只有 18.47%[①]的企业实现了融资目标，融资困难的现实问题仍然存在，这也从侧面说明文化产业中潜在融资优势尚未被挖掘，获得市场认可的文化品牌覆盖面较小，文化金融服务结构还存在缺陷，虽然文化市场载体基本健全，但缺乏有效的促进金融发展的中间机制。文化企业在资本市场发行债券的比重也较小，同行业之间融资进展较慢。

3. 银行信贷融资

2018 年 8 月，中国银行业协会发布的《银行业支持文化产业发展报告（2018）》显示，到 2017 年底，主要银行的文化产业贷款余额达到 7260.12 亿元，但尚未有明确的企业轻资产的评估、交易、处置的标准化建设。

银行的信贷融资和抵押产品多以固定资产为主，对未经评估的无形资产原则上不予放贷。银行在金融产品的创新上不够及时，使银行推出的新型文化抵押产品还是不能够满足巨大的市场需求，同时银行在为文化企业提供贷款方面也缺乏经验。

作为以轻资产为主的文化企业，其收益受市场波动影响较大，当成功预测市场潮流趋势时，其收益会显著上升，反之亦然。文化企业投资收益期一般较长且不稳定的特性，直接导致了银行对文化企业的融资项目积极性不高，并谨慎对待，文化企业信贷总额占全部类型企业信贷总额的比重也较低。与传统文化经营企业相比，银行为有政府担保的文化经营企业提供融资的数额占比较高。

4. 文化产业基金

我国文化产业基金从发展以来，已经成为行业中重要的融资渠道。我国文化产业基金大致分为四类：政府牵头设立的基金、国有资本设立的基金、银行与企业共同设立的基金和上市文化企业设立的基金。如上海浦东发展银行与上海报业集团成立总金额为 100 亿元的"众源母基金"；华夏银行与北京东城文促中心设立总金额为 400 亿元的"文化艺术产业基金""文化旅游产业基金"等。这些基金的设立，推动了当地文化产业的发展，使文化与金融更好地融合到一起。文化产业基金也为我国文化金融服

---

① 资料来源：新三板研究中心。

务的后续发展提供一定的支撑。

四、我国文化金融服务体系存在的主要问题及原因分析

（一）文化金融服务体系不健全

文化产业的创新发展在金融服务方面效果并不理想，并不能有效地运用金融资本，造成大量文化资源难以发挥其经济作用。主要表现在以下四个方面：

（1）缺少促进文化金融服务发展的法律法规，同时对文化企业奖励性直接投资资金投入较少。以韩国为例，韩国是亚洲经济较为发达的国家，近年来，其在文化产业上蓬勃发展，不仅在本土上做到了民族文化认同感，同时还对外进行了有效的文化输出，其在文化产业上的金融促进政策值得我们借鉴。在韩国每年投入文化产业的预算超过国家总预算的 1.1%，韩国为鼓励文化企业的积极主动性，提高文化产业的创新能力，政府专门为文化产业设立奖项，如在游戏产业中设立奖金为 1000 万韩元的国务总理奖、在其他文化产业中设立奖金为 500 万韩元的文化观光部长官奖、300 万韩元的特别奖。这些奖项的设置激发了文化企业的创新精神，同时为文化产业的后续发展增加了直接投入。

（2）文化与金融合作示范区还处于初级选址阶段，在少量省、市进行创建候选地工作，各项工作处于前进摸索时期。文化与金融合作示范区作为文化金融联动机制设立速度为期较长，应尽快投入市场运行中，为地方中小文化企业的发展创造空间。

（3）文化企业在证券市场的融资成功率较低，企业自身不足以吸引融资方。文化产业中的领军者与中小微企业之间没有达到横向的融资渠道，未充分利用文化产业市场领军者的融资优势，尚未构建文化企业内部融资体系的闭环。文化企业没有将文化效能转化为经济财富，没有充分达到有效的开发利用，文化品牌影响力不足。我国的传统文化资源丰富，并且在不同地区具有不同的可辨识度，具有文化特性的商品与普通商品相比，除了具有基本的功能性之外，还赋予了特定的文化内涵，可以提升商品的价值。在市场中，故宫文化输出相对比较成功。其不仅在生活用品中加入故宫元素，打造了良好的品牌效应，同时在影视行业中推出影视作品，如故宫博物院首次以出品方身份打造文化节目《上新了，故宫》。

（4）由于文化企业自身的抵押品不足，其投资回收期较慢，投资回报率不高。对于要求高回报率的银行来说，不会冒较大风险长期等待文化企业实现赢收。同时在现有的金融产品中，缺乏产品的多样性。虽然有些银行推出文创小微企业联保贷款，但覆盖面不够广泛，对文化产业抵押产品的担保体系不够完善。银行对抵押物为无形资产进行的贷款所面临的审批程序较为严格，信贷风险相对较高。

（二）无形资产评估体系不完善

在国内，无形资产评估体系尚不健全、权威机构较少，对无形资产评估方面尚未有明确的制度和标准来规范市场化运作，对文化产业相关的无形资产难以确认其价值，如商誉等。2016年3月，中国资产评估协会曾制定并发布《文化企业无形资产评估指导意见》，该指导意见提出无形资产评估师在评估时应履行的职责，但其中涉及预测文化企业无形资产未来收益具有一定的可操作性，不便于衡量。我国文化市场品牌影响力不足，不能有效地吸引投资者，同时受国外文化冲击的影响，加之银行工作人员对文化产业不够了解，导致银行无法对现有企业文化影响力的信息进行研判和测评。

（三）银行信贷风险较高

文化相关产业的企业的经营资产主要以无形资产为主，多以知识产权、专利权、版权等无形资产形式存在。固定资产多为办公用品、演出设备等，能够用于抵押和质押的资产较其他行业相比投入较少。这与文化企业的经营范围有一定的相关性，在短期内不容易进行改变。

在文化产业中，存在大量的中小微企业，其财务报表大多数不够规范，造成企业与银行之间的信息不对称，为了筹措资金，部分中小企业会以民间借贷为手段，民间借贷利息较高于银行贷款利息，借贷模式不够规范，这加大了文化企业的信贷风险程度。

五、我国文化金融服务体系的创新与完善

（一）文化金融服务体系的创新

1. 建立地方文化金融服务中心

建立地方文化金融服务中心，各地区的文化金融服务中心应做到整合银行与文化企业的双方资源、建立地区文化金融服务企业数据库，起到桥梁作用，使银行与文化企业在信息对等的情况下实现对接。

各地方文化金融服务中心应进行文化企业信用登记，具体包括企业履行社会责任情况、银行系统中的信贷记录等。大力扶持优质信用的文化企业，对连续3年保持优等的中小企业进行记录，由地方文化金融服务中心出面与银行协商担保，由银行提供2年期内、金额为200万元以下的无息贷款。对于信用状况不佳的企业剔除出政府扶持名单，5年期内不再给予政府资金扶持，在信用状况改善并维持3年以上再予恢复扶持资格，优化文化金融服务的营商环境。同时，牵头做好地方文化宣传工作，提升文化品牌影响力与内在价值。

2. 设立权威的无形资产评估及流转机制

对市场上现有的评估机构进行标准化管理，建立国家无形资产权威评估机构，降

低文化企业融资门槛。由国家权威机构针对文化产业中无形资产的评估标准，发布统一的行业制度，并对评估师的执业水平进行定期抽查，对文化产业起到监管作用，增加机构评估公信力。

对文化知识产权、专利权、商标权、版权等无形资产建立交易流转平台，使文化企业资产得以盘活，加大无形资产在经济市场中的流通性。如可通过文化金融服务中心建立无形资产互联网交易流转平台，文化企业的无形资产在取得相应的评估结果后，到文化金融服务中心进行登记，由中心统一进行网上登记；各文化企业可通过社会统一信用代码在平台进行注册，施行一企一号政策，在平台进行无形资产的交易与处置。建立了有效的无形资产互联网交易流传平台后，无形资产的价值能够在市场上进行有效的衡量，使文化资源和信贷资源得以深度融合。

（二）文化金融服务体系的完善

1. 加大国家政策扶持力度

完善文化产业法律制度、坚持政策指引。我国制定并出台《文化部"十三五"时期文化产业发展规划》《文化产业促进法》也处于起草阶段。政府应加快文化产业法律政策的完善，促进行业建立完善的投融资体系。地方各级省、市需根据本地区实际产业发展情况，确定相应的文化金融服务发展方向，完善地区文化金融服务体系。加大对文化产业的直接投资，建立资金支持，发挥财政基金杠杆作用，通过增加文化产业发展专项基金的投入，促进地区文化创新工程建设，对文化产业具有卓越贡献的项目及企业施行资金奖励机制，逐步实现文化产业规模化与市场化水平。

推行文化金融服务在银行的试点工作，明确施行试点的银行设立专门的文化投融资服务平台，对文化企业提供专项金融服务，鼓励银行加大对中小微文化企业的投资力度，同时放低文化企业贷款利率，为文化企业初期发展提供充分空间。由政府设立的中间机构推荐的文化企业在发生贷款和抵押行为时，对银行施行风险补偿机制或担保补贴机制。在发生贷款风险时，政府和企业按照一定的比例对风险责任共同承担，或由政府对发生的风险进行一定的补贴，以此来降低银行对文化企业放贷的顾虑，促进政府在文化产业中的推动作用。当文化产业市场趋于成熟时，政府再逐步退出经济市场，完全由市场自发进行扩张和淘汰。

2. 拓宽市场融资渠道

放宽文化企业在金融市场准入条件，在申请专项资金时给予适当支持。建立多层投资体系，吸引产业领军者购买优质文化企业的证券。加大文化企业发行公司债券，为中小微文化企业增加信贷空间。发布适合文化产业的新型金融产品，如银行推出企业成长性合作贷款、对规模性文化企业提出的新型文化产品提供较低利率融资、著作权抵押、知识产权质押等，优化金融资产配置，缓解文化产业金融运营压力。文化企业可在资本市场中通过并购重组、再融资等方式融通资金、扩大规模。

3. 人才培养

聘请文化行业专家对银行在从事文化企业贷款方向的人员进行以年为周期的定期讲座，不断让工作人员了解文化产业发展情况。随着文化产业含义在不断扩充，银行工作人员能对文化产业的前景进行判断，拓宽文化企业在金融市场的进程。同时，要加强文化工作者在市场上的投融资意识，利用资本市场的闲置资金扩张企业发展。

六、结论

本文从文化产业的发展现状入手，通过国家层面和市场层面，研究文化金融服务体系的现状，认为在文化金融服务体系中存在企业信贷风险较高、无形资产评估机制与标准不健全、金融服务创新发展水平较低的问题，借鉴韩国文化金融政策与市场健全投融资体系的成功经验，提出在国家文化金融扶持政策、建立地方文化金融服务中心、设立权威的无形资产评估及流转机制、拓宽市场融资渠道、侧重文化领域人才培养等方面的建议。

参考文献

[1] 白兴文. 让金融促进文化产业发展 [N]. 榆林日报，2018 (4).

[2] 李勇. 文化产业金融服务模式创新研究 [J]. 合作经济与科技，2018 (9).

[3] 廖玉环，何思瑜. 文化产业促进政策对欧洲一体化进程的作用及其对构建中国—东盟命运共同体的启示 [J]. 红河学院学报，2018 (7).

[4] 林枫. 互联网金融与文化产业融合的现状研究 [J]. 市场周刊，2018 (9).

[5] 林孝标. 金融支持文化产业创新发展的实践和思考 [J]. 辽宁经济，2018 (11).

[6] 林佐明. 金融支持文化产业创新发展的实践和思考 [N]. 金融时报，2018 (2).

[7] 刘金祥. 金融如何支持城市文化产业发展 [N]. 中国文化报，2018 (1).

[8] 刘玉，石颖逸. 文化产业现状及问题分析 [J]. 经贸实践，2018 (5).

[9] 史永娟. 中韩文化贸易发展比较研究 [D]. 天津商业大学，2018 (5).

[10] 王晓军，梁高杨. 新时期文化产业金融风险及对策探索 [J]. 银行家，2018 (12).

[11] 于铁. 金融支持文化产业发展：日韩经验及借鉴 [N]. 金融时报，2018 (2).

[12] 张辉. 当前我国文化产业投资基金发展及存在问题研究 [J]. 科技风，2014 (10).

[13] 张娜，王彦林. 中国文化产业投资基金运作现状与调整思路 [J]. 河北学刊，2013 (9).

[14] 周瑜，吴剑儒. 金融如何与文化产业协调发展 [J]. 现代经济信息，2018 (1).

作者简介

吕忆秋，北京印刷学院经济管理学院 2018 级会计专业研究生。

第二篇

出版传媒产业升级与融合发展研究

供给侧改革对少儿出版发展的启示

王关义　臧义乐

摘要：近年来少儿出版是中国发展最快、活力最强的图书出版板块之一。文章分析了在供给侧改革背景下，少儿出版的市场现状和当下少儿出版市场火热的原因，指出了中国少儿出版行业发展面临的产量过剩、区域发展失衡、人才队伍不完善、产品同质化严重以及电子产品对少儿出版的影响等问题。面对供给侧改革，需要从内容、技术、渠道、人才等方面着手探索少儿出版的深耕型发展。本文从坚持以供给侧改革为主线、加强少儿出版人才队伍建设、加强品牌定位与产品创新、坚持以"少儿"为本，加强"社群"营销、提高出版国际化水平、重视中国本土 IP 内容的开发与运营等方面对少儿出版发展提出启示。

关键词：供给侧改革；少儿出版；启示

一、少儿出版市场现状

中国少儿出版通过产业化实践，取得了显著成绩。2017 年全国图书零售市场总规模约 803.2 亿元，比 2016 年增长了 102 亿元，同比增长 14.55%。《出版商务周报》的数据显示，2017 年，在细分类别方面，超过 1/3 的增长来自少儿市场，达 37.55%。相比 2016 年，全国图书零售市场总码洋规模为 701 亿元，较 2015 年的 624 亿元增长了 12.30%。其中，少儿出版码洋比重高达 23.51%。2017 年，少儿出版市场继续保持两位数的快速增长，20 年来少儿图书在零售市场的比重逐步增大，2017 年占比达 24.64%，接近全年零售市场的 1/4。动销品种数①占比为 25.94%，参与少儿出版的出版社数量大约为 556 家。

---

① 动销品种数是指门店中所有商品种类中有销售的商品种类总数。

如表 1 所示，2016 年少儿出版竞争市场总体稳定，从细分的数据可以看出，出版卡片挂图类出版社比上年同期增加 11 家，少儿科普增加 11 家，绘本漫画、心理自助增加 8 家，少儿国学增加 4 家，少儿英语增加 8 家，幼儿园教材和游戏益智有 4 家和 1 家退出市场。2014 年前五家出版社总市场份额达到 23%，2016 年 1~11 月已经下降到 20.9%。2014 年前十名出版社的市场份额是 35%，到 2016 年 1~11 月是 32.9%。这些数据也说明了现在领先的出版社并没有占据最大的消费市场，仍然具有巨大的市场潜力，同时，陆续还有其他出版社进入少儿出版领域，从而加大了少儿出版市场竞争压力。

表 1 参与少儿市场竞争的出版单位数量   单位：家,%

少儿市场	2015 年 1~11 月	2016 年 1~11 月	同比增长
低幼启蒙	386	386	0
卡片挂图	173	184	11
卡通/漫画/绘本	405	413	8
少儿心理自助	343	351	8
少儿国学经典	360	364	4
少儿科普百科	463	474	11
少儿文学	482	485	3
少儿艺术	332	334	2
少儿英语	297	305	8
游戏益智	399	398	−1
幼儿园教材	221	217	−4

资料来源：此表是笔者依据 2016 年开卷报告数据制作。

二、少儿出版火热的原因

（一）政策支持

为了促使教育更加公平，国务院办公厅出台了《国家贫困地区儿童发展规划（2014~2020 年）》，加大中央财政对贫困地区儿童的教育支持力度，进一步促进贫困地区儿童发展。教育部也在 2016 年工作要点中指出要发展普惠性学前教育和统筹城乡义务教育一体化发展，政策的出台促进了幼儿和少儿教育趋于均衡性发展，为少儿出版市场发展提供了有力的帮助。

2015 年 3 月，中共中央办公厅、国务院办公厅联合印发《关于推动传统出版和新兴出版融合发展的指导意见》（以下简称《意见》）。《意见》指出要创新内容生产和服务，坚持贴近需求、质量第一，严格把关、深耕细作。近年来，对出版的各个环节做出了新的要求，这促使少儿出版提升自身建设，多出精品和符合社会需求的作品，促使少儿出版市场保持了近年的高速增长态势。

（二）国民生活水平的提升，家庭教育支出增加

如图 1 所示，根据国家统计局和国家发改委发布的《2017 年中国居民消费发展报告》显示，2017 年全国人均可支配收入达到 25974 元，全国居民恩格尔系数为 29.3%，已进入联合国划分的 20%~30% 的富足区间。其中，教育文化娱乐支出占居民消费支出的比重达到 11.4%。国民收入的增加和生活水平的提升，优化了居民消费支出结构，居民向文化消费领域增加支出，促进了文化产业发展。少儿出版作为教育的重要部分，家庭对子女教育的消费支出促进了少儿出版市场的繁荣发展。

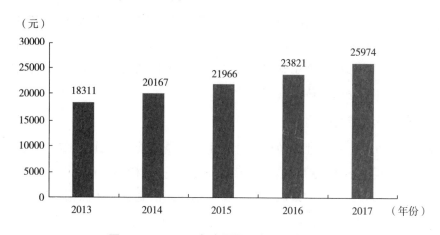

图 1　2013~2017 年全国居民人均可支配收入

资料来源：此图是笔者依据国家统计局数据整理制作。

（三）父母对子女教育的观念发生变化

随着人民生活水平的逐步提高，家长对孩子的教育培训投入越来越重视。同时，党的十八届五中全会提出了全面实施放开"二胎"政策，"二胎"政策的放开既有利于优化社会人口结构，也在少儿教育和出版市场上提供了巨大的发展潜力。以近年少儿文化和艺术培训机构的发展为例，从 2010 年的 2808 家增长到 2017 年的 6995 家，增长了 2.49 倍。家长对子女教育观念发生变化，逐步重视子女的多方面发展。2017 年，我国少儿文化和艺术培训行业市场规模在 629 亿元左右。目前，我国 2~12 岁少儿超过 2.2 亿人，基数庞大，少儿教育面临前所未有的发展空间，预计我国每年参加各类艺术培训的青少年儿童将超过 1 亿人次。父母对子女教育观念的变化，直接推动少儿培训

教育和少儿出版市场的不断扩大。

三、少儿出版发展中的问题

（一）当前少儿出版产量过剩，区域发展失衡

根据中国新闻出版广电网公布的数据显示，2016 年，全国出版图书 499884 种，总印数 90.37 亿册（张），总印张 777.21 亿张，定价总金额 1580.96 亿元。与 2015 年相比，图书品种增长 5.07%，总印数增长 4.32%，总印张增长 4.58%，定价总金额增长 7.10%。而有关数据显示 2016 年的新华书店系统发行单位年末库存图书 65.75 亿册，总码洋 1143.01 亿元，产量过剩的现象较为严重。

高库存与区域发展不平衡之间的矛盾是出版社发展过程中亟须解决的"拦路虎"。一方面，图书库存过高；另一方面，区域间发展失衡。在特大城市、准一线、二线城市，家长在为孩子选书、少儿在阅读上出现"选择困难"，市场上多种多样的图书种类以及同种类图书来自不同的出版社，让家长和孩子"头疼"。相反，在小城市、乡镇还有贫困地区的孩子可读的课外书却寥寥无几。这种区域间发展不平衡的现状既是出版社面临的问题，也是很大的待开发市场。

（二）少儿出版市场人才队伍不完善

目前出版社实现了由事业单位向企业转型。但是当前出版社仍然或多或少地带有事业单位的"色彩"。少儿出版是担负着培育祖国下一代重任的伟大事业，面对数字出版技术与传统出版融合发展的现状和趋势，从编辑团队到营销团队都迫切需要进行培训。传统图书编辑与数字出版技术工作人员沟通成本较大，复合型出版编辑人才缺乏。少儿出版的营销具有一定的特殊性，既要面向少儿，也要面向家长，因为家长是实际埋单者，目前针对少儿出版营销形式单一，需要营销团队拓宽营销渠道和丰富营销方式。

（三）产品同质化严重

有数据统计，目前在中国 583 家出版社中，有 523 家出版社在出版少儿图书。也就是说，有 90% 的出版社都在参与少儿图书的出版。然而，在 2016 年少儿类畅销书排行榜上，浙江少年儿童出版社就占据了"半壁江山"，这在一定程度上说明专业的少儿出版社的营销能力和出版内容领先于其他出版少儿图书的出版社。但是，"好书"与市场畅销书不一定完全契合，当前中国少儿类畅销书题材大致是以探险类、校园类和动物趣味类为主。这三大类在各大出版社出版的少儿类图书中都占有很大比例，同质化十分严重，营销渠道也是不尽相同。

（四）电子产品对少儿出版市场的影响

科技的发展是把"双刃剑"，随着移动通信和虚拟技术等现代科技的进步，电子产品不仅是形式多样，内容丰富，现实感逼真，而且价格方面也越来越"亲民"，这种发展态势给传统的纸质图书市场带来压力。不仅是智能手机和平板电脑等移动设备，在现代虚拟设备和影视产业大发展的背景下，一些不适宜少儿身心健康发展的游戏和电子设备占据着孩子大量的时间，形成严重的依赖感。这一现状对少儿出版市场规范造成了困难。

四、对少儿出版发展的启示

（一）坚持以供给侧结构性改革为主线，走提质发展之路

2018 年中央经济工作会议指出，经济结构出现重大变革，推进供给侧结构性改革，促进供求平衡。中国新闻出版广电网的数据显示，2017 年全国出版少儿读物新版22834种，比 2016 年降低 10.18%，总印数增长 5.42%。定价总金额增长 9.66%。一方面，少儿出版需要控制"粗制滥造"的现象，从选题和品种上进行严格把关；另一方面，做好市场调研，对家长和孩子喜闻乐见的种类合理供应，提高供应质量，注重供需平衡。

同时，对于少儿出版区域发展不平衡的现状，一方面，需要出版社承担主体责任，开拓中小城市和乡镇地区的营销渠道，通过政府采购、民营渠道、图书馆配置、超市和商店销售、自营销售网点等渠道，依据需求，适量增加图书品种和数量；另一方面，也需要政府层面"搭台"，对中小城市和乡镇地区的少儿图书进行政策性支持和补贴，提高中小城市和乡镇地区的少儿阅读量。

（二）加强少儿出版人才队伍建设

在以数字技术为支撑的现代出版与传统纸质出版融合发展的时代下，需要出版社以企业竞争的姿态，重视出版人才的技能培训和考核，适当提高复合型出版编辑人才的待遇。在数字出版技术方面，可以依据出版社自身情况，将部分数字出版技术工作外包给专业的服务公司，有实力的出版社可以培育打造自己的专业技术团队。

提高新时代下少儿出版的专业编辑团队技能，正确认识到少儿出版与数字出版技术融合发展下需要学习的新技能。自觉提升个人职业素养和业务水平是少儿出版出精品的重要保障。与传统营销渠道不同的是，线上线下联动营销的模式还需要继续开拓，少儿出版的营销渠道与其他类图书营销有共性也有特殊性。少儿出版的消费对象既是孩子，也是家长，家长为孩子的消费埋单，这就需要线上线下的营销活动相互引流，开拓和完善少儿出版的营销模式。

（三）加强品牌定位和产品创新

为减少少儿图书市场的同质化严重的问题，综合性出版集团和少儿图书类出版社都应该对自身品牌发展加以合理规划和准确定位。在出版内容上要注重创新，例如，德国推广的立体书、日本创新传统绘本、美国发展数字出版和分级阅读。中国少儿出版市场前景广阔，大约530多家出版社出版少儿领域图书，产品形式和内容的创新不仅能提高经济效益，也会增强自身的品牌建设，打造企业品牌文化。

（四）坚持以"少儿"为本，加强"社群"营销

少儿出版要始终坚持"内容为王"，在营销方面开发更多销售渠道，不仅通过新华书店、民营书店、网络书店、电子商务平台、商场等渠道，也可借鉴或创新德国贝塔斯曼书友会的经营理念和经营方式，成立儿童书友会，将少儿读书者以"社群"的形式，通过线上线下的方式来维护和服务消费者群体，为孩子和家长带来不一样的阅读形式，完善销售和学习服务。同时，书友会通过线上线下活动将消费者组织在一起，加强了"书友"之间的沟通交流，不仅促进了少儿之间以及家长们之间的交流，还能在一定程度上提高少儿的阅读率。

（五）社会效益为先，提高出版国际化水平

少儿出版，更多的是承担少儿健康发展的社会责任，是对孩子的启蒙教育。所以，少儿出版应坚持社会效益为先，重视社会效益与经济效益相统一，积极举办或参与少儿公益类活动，了解新时代下少儿对图书的需求和喜好，做好少儿、家庭和儿童文学作家的桥梁。在科技发展的形势下，政府、行业协会和出版社要联合规范少儿出版市场，严厉打击不符合少儿身心健康发展的图书和电子类产品，营造健康向上的少儿出版环境，打造中国少儿出版的优秀品牌，有利于中国少儿出版"走出去"，增强中国少儿出版在国际上的行业领导力和话语权。

（六）重视中国本土 IP 内容的开发与运营

中国市场上少儿类图书随处可见各种国外童话和小说。例如，我们耳熟能详的《哈利·波特》《安徒生童话》《伊索寓言》等。供给侧改革下的少儿出版发展应该充分发掘和培育中国本土儿童文学作家，讲好中国故事，为孩子的发展注入民族"血液"。新时代的少儿出版要转变出版思维，将少儿喜闻乐见的内容做成 IP，将少儿出版与影视出版、纪念品出版、现实生活场景应用等方面结合。运用"出版+"的形式将渠道和用户连接起来，通过大数据、AR、VR 等技术手段增强用户对相关图书产品的黏度，把用户进行社群化整合，打造智能化营销模式。

参考文献

［1］国务院办公厅印发《国家贫困地区儿童发展规划（2014～2020年）》［J］.社会福利，2015（1）：58.

［2］李学谦.少儿出版要慢下来，好起来［N］.中国出版传媒商报，2018-03-16.

［3］余人，胡素杰.少儿出版的同质化纠结与差异化突围［J］.出版广角，2015（17）：122-125.

［4］关萍萍.互动媒介论——电子游戏多重互动与叙事模式［D］.浙江大学，2010.

［5］张丽莉.少儿图书走出去的翻译与传播［J］.出版发行研究，2018（2）：93-96.

［6］顾君忠.VR、AR和MR——挑战与机遇［J］.计算机应用与软件，2018，35（3）：1-7+14.

作者简介

王关义，北京印刷学院教授。

臧义乐，北京印刷学院经济管理学院硕士研究生。

媒体融合背景下的我国出版传媒企业并购：
动因、 风险及管控

华宇虹　张佩瑶

摘要： 并购已成为愈加复杂多变的市场环境下出版传媒企业的重要成长路径。在媒体融合的背景下，并购的主要动因在于弥补战略要素缺口、拓展新领域以及实现战略协同。但是并购过程中的战略决策风险、估值风险、整合风险导致并购不能达到预期动机，出版传媒企业应对并购风险进行有效控制，提高并购成功率，落实既定并购动机，以利于出版传媒企业健康快速成长。

关键词： 媒体融合；并购；动因；风险控制

一、引言

随着信息技术的发展及社会公众阅读习惯的改变，移动阅读、碎片化阅读、个性化阅读逐渐普及，传统纸质媒介已无法满足社会公众阅读需求的新变化。新媒体携数字化浪潮奔腾而来，已经成为信息传播的新载体、新平台，并对传统媒体形成严重挤压。与数字新媒体融合发展已成为传统出版传媒企业转型升级的必然选择。

在媒体融合的背景下，通过并购获取外部资源，并进行战略、组织、业务、人员、文化等方面的整合，从而实现的市场化方式的成长已成为出版传媒企业的重要成长路径。从出版传媒上市公司年报中我们可以看到通过并购整合，出版传媒上市公司的竞争优势得以巩固和提升。但是从对文化传媒上市公司 2011~2017 年并购交易案例的分析和总结中可以发现，并购前的决策风险时有发生，并购中的估价、并购后的整合颇具难度，从而会导致并购达不到预期目标，使出版传媒企业期望通过并购获取战略资源、进入新领域的努力受挫。面对愈加复杂多变的市场环境，出版传媒企业的并购决策应更加审慎。

二、并购动因

1. 要素需求驱动，弥补战略缺口

关于出版传媒企业的未来发展，从出版传媒上市公司年报的公司战略表述来看，首先，出版传媒企业拟积极拥抱新技术，与新兴媒体融合，延伸产业链条，推动出版传媒企业的转型升级，保持其在传媒领域的竞争优势；其次，出版传媒企业拟在多元化的经营模式探索中取得成效，拓展其业务领域。

传统出版传媒企业与新媒体的融合是一项系统工程。在融合进程中，传统新闻出版企业在创新内容生产和服务、平台建设、扩展内容传播渠道、拓展新技术新业态等方面都需要有所作为。资源和能力是一个限制条件，内部资源和能力积累所支撑的企业成长速度、方式和界限在某种程度上已不能适应技术进步和传媒市场发展要求，根据泰吉和奥兰德提出的"战略缺口"假说，当企业分析竞争环境和评估他们自身资源时会发现，在竞争环境客观要求他们取得的战略绩效目标与他们依靠自身资源和能力所能达到的目标之间存在一个"战略缺口"，战略缺口会驱动企业通过并购获取资源以填补缺口。长期以来传统出版传媒企业的优势资源集中在内容生产及渠道终端。支撑其线上业务及新媒体布局，将公司建成新型传媒上市公司的信息技术储备不足。通过并购获取融合发展所需的资源，为企业战略的顺利实施提供有力保障成为传统新闻出版企业的现实选择。

在欧美，同样存在这种弥补战略性短板的并购行为。如培生和麦格劳希尔，不断通过收购数字技术公司和技术专利，提升自身的创新能力和数字生存能力。欧美出版企业开始瞄向那些具有颠覆性创新的、旨在挑战传统出版价值链的互联网创业企业，以探寻新的融媒路径和模式，其中以传统学术出版巨头爱思唯尔并购开放科学平台Mendeley和老牌文学出版商企鹅收购自出版平台Author Solutions最具代表性。

2. 多元化经营，拓展新领域

数字技术驱动着媒体融合走向纵深。在这一历史进程中，新闻出版企业的传统经营模式饱受冲击，在某些业务领域，营收和利润水平大幅下降，未来堪忧。因此，在积极拥抱新媒体、新技术的同时，培养新的利润增长点，实现多元化经营被纳入企业战略规划。凤凰传媒在2017年报中对于企业发展战略的表述为"以深化改革为动力，以文化创新为先导，以转型升级为主线，以融合发展为重点，实施深化改革、全面创新'双轮驱动'，努力打造以内容创意为核心，以数字技术为基础，以优质物业为依托的多元化新传媒企业"。天舟文化将发展战略确定为"三三战略"，即经过三个发展阶段、做好三个产业板块、成为"三化"集团。公司已完成从图书发行企业向文化产业

集团的转型，聚焦教育、泛娱乐、文化三大板块。

出版传媒企业的多元化经营主要通过两个路径实现：一是内部积累，二是兼并收购。通过内涵式发展路径进入新领域周期较长，风险较大，企业可能因此错失新业务部门产生利润的最佳时机。另外，企业拟进入的新领域往往存在较高的壁垒，通过新建方式突破难度较大。兼并收购则是规避或解决这些问题、快速进入新领域的一种有效方式。这种方式下，短期内目标行业现存的产业格局、竞争结构保持不变，企业可以迅速整合被并购企业现有的产品、技术、市场资源，为企业成功融入新的业务领域提供了更大可能，有效降低了进入新领域的风险及时间成本。国外传媒集团崛起的历程已经证明并购是其贯彻发展战略，实现多元化及快速扩展的有效途径。

2014 年和 2016 年，天舟文化分别以 12.54 亿元和 16.2 亿元收购了神奇时代和游爱网络两家游戏厂商。这两项并购在其图书出版发行主业萎靡不振时，为其带来了业绩的增长。从表 1 可以看到，游戏收入在天舟文化年营业收入中的占比已超过 40%，营收连年增长，在公司的业务布局中占据举足轻重的地位。

表 1 2015~2017 年天舟文化营业收入分行业、分产品构成情况

	2017 年			2016 年			2015 年	
	金额（元）	占营业收入比重（%）	同比增减（%）	金额（元）	占营业收入比重（%）	同比增减（%）	金额（元）	占营业收入比重（%）
营业收入合计	936023719.25	100	20.01	799939639.94	100	43.30	544282530.17	100
分行业								
图书出版发行	433514635.58	46.31	-0.16	434188218.87	55.67	48.13	293117550.87	53.85
移动网络游戏	502509083.67	53.69	45.34	345751421.07	44.33	37.66	251164979.30	46.15

资料来源：根据天舟文化股份有限公司 2016 年、2017 年年度报告整理。

3. 进行资源整合，实现战略协同

传媒数字化技术的发展，使得传媒"范围经济"更容易实现。媒体融合背景下的出版传媒企业并购一定程度上是追求"协同效应"，通过管理协同、经营协同与财务协同，优势资源互补，实现股东价值最大化目标。

教育是出版传媒企业优势资源比较集中的领域。众多出版传媒企业已开始围绕教育产业链布局，提供创新型的产品和服务。华媒控股为分享教育行业特别是职业教育领域的广阔市场，控股收购中教未来国际教育科技有限公司，从而将业务延伸至职业教育服务领域，巩固了其城市生活服务商地位。在运营中，华媒控股可利用其行业地位及影响力为中教未来在客户拓展、经营管理、品牌宣传等方面提供支持；中教未来

大量的线下学生群体也可能转化为华媒控股的线上用户，从而实现战略上的协同。

泛娱乐业是出版传媒企业并购的另一个密集区域，在延伸产业链条，促进出版传媒企业转型的过程中担当重要角色。凤凰传媒对传奇影业的并购有利于其现有资源与影视产业资源间的优势互补，促进产业链的完善和衍生。传奇影业股权收购后，凤凰传媒可充分整合精品出版资源和优秀影视制作资源，充分利用其庞大的文化 Mall 网络发展电影院线，在发行渠道、广告收入、网络媒体合作等方面协同共享。

三、并购中的突出风险及表现

（一）战略决策风险

并购使许多出版传媒企业得以迅速汇聚资源、延伸业务领域，从而改变了发展轨迹。并购固然是一种有效的战略工具，在出版传媒企业发展战略的贯彻实施中一直发挥重要作用，但是，并购过程中的风险因素非常复杂，对主并企业自身资源和能力缺乏清醒认知，由于信息不对称，对标的企业及其所处行业的未来发展不能做出客观评价，对其他各方势力及外部政策环境变化等未做出合理预期并纳入考量范围等都可能遭遇战略决策风险而导致并购失败。以天舟文化为例。2017 年 12 月 1 日，天舟文化发布关于终止重组事项的公告，终止对于北京初见科技有限公司 73% 股权的收购。这一收购案，是为完善天舟文化在泛娱乐板块的战略布局，并与神奇时代、游爱网络形成协同而启动的战略性并购，以实现对北京初见科技有限公司 100% 控股。成立于 2014 年 5 月 21 日的初见科技，从 2016 年 6 月至 2017 年 7 月 5 日，根据并购交易估价推算，一年间估值增长近 3 倍。这一估值水平，对于游戏行业的市场空间，对于初见科技自身的资源储备、竞争优势及行业地位均有较高要求。初见科技难以达到上述要求，并购双方就交易价格和业绩承诺等不能达成一致意见，交易终止。

（二）估值风险

媒体融合阶段的并购估值颇具挑战性。在与新媒体的融合发展过程中，根据企业的战略规划，出版传媒企业的并购目标多属于信息技术或文化传媒领域。目标企业的轻资产特点决定了这些企业中最重要的资产是与其主营业务密切相关的无形资产：著作权、研发团队及经营管理团队的人力资源等，其价值在资产基础法下难以充分体现。因此表 2 中以网络游戏为标的的四个并购案中，在综合考虑评估目的、评估对象、资产属性等因素的基础上，均采用权益法进行价值评估。从表 2 中可以看到基于企业未来现金流量而进行的解析、估算所得出的评估价值远高于其账面价值。出版传媒企业并购实践中所涉及的互联网信息技术企业、游戏企业、影视文化等企业多为近几年成立的各个行业的新星，在经营管理、用户需求把握、产品的营销策划方面都存在很大的不确定性，且所属行业并非成熟产业，对其未来的盈利预测难度很大。另外在信息不对称的情况下，出于自身利益的考虑而高估企业价值的情形也时有发生，严重损害主并企业的利益。

表 2 部分出版传媒上市公司并购溢价情况

年份	获得方	交易标的	买方支付 金额（万元）	评估价值 （权益法） （万元）	资产账面 价值（万元）	溢价比率 （基于账面价值） （%）
2012	浙报传媒	边锋浩方100%的股权	320000.00	319994.78	34857.64	8.18
2013	博瑞传播	北京漫游谷信息技术有限公司70%股权	103600.00	106190.00	21408.44	3.84
2013	天舟文化	神奇时代	125400.00	125413.31	5697.70	21.01
2015	中文传媒	智明星通38%的股权	266000.00	266000.00	9118.96	28.17

资料来源：同花顺数据中心。

（三）整合风险

并购并不是两个或多个企业之间的简单合并。企业通过并购获得目标企业的经营控制权及其资源，并不必然导致企业的成长。从"获得目标企业资源"到"企业成长"之间有一个不可逾越的阶段——整合。并购后的整合对于并购是否成功至关重要，只有通过整合，使企业资源得到最优组合进而产生协同效应，才能有力促进企业成长。实践中，并购后的整合阶段风险频发，须认真防控。

在并购整合中，企业间的文化差异可能引致风险。融合发展过程中，标的企业所涉及的行业多属于成长性良好，市场竞争充分的信息技术、教育、游戏、影视、信息服务、软件等领域。这些企业的战略愿景、组织文化、员工价值观、管理风格等与传统出版传媒企业往往存在差异，由此产生的矛盾与碰撞，如不加以妥善调和，会对企业的凝聚力、创新氛围产生不利影响，进而发生核心团队成员离职等现象，影响整合效果。而业务与市场定位的差异、组织结构与管理模式的差异、财务目标与财务职能的差异等被并企业的内在差异性会诱发战略及业务层面等全方位的出版传媒企业并购整合风险。

四、风险管控策略

1. 基于中长期战略审慎地选择目标企业

媒体融合背景下的企业并购应符合企业的中长期规划，是基于战略目的考量的行为。在明确企业是旨在补足战略短板，还是延伸产业链，或是跨行业寻找新的利润增长点后，需对目标企业的盈利前景、市场地位进行合理评价，进而做出选择。尽可能避免在准备不充分或对并购标的选择比较盲目的情况下实施并购，规避因决策失误而导致的并购失败。

从出版传媒上市公司年报中所披露的企业发展战略来看，企业多将未来聚焦于传媒、教育、泛娱乐、文化等板块。这些板块，多属于文化创意产业的战略制高点，因其所蕴含的巨大市场空间，可观盈利前景而成为包括BAT在内的互联网企业的投资热点。出版传媒企业需充分认识到并购扩张后，必然会直面严酷挑战，仍存在盈利预测风险、业绩承诺无法实现的风险、整合风险及商誉减值风险，在并购决策阶段做到应有的谨慎。

2. 规避信息不对称风险，提高估值水平

高质量的标的企业信息是准确估值的前提条件。在并购前，通过资料的收集与分析、现场调查、目标企业管理层答疑等方式，对标的企业的资源和能力状况、行业地位以及所处的产业环境、未来走向等信息认真归集和整理，对于并购交易中的潜在风险和问题谨慎对待，有助于合理估值，尽可能规避因信息不对称而导致的估值偏差。融合发展背景下的企业并购，其并购标的企业多处于新兴行业，充分考虑标的企业的行业性质和运营规律，明确其所处行业周期，谨慎选用估值方法也是准确估值的一个重要条件。

实践中，可聘请成熟的大型中介公司为企业提供高水平的估值服务。

3. 利用并购契机健全企业制度，合理设计激励机制

按照企业能力理论的观点，企业资源、要素的有机组合形成了企业的能力，并购可视作企业能力重塑的过程。

在出版传媒企业的并购整合实践中，为提高并购绩效，应切实按照《关于推动传统出版和新兴出版融合发展的指导意见》中的要求对内部组织结构进行重构再造，逐步建立顺畅高效、适应市场竞争和一体化发展的内部运行机制；应增强传统出版单位的市场竞争意识和能力，健全技术创新激励机制和容错、纠错机制，探索建立股权激励机制。从融合发展过程中并购交易对象的行业特征来看，人力资源整合是其中的重中之重。信息技术、传媒及泛娱乐业均属于知识和智力密集型行业，人力资源是企业最宝贵的资源，高端人才、创新创意人才是其传承与发展的核心要素，是在未来的竞争中取胜的关键因素。在融合发展实践中，出版传媒企业围绕上述核心问题进行了开拓性的探索和实践。城市传媒、中南传媒、长江传媒、凤凰传媒等传统出版企业已在上述政策指引下，在混合所有制企业和新创企业中积极进行骨干员工持股和股权激励试点。城市传媒、长江传媒探索推行职业经理人制度，以加大新兴媒体内容生产、技术研发、资本运作和经营管理人才的培养引进力度。上述举措值得借鉴。

参考文献

［1］杜晓君，刘赫. 跨国并购战略类型、组织因素与企业成长——基于中国海外上市公司的实证研究［J］. 国际贸易问题，2010（6）：103-111.

［2］华宇虹，吴宇飞. 媒体融合背景下我国出版传媒上市企业竞争优势的维系与重塑研究［J］. 科技与出版，2017（11）：141-146.

［3］任翔. 欧美出版集团的跨界并购与融媒创新［J］. 科技与出版，2015（10）：4-9.

［4］江苏凤凰出版传媒股份有限公司 2017 年年报.

［5］天舟文化股份有限公司 2017 年年报.

［6］王晶. 对游戏厂商收购接连终止 天舟文化转型遇"阵痛"［N］. 每日经济新闻，2017 年 12 月 5 日.

［7］袁天荣，杨宝. 企业海外并购整合风险机理：诱因、衍化与治理［J］. 海南大学学报（人文社会科学版），2014（5）：91-97.

作者简介

华宇虹，北京印刷学院经济管理学院教授，硕士生导师，财务会计系主任，主要研究方向为公司理财和产业研究。

张佩瑶，北京印刷学院经济管理学院 2017 级硕士研究生，主要研究方向为公司理财。

发展生态文明　传承历史文脉

——北京市平谷区全民阅读品牌建设调研报告

张新华

摘要： 近年来，北京市平谷区确立了以"生态立区"为主线、全力创建京津冀国家生态文明先行示范区的发展目标。平谷区把全民阅读活动与历史文化的挖掘、保护和传承相结合，推动公共文化事业和文化产业的协同发展，展现出"生态+文化"的品牌特色。建议平谷区提高文化战略站位，为北京打造一张"生态+文化"的"新名片"。

关键词： 平谷；全民阅读品牌；生态；文化

平谷，位于北京东北部京津冀三省市交界处。在燕山山脉南麓，华北平原北端，三面环山，中为谷地，故此得名。平谷历史悠久，早在十万年前，就有人类在此繁衍生息。7000 多年前，平谷先民创造了光辉灿烂的上宅文化。汉高祖十二年（公元前 195 年）始建平谷县，至今已有 2200 余年历史，为北京地区建县较早的区县之一。在新的北京城市总体规划中，平谷属于生态涵养区，功能定位为"首都东部重点生态保育及区域生态治理协作区；特色休闲及绿色创新发展区"。近年来，平谷在以"生态立区"为主线、全力创建京津冀国家生态文明先行示范区的同时，深入开展全民阅读活动，大力推动公共文化事业和文化产业的协同发展，初步显现出"生态+文化"的品牌特色。

一、现状：全民阅读保障体系初步建成

平谷区自 2009 年开始举办"平谷区大众读书工程"，至今已有十届，打造了"书香平谷·全民阅读"活动品牌，取得了较显著的效果。

（一）统一领导，建立广泛覆盖的公共阅读服务体系

为推动全民阅读活动，平谷区成立了全民阅读工作领导小组。正副组长分别由副

区长和文委主任担任，成员包括区宣传部、文委、教委、文明办、广电中心、工会、团委、文联及各乡镇街道的主管领导。领导小组在 2018 年 4 月出台了《平谷区"书香平谷"全民阅读实施方案》，统一领导组织全区的全民阅读活动。目前，平谷区已经初步形成了以区图书馆为龙头、以各成员单位为引领、以社会力量为助力的全民阅读公共服务体系，为区全民阅读活动的深入开展奠定了基础。

1. 文委建立以区图书馆为主阵地的全民阅读服务体系

区图书馆整合街道、乡镇、村、社区图书馆（室）资源，建立 68 个基层分馆，覆盖全区各乡镇街道、重要的委办局和大型企业；在民俗旅游村建成 163 家"百家书苑"；在居民家中建立 50 个"市民书房"；建立 12 个电子书自助借阅服务站；全区的公共阅读服务网点共计 370 个。同时，图书馆还通过网站、微信公众号、APP 客户端等数字媒体为民众提供数字化阅读服务。在这一公共阅读体系中，有两个场馆在全国拥有独一无二的地位。一个是世纪阅报馆，这是目前我国最大的老报刊收藏馆，馆藏中国近现代 160 多年间老报刊 4000 多种、60000 余件，每年接待海内外学者游客上千人次，被确定为中国新闻史学会教学研究基地和平谷区青少年爱国主义教育基地；另一个是"冰心奖陈列室"（附带"冰心奖儿童图书馆"），保存了历届"冰心奖"获奖图书及相关资料，是北京市重要的文化亮点工程，每年吸引众多青少年参观学习。

2. 相关机关建设各具特色的公共阅读服务平台

区总工会以"职工书屋"和"书香在线"为依托打造职工线上线下阅读平台，建立 42 个北京市"职工书屋"示范点和 3 个全国"职工书屋"示范点，带动各乡镇街道园区、委办局、社区（村）及各企事业单位建立 300 余个"职工书屋""流动职工书屋""农民工书屋""工地书屋"和"职工读书角"等；开通"书香在线"线上职工阅读服务平台，结合移动客户端，实现 24 小时免费阅读服务。区妇联聚焦妇女、家庭两个重点群体，开展"魅力女性 书香家庭"系列活动，营造家庭阅读氛围。区团委联合区委教工委组织建立青年读书阵地 44 家，实现乡镇街道全覆盖；组织对外创建"移动图书馆"，设置 5 个"鸟巢书屋"。从 2012 年开始，区党史办在全区各乡镇建立"绿谷红书屋"，已建 310 个红书屋，覆盖全区 16 个乡镇和 2 个街道。

3. 社会力量积极创建阅读组织和新型阅读空间

随着全民阅读活动的深入开展，平谷区的民间阅读力量也逐渐壮大起来，文学社、读书会等阅读组织呈蓬勃发展之势。不少书友基于共同的兴趣爱好，以定期、不定期的方式抱团读书，自发成立了各具特色的社会阅读组织；其典型代表有大华山文学社、九歌诗社、小牛顿绘本馆。还有一些原本在北京市区工作的平谷人士受全民阅读活动的感染，返乡创业，开创兼具公益阅读推广和商业化运作功能的新型阅读空间，如"爱朗读"网络朗读平台、阅谷浮生空间、小牛顿绘本馆等。

（二）多方动员，开展丰富多彩的全民阅读活动

平谷区以"书香平谷　悦享阅读"为主题开展系列活动，激发市民读书热情，培养市民读书习惯，提升市民文化素养。

1. 组织经典诵读，开展阅读指导

以民俗节日为契机，开展特色诵读活动，传承经典传统文化，如在清明节期间举办平谷区清明诵诗会；"以经典阅读——弘扬优秀传统文化"为主题，开展系列作品征集，如"我给孩子讲故事"经典讲读视频作品征集、"用声音传播经典"少儿中华经典讲读音频征集、"我爱我家"书香家庭阅读微视频作品征集等，通过不同形式，展现经典阅读，弘扬优秀传统文化；以图书馆特色馆藏"冰心奖儿童图书馆""冰心奖陈列室"为平台，长年开展诗歌朗诵、讲座、培训等多种形式的"走近冰心"特色系列读书活动。目前，经典诵读活动已经得到广大诵读爱好者的热情参与，2018年由区图书馆组织的"书香平谷·全民诵读"大赛，在各基层分馆举办了18场初赛，千余名诵读者参加，其中有老人、学生、机关干部、普通群众等。

邀请区内外的专家学者和阅读推广人结合自己的著作或曾经阅读的经典，进行独家深度讲解，引导广大群众认真阅读经典、开阔文化视野、全面提升素质；聘请专业优秀绘本阅读教师，通过推出"阅读+表演""阅读+手工DIY""阅读+双语训练"等多种形式，全力打造"阅读+绘本"活动品牌，2018年上半年已成功举办229场，参与活动的小读者达7000余人。

2. 发动群众广泛参与，关注特殊人群需求

从2011年开始举办首届"北京阅读季"活动至今，始终以益民书屋为平台，通过上街宣传、百姓读书大讲堂、诵读比赛、征文、知识竞赛、"书香家庭"评选、"悦·读"读书风景摄影比赛等多种形式，在全区阅读活动，广大群众广泛参与，成绩显著；区图书馆先后荣获北京阅读季先进集体、诵读比赛优秀组织奖等光荣称号。

平谷区注重根据少年儿童、老人、残疾人、农民工等人群特点组织相应的阅读活动。面向少年儿童的读书活动形式丰富，覆盖全区中小学校的平谷区红领巾读书活动已持续开展30多年，寒假开展"书香暖冬"系列活动，暑假开展"红色阅读，经典相伴"主题活动，举办"小手拉大手——我带父母多读书"助读活动等。面向老年人举办阅读培训和服务，推出"夕阳红"老年人智能手机、电脑培训班；重阳节期间，开展"爱在重阳"宣传慰问活动，送去适合老人阅读的书刊。克服残疾人士的阅读障碍，为视障人群开启"心声·音频馆"，提供无障碍阅读；为自闭症患儿开展绘本流动送书服务、绘本故事阅读培训、"少儿伴读"智能设备使用培训等；启动盲人数字阅读推广工程，配送"智能听书机"700台。为农民工提供数字阅读资源，开展"务工人员书刊驿站"流动送书进工地、进企业、进发廊等活动。

3. 组织跨区域阅读活动，推动京津冀文化协同发展

由平谷区图书馆牵头，与天津市蓟州区图书馆、河北省三河市图书馆等京津冀公共图书馆共同组建"京津冀公共图书馆区域合作联盟"，促进信息资源的利用与整合，实现文化资源共享。从 2016 年开始，每年开展京津冀诵读邀请赛。比赛秉承"广度覆盖高度参与"的原则，集合三地各级各类图书馆（室）的力量，广泛邀请和鼓励热爱阅读或有诵读特长的读者参与。该活动计划打造体现区域特色的品牌阅读推广活动，对促进三地群众文化交流与创作、推动京津冀文化协同发展具有深远意义。

二、特色：文脉传承和群众文化携手发展

在区委区政府的倡导和推动下，平谷近年来涌现出了一批自觉传承历史文脉的文化推广人和社会组织，把全民阅读活动与历史文化的挖掘、保护和传承相结合，推动平谷区文化的发展，成为平谷区全民阅读活动的一大特色。

（一）培养文化领军人物，传承平谷文脉

培养、奖掖本区的文化领军人物深入开展地域文化和历史文化等方面的研究和传播，把阅读推广与传承历史文脉相结合，是平谷区全民阅读活动的一个鲜明特色。

早在 2005 年，平谷区就设立文化艺术成就奖，奖励为平谷文化艺术事业做出突出贡献的本地文化人，其中有 6 位被称为平谷"艺苑六杰"，分别是作家刘廷海、书法家王友谊、山水画家陈克永、摄影家耿大鹏、散文家柴福善和收藏家李润波；他们不仅在各自领域成绩斐然，在推广阅读、研究和传播本土历史文化方面也成效卓著。作家柴福善潜心研究平谷历史 30 余载，撰写《平谷史话》《平谷寺庙志略》《志书补遗》等多部专著；开展"平谷历史文化传承"工作，定期举办培训、讲座，讲述平谷历史文化知识；在区广播电台开设"柴老说平谷"栏目，以平谷话来说平谷，听众广及区内外。收藏家、作家李润波，同时也是一位金牌阅读推广人；2009 年将自己的全部藏品无偿捐献给平谷区委区政府，由平谷档案馆保存，并建成了世纪阅报馆，成为目前我国最大的老报刊收藏馆，馆藏中国近现代 160 多年间老报刊 4000 多种、60000 余件，每年接待海内外学者游客上千人次，被确定为中国新闻史学会教学研究基地和平谷区青少年爱国主义教育基地；李润波现已出版专著 10 余部，在世纪阅报馆为观众讲解400 余场。书法家王友谊自 2009 年发起"上元雅集"书法艺术交流活动，在平谷区委、区政府的支持下已连续举办九届，逐步成为全国知名的文化品牌活动。

（二）培育文化组织，活跃群众文化生活

培育多种形态的文化社团组织，融群众性诵读活动与民间文艺创作于一体，提高群众参与度，活跃地区文化氛围，是平谷全民阅读活动的另一显著特色。

在区委区政府的倡导和支持下，平谷区的社会文化组织和阅读推广机构茁壮成长，它们扎根于群众，推动着群众文化生活的繁荣和发展。2000 年，由大华山镇文化站原站长王春信发起成立的大华山文学社，现有 40 多名社员，定期组织读书写作活动，办有《菊花谷》文学季刊。文学社下设楹联创作、戏曲创作等小组，与中国评剧院、北京京剧院、北京楹联学会、北京作家学会等机构共同举办读书写作活动。因读书创作之特色，大华山镇连续三届九年被评为中国民间文化艺术之乡，2013 年成为北京市第一个楹联之乡。15 年以来全镇有 20 多人的 50 余篇作品获国家、市区各类奖项。平谷区文联副主席、作家协会主席王友河创办"九歌诗社"，团结了一群志同道合的诗友，开展诗歌创作并出版《九歌久歌》诗集，经常开展经典诵读及阅读分享活动。平谷籍著名书法家王友谊先生，有着"中国大篆第一人"美誉，自 2009 年发起组织"上元雅集"书法艺术交流活动，在平谷区委、区政府的支持下，已连续举办九届，影响波及全国。2012 年，平谷区被中国书协评为"中国书法之乡"，也是北京市唯一的全国书法之乡。"中国书法之乡"成为平谷的一张新名片，同时也成为文化建设的重要引擎。2017 年平谷区启动书法普及提升推广工程三年行动计划，在全区各乡镇、学校、街道、村和社区开办书法培训班。

三、潜力：生态建设与全民阅读协同发展

平谷森林覆盖率高，自然环境优越，2018 年 9 月成功入选国家森林城市。在北京城市规划中，平谷属于生态涵养区，是北京城市副中心的后花园；"十三五"期间以生态建设为发展主线，以建设国际一流休闲之都为目标；包括文化创意、休闲旅游、健康服务等在内的生态产业将成为平谷经济发展的一个重点。同时，平谷文化底蕴深厚，群众文化活跃，自 1996 年以来，连续荣获"全国文化先进区县"称号。这在为"书香平谷""文化平谷"建设奠定坚实基础的同时，也对平谷的全民阅读活动提出了更高要求。

（一）优势

1. 历史悠久，文化丰富，历史文脉连绵不绝

早在几万年乃至 10 万年前的旧石器时代，就有人类在平谷地区繁衍生息；距今六七千年前，平谷先民创造了填补北京历史空白的上宅文化；4000 余年前，轩辕黄帝在这里留下开疆辟土的历史足印；刘家河商代遗址的青铜昭示着 3000 余年前的辉煌；公元前 195 年汉高祖设置平谷县；丫髻山在唐代建庙，是历代道教圣地和清代皇家祭祀场所，一年一度的丫髻山文化庙会在明嘉靖年间兴起，在华北影响巨大。平谷境内的明前长城肇筑于北齐，古韵犹存；明代百里长城在东北部山间蜿蜒盘旋，其红石门段

长城是北京长城文化带的最东起点。同时，平谷又先后后孕育出了大桃文化、奇石文化、抗战文化等独具特色的地域性系列文化。平谷深厚的文化底蕴为推广全民阅读、助力北京建设全国文化提供了坚实基础。

2. 京津冀三地交会，文化一体化协同发展

平谷位于北京市最东部，与天津、河北接壤，历史上曾几度划归河北和天津管辖，与相邻的三河市、蓟县、兴隆县等地经济文化联系紧密，堪称京津冀一体化协同发展中的"桥头堡"。平谷区图书馆与天津市蓟州图书馆、河北省三河市图书馆等京津冀公共图书馆共同组建"京津冀公共图书馆区域合作联盟"，促进信息资源的利用与整合，实现文化资源共享。从2016年开始，每年举办京津冀诵读邀请赛，该活动计划打造体现区域特色的品牌阅读推广活动。

3. "生态+文化"，北京对外交流的新名片

平谷属于北京的生态涵养区，是我国最大的桃乡和桃文化之乡，北京平谷国际桃花音乐节已连续举办20届，成为全国著名的赏花出游品牌项目，每年有数十支国内外著名乐队来此演出。平谷还是中国首个"提琴产业基地"，世界著名的"提琴之乡"。以举办2020年世界休闲大会为契机，平谷把建设世界一流的休闲之都定为"十三五"发展的一个目标。同时，平谷作为我国文化先进区县，2012年被中国书协评为"中国书法之乡"，是北京市唯一的全国书法之乡。可见，"生态+文化"已成为平谷绿色GDP发展的一个模式，有望在建设北京全国文化中心和国际交流中心的过程中，发挥着越来越大的作用。

（二）不足

1. 全民阅读领导体制需要加强

全民阅读工作涉及面广，社会影响深远；既需要区委、区政府多个委办局参与共同推进，更需要平谷区从建设北京全国文化和绿色经济创新发展示范区的战略高度来规划和领导全民阅读工作。但平谷的全民阅读活动主要由区文委牵头组织，真正能做到共建共享的系统并不多；不同部门和不同层级之间的阅读资源和推广活动缺乏统筹规划，没有形成工作合力和资源整合优势，造成全民阅读活动众多，但整体品牌知名度较低的局面。

2. "生态+文化"的品牌特色需要进一步凝练和提升

"书香平谷　全民阅读"在建设阅读推广队伍、开展群众性阅读文化活动等方面卓有成效，但在开发阅读推广新思路、拓展阅读推广新渠道，打造阅读推广新模式方面还有待突破；全民阅读活动比较单一，没有充分地把平谷丰富而独特的文化、生态资源与阅读活动有机地结合起来；全民阅读公共服务体系建设没有充分利用最新的科技手段予以提升；针对外来游客、新居民的阅读活动较少，面向本区之外的北京甚至全

国的阅读宣传活动很少，制约了"书香平谷"品牌影响力的发挥。

3. 公共阅读服务水平还需提升

平谷区全民阅读经费来源比较单一，规模有限，限制了吸引城区阅读推广资源、拓展全民阅读新空间、政府购买公共阅读服务等工作的开展，对阅读领域的新技术引进和利用不足，从而导致全民阅读服务保障不足，如公共图书馆开放时间短、图书更新慢、图书内容不符合民众阅读需求等。

四、建议：提升"生态+文化"的特色品牌

（一）打造"生态+文化"的全民阅读品牌

建议平谷区提高文化战略站位，从建设北京全国文化和绿色经济创新发展示范区的战略高度来规划和领导全民阅读工作，为北京打造一张"生态+文化"的新名片。进一步加强对全民阅读活动的领导，一方面，把文化建设与生态文明建设、绿色 GDP 发展相结合；另一方面，把全民阅读活动与文化事业和文化产业活动结合起来，相互促进，协调发展。加强对全民阅读活动的顶层设计，加大财政投入力度，汇聚社会资源，确保责任分工明确，计划组织严密，任务落实到位。

（二）健全全民阅读保障体系

建议平谷区在开展全民阅读活动中，通过管理创新和科技创新的手段解决经费和人员不足造成的服务效率不高的问题。在建设上实施"政府+社会"模式，坚持政府主导、社会力量参与、市民受益；在管理上实施"行业+志愿"模式，建立图书馆总分馆制，吸纳社会志愿者参与，制定图书流通率、读者到馆率等考核标准；在服务供给上实施"实体+虚拟"模式，通过实体图书馆、书店和商圈、医院、银行、电影院等各类公共场所，采取设立图书阅读专区和 24 小时自助借阅机的形式，提供便利的阅读设施，打造智能服务平台，推动 O2O 形式，集中打造一批多元城市公共阅读文化空间。此外，积极协调有关部门共同推进职工书屋、家庭书屋、班级书屋建设等，突出公益性、均等性、便利性、多样性原则，建立一个覆盖广泛、资源丰富、借还便捷、服务高效的服务网络。

（三）提高品牌在国内外的影响力

建议联动全区各方面力量，联手组织举办"平谷区大众读书工程""书香平谷·全民阅读"等活动，创新阅读载体，开展丰富多样的全民阅读活动，培养全区阅读风尚，营造爱读书、读好书的书香氛围。关注少年儿童、农民工、残疾人等特殊群体服务，实现全民阅读资源均等化；针对新近迁入的新居民、外来游客开展针对性阅读活动，

增强对平谷文化的认同感。进一步加强京津冀三地公共文化资源共享和全民阅读活动的协同开展；充分发掘、调动本区文化优质文化资源，在利用国内外重大节庆活动向游客传播的同时，加大平时面向北京、全国甚至国外传播的力度，提高平谷的文化影响力。

参考文献

［1］北京城市总体规划（2016~2035 年）［Z］.

［2］逯艳敏 . 平谷区全民阅读品牌建设汇报材料［R］. 2018-08-31.

［3］平谷区全民阅读"一区一品"调研活动速记稿［R］. 2018-08-31.

［4］北京市新闻出版广电局全民阅读"一区一品"专题调研活动（平谷区）简报［N］. 2018（10）.

［5］常蒗心 . 由平谷早期文化遗存分布论其历史地理特征［J］. 首都师范大学学报（社会科学版），2009（2）.

［6］贾福胜 . 平谷文化古韵浓［J］. 前线，2007（4）.

作者简介

张新华，北京印刷学院新闻出版学院教授。

基于 CHESS 模型的出版企业融合发展战略分析①

曹　宇

摘要： 当前，传统出版与新兴出版融合已取得一定成绩，但对其实施路径和发展战略仍在不断探索中。本文基于 CHESS 模型对出版融合进行分析，指出在产业融合环境中出版企业制定战略时应遵循的五个原则，即契合产业融合对企业提出的创新性组合要求；符合产业融合下企业的水平发展方向；考虑到标准的溢出效应；兼顾规模经济和范围经济效应，并实现内容和技术的有效捆绑；建立具有高度柔性的系统。

关键词： CHESS 模型；出版融合；发展战略

　　自 2015 年新闻出版广电总局、财政部联合印发的《关于推动传统出版和新兴出版融合发展的指导意见》实施以来，出版融合发展取得了一定成绩，成果初显，新模式、新业态不断涌现。据《2017 年新闻出版产业分析报告》显示，截至 2017 年年底，20 家国家出版融合发展重点实验室陆续挂牌运行，近百个融合发展研究项目相继实施，一批有引领性的出版融合发展重点项目初见成效。国家出版融合发展（武汉）重点实验室探索建立基于 RAYS 系统的"现代纸书"出版运营模式，200 多家出版单位参与，13000 多名编辑参加新技术培训，5 亿多册传统纸书成功对接 RAYS 系统，产生近 3 亿元线上增收。出版融合虽然取得了一定成果，但在产业融合的大环境下出版企业到底应该怎么做，其实施路径和发展战略仍在不断探索中。本文基于 CHESS 模型对出版融合进行分析，尝试提出可供我国出版企业借鉴的融合发展战略。

　　"CHESS 模型"是 Yoffie 针对在产业融合环境中企业制定战略时应遵循的原则而提出的标准，具体包括创新性组合，水平解决方案，外部性和标准设定，范围经济、规模经济和捆绑，系统聚焦过程五个方面。

---

　　① 本文系北京印刷学院博士启动基金项目"基于产业融合理论的出版业战略转型研究"（27170116005/064）的阶段性成果。

一、创新性组合

产业融合在本质上是一种创新，它颠覆了原有的产业形式，通过不同产业间的有效组合创造出新的市场需求，增强了企业盈利能力。因此，在产业融合时代，采用创新性组合的企业才能够获得成功。按照 Yoffie 的观点，创新性组合包括不同技术、不同销售渠道和不同公司能力之间的创新性组合，同时，组合的事物之间具有一定的互补性，能够很好地结合在一起。创新性组合能够使企业摆脱单一竞争的劣势，组合后形成的新集成体在继承原有优势的基础上发生质的飞跃，构成新的优势，在日趋激烈的市场竞争中发挥越来越大的作用。另外，创新性组合强调对常规的突破，标新立异的新模式是企业应对新竞争格局的有力武器。

出版企业的发展战略应契合产业融合对企业提出的创新性组合要求。在与新兴出版融合之前，传统出版企业主要是内容提供商，这也是出版业最大的特点，价值链的开发侧重于基于图书内容的相关产品的开发，与互联网、云计算、大数据、移动通信、二维码识别、虚拟现实、人工智能等技术并没有太多交集，主要提供内容。在与新兴出版融合的过程中，传统出版企业开始引入、开发各种新兴技术，发展数字业务，并将内容与技术完美地结合在一起，为消费者提供基于内容资源与数字技术的整合式服务，构建起新的商业模式。传统出版企业的这种创造性组合并不是内容和技术的简单相加，而是打破了原来的内在结构，形成新的产业形态，利用内容和技术的优势使之互相促进，相得益彰，发挥出 1+1>2 的效益，加速了出版内容、出版载体、出版服务、出版发行的升级。在内容上，出版物已不再仅仅是文字或图片形式，而是能够给读者提供集文字、图片、音视频、线上服务等多种形式为一体的产品和服务，内容呈现形式多元化；在载体上，由纸质出版物向数字出版物发展，并向移动端延伸，为读者的碎片化阅读和随时随地获取信息提供了便利；在服务上，基于内容的多元化服务逐渐取代了单一的产品服务，无形服务的重要性越发凸显；在发行上，依托大数据资源，整合线下与线上渠道，不断开拓新的模式，从而使发行渠道更加完善。

二、水平解决方案

产业融合改变了传统的市场结构，企业竞争优势发生相应改变。在规模经济、政府放松管制和技术的共同作用下，融合产业不再仅仅表现为纵向市场结构，而是以横向市场结构为主，企业也开始重点布局横向市场。纵向一体化下的业务布局强调对产品生产全过程的控制，增加产业链各环节的利润，以便企业掌握竞争的主动权，它是企业核心能力在产业内的扩张。而产业融合打破了产业间的界限，企业的核心能力开始向外扩张，有效解决了纵向一体化带来的高额成本问题，使企业资源放在最有价值的产业链环节。同时，产业融合使产业价值链不断被延长和拓宽，许多新的环节加入其中，这些环节按照新融合产业所需重新横向组合，形成新的横向市场，出版企业的纵向控制力被减弱，横向市场竞争更加激烈，促进了横向市场的发挥。因此，通过水平解决方案在横向层面上拓展业务范围和开发新产品成为企业在产业融合环境下提升竞争力的主要途径。

出版企业的发展战略也应符合产业融合下企业的水平发展方向。在与新兴出版融合之前，传统出版企业大多是纵向一体化结构，企业战略也基本上围绕着纵向控制进行发力，围绕着内容深耕细作，充分挖掘内容资源。产业融合给出版业带来巨大冲击，硬件商、技术公司、互联网公司、网络运营商纷纷卷入融合后新产业的竞争。如果传统出版企业还继续仅仅专注于内容生产，那么将在新的融合产业链中居于被动地位，失去发展优势。因此，传统出版企业要进行横向布局，除了完善优质内容的打造，还要进入数字技术、网络服务等领域。在这方面，一些大型出版集团已经走在前列，它们以优质内容为核心，实现一个资源、多次开发，综合推出纸质图书、电子书、有声读物、电影电视、动漫游戏等全媒体产品，打造集出版、教育、文化、娱乐等为一体的出版融合产业链，实现新的出版技术、出版产品的市场价值。传统出版企业从单纯的内容提供者逐渐转向拥有技术、内容、渠道、网络等产业链的融合性企业，掌握新的融合产业链中能创造更多价值的环节，这样才能维持自身的竞争地位，增加竞争优势。

三、外部性和标准设定

外部性又称外部效应、溢出效应，在经济学中是指一种经济活动对另外一种经济活动产生的外部影响，它体现了不同经济主体之间的相互依赖，例如纺织厂主与蚕农的关系。产业融合使产业之间的关系更加紧密，外部效应更为突出。所以，外部效应成为每个企业都不容忽视的经济现象，尤其是产业融合下的技术溢出效应。如果一项技术成为标准，那么将在市场规模上占据优势。同时，用户基数的扩大将增加更多消费者对此项技术的认同，并且进一步认同采用此项技术的产品和围绕该产品的其他相关产品及服务，在进行产业融合时必将带动融合产业的发展。技术的外部效应成为标准竞争的重要原因。因此，在产业融合环境下，企业更加重视标准之争。掌握产业标准就等于掌握了整个产业网络，并利用技术标准带来的优势向其他产品和产业扩张。在融合产业中，拥有产业标准的企业将成为产业的主导者，标准竞争成为市场竞争的一个主要途径。

因此，在传统出版与新兴出版融合的过程中，出版企业要考虑到标准的溢出效应。近几年，我国数字出版发展速度很快，除了国家的大力支持、企业的积极转型外，数字出版标准与法规体系的建设起到了重要作用。标准建设是数字出版产业发展的基础，尤其是数字出版加工标准的统一，降低了数字出版产品的加工成本，提高了数字出版产品的质量，丰富了用户的阅读体验，有力地推动了数字出版产业迅速发展。同时，标准对于出版企业本身来说也意味着行业的主导地位和垄断收益的获得，并同时消除了行业锁定的风险，减少了进入成本。俗话说一流企业做标准，二流企业做品牌，三流企业做产品，而且数字出版产业链的核心要素都和标准密切相关。因此，在国家制定数字出版标准过程中，出版企业的参与热情都很高，尤其是一些在数字出版领域已颇具规模的出版集团，不仅积极参加国家标准的制定，还自主研发相关技术，充分体现出对标准的重视。

四、范围经济、规模经济和捆绑

规模经济带来的大规模生产降低了产品成本，提高了资源利用率，是企业盈利的重要手段；范围经济导致的经营范围扩大同样降低了产品成本，而且使产品更加多样化，增加了市场覆盖面，强化了企业抵御风险的能力，是新时期企业发展的良方。产业融合体现了对规模经济和范围经济的追求，尤其是对范围经济的推崇。首先，企业在产业融合的过程中应实现规模经济效应；其次，再进行多元化经营，进而实现范围经济效应。同时，捆绑对企业发展也十分重要。如果企业能将其既有技术成功地捆绑并向其他相关市场拓延，企业就能够取得优于单一产品企业的竞争优势。但是规模和范围是一对相互矛盾的概念，企业的经营成本有限，规模的扩大会影响范围的扩张，而范围的扩张也影响到规模的扩大。因此，企业在进行产业融合时要权衡好两者的关系，在扩大范围的产品创新中追求规模经济不失为一种好的选择。

出版企业的发展战略要兼顾规模经济和范围经济效应，并实现内容和技术的有效捆绑。在与新兴出版融合之前，传统出版企业在内容上具有优势，而且内容具有的衍生性特点使得出版的价值链能够不断延长。融合后，一方面，传统出版企业要强化优势领域，不仅要继续准确把握读者心理，推出更多精品，以满足其差异化、个性化、多样化、精准化的需求，还要对内容资源进行数字化、碎片化加工，以适应数字化生产、营销和管理的要求，进而扩大内容产品规模；另一方面，围绕优势领域扩大范围，将业务延伸到技术、服务领域，发挥规模经济和范围经济的双重作用。在追求范围经济的过程中，更应重视捆绑作用。传统出版与新兴出版融合，并不是抛弃原有的产业形态，而是在内容产业之外开拓新的业务范围，并将原有内容资源与新的技术和服务创造性地组合在一起。这种创新性组合以内容为核心，捆绑密切相关产品。捆绑策略降低了新进入领域的产业壁垒，减少了营销风险，能够帮助传统出版企业实现融合发展的战略目标。

五、系统聚焦过程

产业融合对企业战略提出的最终要求是希望企业能够将上述四个方面进行综合考虑，制定适合的融合发展战略，这个过程可以称为系统聚焦过程。为了较好地完成系统聚焦过程，企业需要从内部进行调整，改善运作流程。成功的内部调整过程主要包括以下两个方面：一是高度柔性和适应性，二是时间敏感度，它们都需要更具弹性的系统。产业融合是一种动态的经济活动，不确定因素很多，对企业的应变能力提出了更高要求。因此，构建企业的经营流程应尤其注意以下两点，一要保持各种业务流程的弹性，使之易于调整转换，能更好地适应各种变化的需求；二是增加经营流程系统对外界变化的反应灵敏度，使企业能及时捕捉到市场的变动信息并快速做出反应，从而提高企业获胜的概率。只有这样的经营流程，才能符合动态环境发展的要求，使企业制定出正确的融合战略。

出版企业融合战略的实施离不开具有高度柔性的系统。为适应出版融合的环境变化，传统出版企业要对其内部系统进行调整，建立起更加扁平化和更具弹性的组织结构。在这种组织结构中，多个部门与外界都有联系，它们可以直接获得行业的发展状况和消费者的需求信息，能对消费者的各种新的需求做出及时反应并同时上报企业高层管理人员。因此，出版企业的经营流程要能够根据外部环境变化及时做出改变，并增强对外界环境的反应敏感性，及时掌握产业前沿信息，让企业根据市场变化做出相应调整。传统出版与新兴出版的融合有赖于出版企业的柔性系统，正是拥有了柔性系统，在综合考虑创新性组合、水平解决方案、标准的溢出效应、范围经济、规模经济、内容和技术的有效捆绑后，出版企业才能制定出正确的融合发展战略。

六、小结

CHESS 模型是针对身处产业融合环境下的企业提出来的，也是衡量企业融合战略好坏的标准。出版企业在推进传统出版与新兴出版的融合时要适应产业融合的发展趋势，符合产业融合提出的新要求，即：采用创新性组合策略、通过水平解决方案横向拓展业务、成为标准制定者以更好发挥外部效应、实现规模经济和范围经济、构建高度柔性的组织系统，这是传统出版企业面对产业融合做出的积极而正确的反应。

参考文献

［1］Yoffie DB. Introduction：CHESS and Competing in the Age of Digital Convergence ［A］. In：Yoffie DB （ed）. Competing in the Age of Digital Convergence ［C］. Boston，1997.

［2］张磊 . 产业融合与互联网规制 ［M］. 上海：上海财经大学出版社，2001.

［3］国家新闻出版署 . 2017 年新闻出版产业分析报告（摘要）［J］. 中国出版，2018（16）.

［4］白立华 . 出版融合发展现状与未来趋势 ［N］. 中国出版传媒商报，2018-03-13.

［5］陈磊，张继国，彭劲松，郭树岐 . 国际数字出版内容加工标准综述 ［J］. 出版发行研究，2016（11）.

［6］徐静珍，王宏江，李研 . 基于产业融合的企业组织结构调整行为研究 ［J］. 集团经济研究，2006（9）.

［7］李宝山，刘志伟 . CHESS 战略——21 世纪的竞争利器 ［J］. 管理论坛，1997（4）.

作者简介

曹宇，北京印刷学院经济管理学院讲师，博士，主要研究方向为出版企业经营与管理、传媒经济学。

民营出版企业的大客户管理研究

环 梅

摘要： 运用波特"五力"模型分析我国出版产业结构要素，SWOT 法分析我国民营出版企业的内外部环境，指出当前民营出版企业在竞争中受到多方挤压，有必要进行大客户管理。深入探讨民营出版企业大客户管理现存的问题并制定相应的解决策略，指出民营出版企业需要从战略上重视大客户管理，构建面向客户的业务流程，完善大客户管理系统，并加强系统信息的应用，重视客户关系的维护和拓展。基于 TL 公司的应用研究，得出 TL 公司需要全体员工树立现代营销理念，加强各部门之间的协作，完善大客户管理信息，并加强员工运用信息的培训。期望能对客户管理理论在出版行业中的应用起到抛砖引玉的作用，同时对 TL 公司大客户管理的改进和完善有一个推动作用。

关键词： 客户关系管理；大客户管理；民营出版企业

一、引言

出版行业大客户一般指各出版社的经销商，如新华书店经销商，民营渠道经销商和网络平台经销商。客户关系管理（CRM）针对的是广义客户，而大客户管理（KAM）针对相对狭义的具有特别重要意义的客户，大客户管理理论已在许多行业中得到具体应用。

出版社图书的销售主要依靠经销商的分销，直销，包销等各种销售渠道来实现。随着出版行业竞争的加剧，市场上图书同质化现象严重，而读者最终的选择取决于图书质量和市场推广，出版社对图书的推广范围和受众范围较小，图书大范围的市场推广取决于经销商。针对规模不大、竞争力相对较弱的民营出版企业，他们如果丢失一个核心客户就可能会使得企业由盈利直接转为亏损。有效的核心客户管理是解决民营出版社生存和发展的一个重要举措。本文把大客户管理理念应用到出版行业，重点分析民营出版企业大客户管理的问题和相应解决策略，并以 TL 出版企业为例进行案例分析，提出该企业具体的大客户管理实施方案。

二、出版产业现状和民营出版企业大客户管理的必要性

（一）我国出版产业的结构要素分析

根据迈克尔·波特提出的"五力"模型，一个产业处于何种竞争状态，是由产业内竞争者、潜在竞争者、替代品、供应商、购买者五种力量来决定。基于这一模型方法，从五个方面对当前我国出版产业的竞争状态进行分析，具体如下：

（1）行业内竞争。随着我国出版业进一步市场化，出版行业的内部竞争越来越激烈。主要表现为：①事业单位性质的国营出版社与非事业单位性质的民营出版公司之间的竞争；②国营出版社内部，各省份的地方出版社与中央级出版社之间的竞争；③出版范围相近的出版企业之间的竞争。

（2）潜在竞争者。国家相关管理部门正在逐步放宽出版产业的政策限制，非国有资本和涉外资本都可能进入。一方面，2012 年新闻出版总署发布《关于支持民间资本参与出版经营活动的实施细则》，表明政府正在加大力度支持民资进入出版领域；另一方面，贝塔斯曼、培生教育集团等跨国出版集团正在由初期的输入出版物和版权过渡到当前的本土化战略，对我国的出版产业也构成一定威胁。

（3）替代品。随着互联网的发展，数字内容平台已经融入人们的生活，对出版行业已经构成威胁。尤其是电子书和网络出版，2011 年 5 月，亚马逊网站的用户购买 Kindle 电子书的数量已经超过印刷版图书，2018 年京东电子书销量比 2017 年增长超过 140%。

（4）供应商。出版企业的原材料主要包括纸张、油墨等图书印刷材料和作者提供的书稿，因此，对出版企业来讲，供应商压力主要来自纸张供应商和书稿作者。

（5）买方压力。出版企业的买方主要有读者和图书发行商，由于最终消费的读者对图书的议价能力较弱，因此，出版企业的买方压力主要有来源于图书发行商。具体表现在两个方面：一是大的发行集团压低进货折扣，降低出版企业利润；二是部分批发商拖欠货款，给出版企业造成资金压力。

通过以上分析可见我国出版业的竞争压力越来越大，尤其是随着出版市场的逐步开放，社会资本的加入和数字化平台的发展使竞争加剧，利润也越来越低。

（二）运用 **SWOT** 法分析民营出版企业的内外部环境

与国营出版社相比，民营出版企业的相对优势（Strength）是经营灵活，竞争意识

更强；员工的工资、奖金也更具弹性；冗员少，效率高，上下级沟通更为畅通。相对弱势（Weakness）是在读者中知名度很小；大多是家族化管理，经营管理机制不健全、不科学。

民营出版企业面临的潜在机会（Opportunity）主要有：①我国经济和现代科技的快速发展，以及经济全球化的趋势，为出版行业提供了良好的发展环境；②政府对出版行业不断放宽限制，加大力度支持民资进入出版领域。面临的外来威胁（Threat）主要是国内不断加入的个体书商、各类工作室以及国际的跨国出版公司等潜在的进入者，以及来自网络出版和电子书等替代品的威胁，另外，图书盗版现象严重，极大地恶化了出版企业的生存环境。

（三）民营出版企业进行大客户管理的必要性

基于上述分析，当前我国民营出版企业在竞争中受到多方挤压，面对这种状况，民营出版企业常常被动降低图书定价来维持销量和营业额，但这种策略是不可持续的，而且会大大削弱图书产品的竞争力和盈利能力。据此，我国民营出版企业，在提高图书质量的前提下，需要从客户管理上进行创新，实施大客户管理策略，提升自身竞争力。

三、民营出版企业大客户管理的问题及其解决策略

（一）民营出版企业客户管理的问题分析

当前我国的民营出版企业推行大客户管理的过程中，存在许多问题，在经营理念、组织结构、信息化建设和客户服务等方面均有待提升。①在经营理念方面，很多民营出版企业的大客户管理仅停留在战术层面，有必要将其上升到战略性层面；②在组织结构方面，大客户管理的实施过程中，不同部门之间缺少沟通，信息资源没有共享，有必要针对企业的组织与流程进行变革创新；③在信息化管理方面，信息系统不健全，系统管理能力弱，当前大多数民营出版企业的数据信息化建设过于简单，员工数据管理和分析能力薄弱；④在客户服务方面，当前大客户服务的形式重于实质，缺少针对大客户的特别措施。

（二）民营出版企业大客户管理的解决策略

根据前面的问题分析，本文制定了相应的解决策略。这一策略具体分为下面四个步骤。

（1）大客户管理需要与企业战略相结合。公司管理者需要有大客户管理的战略意识，并传递给每个企业员工；同时，需要制定易操作的大客户管理策略和计划，企业客户管理计划需要与图书业务和图书营销计划相结合。

（2）进行企业组织结构和业务流程再造。民营出版企业需要实行客户经理制度，为大客户管理提供组织支撑。客户经理制是由客户经理负责对客户进行市场营销和关系管理，为客户提供全方位、方便快捷的服务。大客户经理要扮演"工程师+销售员+领导者"的角色，具体指客户经理要能够为大客户提供个性化的系统解决方案，要具有很强的沟通与服务能力，还需要有一定的团队领导力和决策力。同时出版企业的流程需要面向客户，缩短流程，提高速度，快速响应客户需求，强化编辑出版和营销的关系，形成一体化运作。

（3）建立大客户管理系统。首先，在大客户的选择与识别上，充分利用好企业内部管理信息系统的销售大数据和其他统计平台数据，以及通过现场考察和同行评价，了解现有的和潜在的大客户；其次，完善大客户的信息资料，主要包括客户的基本信息管理、交易信息管理、服务信息管理和分类信息管理四项，每项的内容又可继续细分；而且，随着时间的推移，需要不断对大客户的信息资料进行修改和完善；最后，再在此基础上建立起大客户管理系统，具体包括大客户资料管理、知识库与文档管理、产品/业务管理、市场营销管理、服务管理和决策分析管理等子系统。各子系统包含的主要内容可简单列于表1中。

表1　大客户管理系统中各子系统的内容

子系统名称	子系统包含的主要内容
大客户资料管理	客户的基本信息、交易信息、服务信息和分类信息等的管理
知识库管理	合同范本库管理、技术支持方案库管理、营销案例库管理等
经营信息管理	宏观信息、业务信息、竞争者和经营人员信息等的管理
产品/业务管理	产品信息管理、产品价格管理、产品质量跟踪等
市场营销管理	营销计划与活动管理、营销案例管理、营销人员信息管理、市场调查与分析预测等
服务管理	客户投诉管理、服务需求信息管理、客户建议信息管理、客户回访信息管理等
文档管理	合同/协议信息管理、产品宣传资料管理、营销方案资料管理等
决策分析管理	客户分析、业务分析、市场竞争分析、营销分析、服务分析和销售分析等

（4）大客户管理信息的运用。首先，要明确三个管理原则：动态管理、突出重点和灵活运用。客户信息在不断变化，管理也要随之改变；另外，管理还需要找出重要问题优先解决；需要灵活运用客户信息，提高管理效率。其次，客户关系维护的具体

方式主要有沟通、管理与服务三种。在沟通方面，需要通过多种方式（电话、短信、QQ、微信、电子邮件、见面访谈等）、多种场合（书展、书市、订货会、店庆、网络），及时地与客户进行业务、信息和情感上的沟通。在管理方面，要经常组织销售商之间的经验交流，重视对销售商的考察评价，并且要根据测评结果对客户实施奖惩。服务方面，主要包括书目信息服务、营销指导服务和培训服务。最后，客户关系的拓展主要有两种策略：一是巩固现有的大客户；二是提升潜在的重点客户，逐步把潜在的重点客户发展成新的大客户。

四、TL 公司大客户管理的应用研究

（一）TL 公司大客户管理现状及其问题

TL 公司主要从事教辅、家庭教育及青少年成才教育等图书的策划编辑和发行。公司成立于 1994 年，在老板的带领下，经过二十多年的发展，TL 公司已初具规模，在图书教辅行业也具有一定的影响力。当前公司遇到了一些经营管理上的问题，例如，公司的内部管理，目前正在由家族化管理向现代企业制度转变，各项规章制度还有待进一步健全；人力资源方面，公司的培训体系还不完善，激励机制也有待完善；营销方面，由于市场竞争日益激烈，图书折扣越来越低，部分图书的退货率也一直居高不下。

大客户管理策略是解决 TL 公司当前问题的一个重要措施，但具体实施时还存在一些障碍。①员工缺少现代营销理念，虽然管理层认识到大客户管理的重要性，但缺少具体的实施措施；②公司的组织运行不是客户驱动模式，各部门之间的协作不强，信息沟通少，且常常相互推卸责任；③随着市场的变化，部分客户需要调整，且客户信息不完善；④平时的客户管理多凭经验感性，缺少对客户资料进行整合分析的科学理性行为。

（二）TL 公司大客户管理的实施方案

根据 TL 公司的现状和问题，制定了公司当前的大客户管理实施方案，具体分为四步。

（1）全员树立大客户管理理念。首先，TL 公司的管理层要充分认识到大客户管理的重要性，从战略上重视大客户，制定出大客户管理实施的战略方案。其次，人力资源部门需要给公司员工进行现代营销思想的培训，让公司全体员工树立起大客户管理理念，在价值观上达成共识。最后，员工需要多出差，了解图书市场的最新信息，在日常工作中则要以客户为中心，以满足客户的需求为目的，尤其要重视给公司带来 80% 利润的核心客户。

（2）进行业务流程的改造。虽然 TL 公司不能在短时间内对组织结构进行大的调

整，但可以对一些关键岗位进行微调，使原来以权力驱动的业务流程改为由客户驱动。同时，公司各部门间以及部门内人员之间应加强协作。财务部门和营销部门需要加强信息的共享，以便营销人员进行更为细致的分析决策。编辑出版部门和市场部门需要定期沟通，一起分析讨论图书市场的变化和措施。另外，公司还需要完善员工的激励制度，建立以绩效工资为主、具有外部竞争性内部公平性的工资体系，激励员工更好地为客户服务。

（3）完善大客户管理系统。根据 TL 公司的现状，若想在短时间内建立起一套非常完善的大客户管理系统确实有困难，但公司可以先建立好一个较为简单的大客户管理系统。从表 2 可以看出，TL 公司最需要加强的是经营管理、市场营销、服务管理和决策分析管理等子系统，具体而言，需要加强的内容有竞争者信息管理、市场调查管理、市场分析与预测管理、客户需求管理（尤其是个性化需求），以及客户分析和市场竞争分析等。其他子系统中需要加强客户业务信息管理、服务信息管理、营销案例库的管理和图书产品宣传信息管理等。

表 2   目前 TL 公司大客户管理系统中各项内容的管理状况

各管理子系统	子系统内容	目前的管理程度		
		较好	一般	较差
大客户资料管理	基本信息管理	√		
	客户业务信息管理		√	
	客户服务信息管理		√	
	客户分类信息管理	√		
知识库管理	合同范本库管理	√		
	营销案例库管理			√
经营信息管理	宏观信息管理		√	
	政策信息管理		√	
	竞争者信息管理			√
图书产品管理	产品信息管理	√		
	产品定价和折扣管理	√		
市场营销管理	市场调查管理			√
	市场细分管理		√	
	营销计划管理		√	
	营销活动管理		√	
	市场分析与预测			√

续表

各管理子系统	子系统内容	目前的管理程度		
		较好	一般	较差
服务管理	服务需要管理			√
	客户问题建议信息管理		√	
	客户咨询信息管理		√	
文档管理	合同/协议信息管理	√		
	产品宣传资料管理		√	
决策分析管理	客户分析			√
	业务分析		√	
	市场竞争分析			√
	销售分析		√	

（4）让员工掌握数据的挖掘与应用方法。大客户管理系统建立好之后，员工便可以从中获得许多相关的信息资料。TL公司需要对员工进行这方面的专门培训，培训可以聘请外面的专家，也可以从公司内部挖掘出具有这方面知识水平的人员定期组织大家讨论学习，逐步摸索，一起提高。另外，大客户管理系统不是为了信息技术而信息技术，不能只重于形式，要重视实质，要把以前的经验感性上升到科学理性的管理行为。

五、结语

本文把客户关系管理和大客户管理等现代营销理念运用到出版行业中，研究了民营出版企业大客户管理存在的问题，并据此提出了具体的实施方案，以TL公司为例进行案例研究，提出了该公司具体的大客户管理措施。期望对客户管理理论在出版行业中的应用起到抛砖引玉的作用。另外，出版企业大客户管理在具体实施过程中，还会遇到许多细节问题，需要在实际工作中不断对具体问题进行具体分析。

参考文献

[1] Alshawi S, Missi F, Irani Z. Organizational, Technical and Data Quality Factors in CRM A-doption-SMEs Perspective [J]. Industrial Marketing Management, 2011, 40 (3)：376-83.

[2] Guesalaga, R, & Johnston W. What's Next in Key Account Management Research? Building a Bridge between the Academic Literature and the Practitioners' Priorities [J]. Industrial Marketing Management, 2010, 39 (7)：1063-1068.

［3］Lacoste S. Vertical coopetition：The Key Account Perspective ［J］. Industrial Marketing Management，2012，41（4）：649-658.

［4］杨海珊，刘益. 图书滞销原因及破解之道探析 ［J］. 科技传播，2015（9）：64-66.

［5］陈伟. 出版业资本运营风险及其规避方法 ［N］. 中国新闻出版广电报，2019-04-19.

［6］葛淼慧. 跨国出版集团在华市场本土化策略研究 ［D］. 北京印刷学院硕士学位论文，2018.

［7］商务君. 京东发布 2019 阅读报告，电子书销量同比增长超过 140% ［N］. 出版商务周报，2019-04-18.

［8］孙秀翠. 出版社客户关系管理的基本对策 ［J］. 科技与出版，2010（1）：35-36.

［9］郝雨风，李朝霞. 大客户市场与客户管理 ［M］. 北京：中国经济出版社，2005.

作者简介

环梅，博士，北京印刷学院讲师，主要研究方向为出版企业管理、物流管理。

众筹出版的价值链分析[①]

张 颖 华宇虹

摘要： 新媒体的兴起、信息技术的发展以及我国出版行业的市场化使传统图书出版的方式受到了严峻的挑战。众筹出版是利用众筹平台发起项目筹集资金用于出版活动，可以帮助出版者跨越编辑、印刷、发行等环节，与购买者或投资者直接接触，将筹资、宣传和销售进行融合，降低出版成本，实现价值创造。本文以企业价值链理论为基础，分析传统出版企业的价值链和价值活动，研究众筹出版模式给出版企业带来的影响，解读关键价值活动，以期传统出版企业能够利用众筹完成价值链再造，增强企业的竞争力，实现价值创造与价值增值。

关键词： 众筹出版；价值链价值活动

新媒体的兴起、信息技术的发展以及我国出版行业的市场化使得传统图书出版的方式受到了严峻的挑战。传统出版模式以出版内容为起点，以编辑发行为核心，投资在前，回报在后，是传统经营模式中的以供定产的方式，出版行业面临风险大、收益日益薄弱的问题。中小企业缺乏启动和发展资金，融资对于其重要性不言而喻，而中小企业融资难问题不论在金融发达的国家，还是像我国这样金融体系仍不完善的发展中国家而言，都是一个难以规避的问题。

互联网的发展对各个产业价值链、流程、核心竞争力、价值创造点都产生或大或小的影响，其中对出版产业的影响可谓巨大。而将传统出版与互联网、金融创新相结合的产物——"众筹"模式是以筹资和满足受众的个性化需求为起点，更加符合"互联网+"时代的经济新形势，是出版行业突破传统束缚、分散出版风险，与互联网进行深入融合的重要手段，为出版行业发展增添了新的蓝海。

---

① 本论文受北京市教委科研计划一般项目"我国众筹出版模式选择研究"（项目号：SM201610015005）的支持。

美国学者迈克·萨利文在 2006 年 8 月首次使用了"众筹"（Crowdfunding）这一词汇。2009 年面世，2011 年进入中国。"众筹出版"是项目发起人通过众筹平台发起众筹出版项目，向广大的互联网用户筹集资金，而这批用户可以根据出资额享有该项目在经济、文化等方面所获得的收益。众筹出版可以帮助出版者跨越编辑、印刷、发行等环节，与购买者或投资者直接接触，将募资资金、宣传和销售融合，降低信息不对称的程度，最大限度地保障出版者的利益。

本文以企业价值链理论为基础，分析传统出版企业的价值链和价值活动，研究众筹出版模式给出版企业带来的影响，解读关键价值活动，以期传统出版企业能够利用众筹完成价值链再造，增强企业的竞争力，实现价值创造与价值增值。

一、企业价值链的基本内涵

价值链的概念是迈克尔·波特在其《竞争优势》（1985）一书中提出的。波特认为，企业的每项生产经营活动都是其创造价值的经济活动，企业所有互补相同又相互关联的生产经营活动，便构成了创造价值的一个动态过程，即价值链。

现有研究价值链的文献对价值链的定义有广义和狭义之分。广义的价值链实质是产业的价值链，即整个出版行业的价值流转过程。狭义价值链是基于内部的企业价值链及涉及内部价值链的外部直接相关的上游企业或下游企业（或终端消费者）。

对于企业内部的价值链，波特在分析公司行为和竞争优势时认为，公司的价值创造过程是由基本活动和支持活动两部分完成的。基本活动是实现价值创造的直接活动，而支持活动是完成基本活动的必备条件。基本活动一般包括内部后勤、生产经营、外部后勤、市场销售、服务五种活动，支持活动一般包括采购、技术开发、人力资源管理和企业基础设施四种活动。

识别企业价值活动的目的是甄别出能够更多创造价值的活动，每项活动可以创造的价值不同，有大有小，通过对价值活动的改造可以提高企业创造价值的能力，也就是能够找到并形成企业的竞争优势的关键环节，在市场竞争中胜出。

1985 年，波特提出价值链理论的时代工业经济占主流，其理论基础源自于现实的制造业。随着信息技术的发展与成熟以及互联网的普及，在大数据、智能化、移动互联网、云计算等新技术应用于企业的当今，企业价值链的价值活动产生了巨大的变化。普瑞特（Rayport）和斯维克拉（Sviokla）在 1995 年将信息引入价值链理论，提出了"虚拟价值链"理论，利用信息技术在企业和用户之间建立新的联系。

二、传统出版企业的价值链

传统出版是以出版机构为主体的，出版机构负责寻找作者或接收稿件，进行编辑加工，并负责委托批发商或零售商，最终使图书或其他类别出版物到达终端读者。出版业属于文化创意与制造相结合的产业，与传统制造业相比，对作者及其作品具有较强的依赖性，需要同时面对作者和读者。因此，出版企业价值创造核心活动要集中在两端，这两端也集中了出版项目的最大风险。

（一）出版企业的基本活动（如图1所示）

图1　图书企业经营活动流程

1. 内部后勤活动

波特把内部后勤定义为与产品投入有关的进货、仓储和分配等活动。对于出版企业而言，最重要的内部后勤活动就是选题活动。新闻出版行业是我国市场化相对较晚的行业，至今仍承担着维护意识形态和以营利为目的的市场化经营双重的责任。在这样特殊的状态下，选题策划关系到出版企业的生死存亡，也是能够形成竞争优势的基本活动（如图2所示）。

图2　选题活动流程

2. 生产经营

价值链基本活动中的生产经营特指将各种投入品转化为最终产品或服务的各种活动（如图3所示）。

图3　出版企业生产经营活动流程

出版企业大多与印刷厂脱钩，在此环节将接入产业链中的印刷厂，印刷厂负责出胶片、制版、印刷和装订环节，自印刷厂印制完成后再予以收回。

3. 外部后勤

外部后勤是指与产品的库存、分送给购买者有关的活动。出版企业的外部后勤包括仓储和发行两个主要的基本价值活动（如图4所示）。

图4　图书发行流程

图书等出版物发行与普通商品销售最大的区别是无条件退货，发行后面临着销售商如果卖不出这些出版物，就会发生大批量退货。因此，出版企业的库存管理不仅要掌握本企业的库存，还需要掌握客户的库存情况。

图书的传统发行渠道是以新华书店为主，杂志的传统发行渠道是邮局征订为主，随着电子商务的兴起与普及，电商在一级发行的比重越来越高。

4. 市场销售

这里市场销售的内涵要比一般管理学中的市场销售的内涵相对较窄，特指与促进和引导购买者购买企业产品的活动。出版物的宣传、市场推广活动可以采用线上和线下的方式。线下的宣传和推广可以购买门户网站的广告、微博微信的软推广和植入广告。线下的宣传和推广一般要依赖于批发商和零售商在其网点开展的活动。

5. 服务

这里"服务"的定义是与保持和提高产品价值有关的活动。出版企业的服务主要包括图书等出版物的质量反馈和读者需求反馈。

（二）支持活动

价值链中的支持活动，又称辅助活动，是指用以支持基本活动而且内部之间又相互支持的活动，包括采购、技术开发、人力资源管理和企业基础设施。采购管理是企业开展经营活动所需资源的购买与管理活动。技术开发是可以改进企业产品和工序的一系列技术活动。人力资源管理是指企业职工的招聘、雇用、培训、提拔和退休等各项管理活动。价值链中的基础设施不是我们通常所理解的厂房、设备这样的基础设施，而是指企业的组织结构、惯例、控制系统以及文化等。

（三）传统出版价值链中的困境

价值链是诊断企业竞争优势的基本工具。从价值链角度对传统出版行业分析，可以看出存在如下困境：

1. 效率低

传统出版从选题到编辑印刷再发到销售终端，大约需要 3 个月到 1 年的时间。互联网的时代，快餐消费成为主流，读者的阅读习惯和行为都有了很大的变化，时效性、碎片化要求更高效率的出版活动。

2. 风险大

传统出版模式是单向的，具有一定的封闭性。虽然在选题前一般会进行市场调研，确定有市场需求的选题，但市场调查数据具有较大的不确定性，从而使出版风险较大，印刷数量与需求无法匹配。

3. 灵活性小

传统出版中的选题和具体项目一旦确定，内容基本已经确定，即使出版过程中存在对出版物的修改，这个互动基本上也只是存在于作者和编辑之间的。在世界经济一体化的今天，我国经济和文化发展都已达到了一定的高度，著作的"去权威化"和大众化使读者参与出版内容的积极性空前提高，传统出版模式无法满足出版之前作者和读者之间的互动。

4. 资金支持不力

资本的逐利性使逐渐萎缩的传统出版市场上的出版企业获得的资金普遍不足，特别是中小出版企业和文化企业，资金严重不足，难以支撑出版项目多元化的经营活动。其产生的后果不仅是出版企业生存困难，还有出版物单一、零星需求无法满足的问题。

5. 库存压力大

作为文化创意类的出版物，与标准化产品最大的区别就在于非标准化。除了再版图书之外，很难利用历史经验预测销售量，从而确定生产量。出版行业的一大突出特点就是出版企业对批发商和零售商的无条件退货政策，因此，一旦现实销售与预测存在偏差，就会造成出版物的滞销，从而产生巨大的库存压力。

三、众筹出版对传统出版企业价值链主要价值活动的影响

众筹出版的运行模式是对图书的作者通过众筹网站或类似平台进行身份审核后，再建立属于自己的项目页面，用来向公众或者潜在的出资人介绍项目情况，并向公众募集小额资金或寻求其他物质支持其出版项目的一种筹资形式，即众筹出版模式是将出版项目的筹资活动与出版活动进行结合。因此，众筹出版对图书出版的价值链中的基本活动和支持活动都产生了不同的影响。

（一）出版价值链基本活动流程再造（如图5所示）

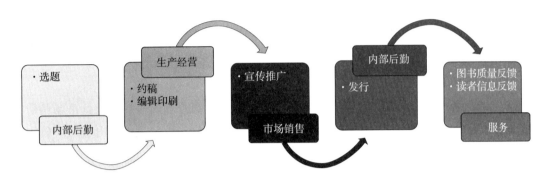

图5 传统出版企业价值链基本活动流程

出版企业的核心竞争力主要体现在无形资产和将出版要素与出版运行机制有机融合在一起的组织管理能力。提高价值链各项基本活动的效率，就是提高出版企业的整体效率，保持相同的盈利能力，通过效率的提升可以提高年周转次数，从而提高企业的利润水平，创造更多的价值（如图6所示）。

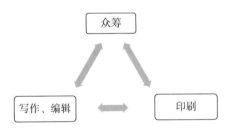

图6 众筹出版价值链

众筹出版将原本单向的价值链首尾相连，将内部后勤、生产经营中的约稿、市场销售中的宣传推广与服务融为一体，同时将融资活动引入价值创造活动。众筹出版通过输入端和输出端进行了信息的连接，减少了信息传递的时滞。价值活动的合并与融合，使具有号召力的出版项目可以大大缩短整个流程。例如，2006年在众筹网发布的项目——《古都之美：北京的巷陌民风》，仅用1天的时间就获得1.6万份的支持，筹集资金48万元，预计的回报发送时间为项目成功结束后20天。① 这是非行政性的项目在传统出版环境下很难达到的效率水平。

（二）选题策划方面

图书选题价值活动是创造价值的最基本单位，管理选题价值活动是图书选题风险

_____

① 资料来源于"众筹网"。

管理的关键。传统出版企业的选题主要产生于销售人员的反馈信息、读者的反馈信息、编辑人员的经验，再由出版社组织编辑、销售人员、市场分析人员、品牌策划人员、专家等讨论确定，讨论的核心集中在市场的前景、技术条件和资金支持上。这种模式下可能带来包括选题依据信息的滞后、市场前景不确定和资金缺乏支持等问题。众筹出版在选题策划方面，促进了价值创造、降低出版风险。刘明辉、李智慧（2012）将图书出版项目的风险分为导向风险、法律风险、市场风险和操作风险四类。一方面，众筹出版改善了过去出版企业与作者之间信息不对称、与读者信息不对称的状况，降低了市场前景的不确定性，从而降低导向风险和市场风险；另一方面，在选题之初即能获得一定的资金支持，大大降低了出版中无法收回成本的风险，降低了操作风险。

（三）满足全媒体发展的需求

在信息技术和互联网全面覆盖的情境下，数字出版、图书的周边产品开发都在推动出版行业向全媒体的方向发展。当下的全媒体模式是将信息传播采用图、文、声、像等手段，对需要传播的内容进行整合呈现，再利用网络进行数据传播。传统的图书出版一般涉及的是图书的版权，全媒体模式下不仅包含一般的图书版权，还包括基础图书版权的再开发。图书的版权包括图书的专有出版权和附属版权。附属版权是依附于图书出版权产生的附属权利，如影视改编权、动画改编权、周边产品开发权。出版企业如果取得相关的出版权和附属版权或相应比例，也可以通过众筹出版的模式提前与需求对接。

（四）满足个性化需求

虽然目前的出版市场是买方市场，出版物的种类繁多、体量很大，但需求随着网络免费资源的流转无障碍和阅读的电子化、碎片化而逐渐萎缩。在买方市场，需求决定供给，而传统出版的价值链模式核心为供给决定需求。大众化的需求可以在很大程度上由电子数据和网络满足的情况下，对出版物的需求往往是个性化的。众筹出版模式通过与需求意愿的对接，可以非常精准地满足个性化的阅读需求。

通过以上对众筹模式价值链的分析，不难看出融入众筹后的出版，价值创造点集中在众筹环节。

四、众筹出版关键的价值创造活动

众筹出版的具体运作主要分为三个步骤，如图7所示。

在运作过程中应当重点关注以下价值创造活动。

（一）平台的选择

不同的平台侧重点不同、众筹活动的参与者数量和偏好也不同，针对不同的选题

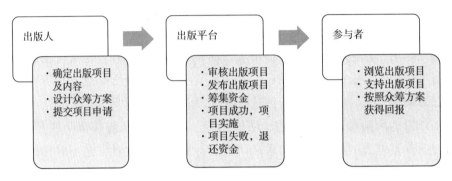

图7　众筹出版流程

选择合适的平台是一个众筹出版项目成功与否的关键。我国的出版众筹平台大致可分为两类，综合性平台和专业类平台。综合性平台有众筹网、京东众筹、淘宝众筹等，特点是综合性强，受众范围广，便于项目的推广。专业类的平台有文筹网、来出书等平台，特点就是专业化程度高，受众目标性强，无效浏览量小。特别是来出书平台，不仅能够实现筹资的目的，而且为编辑提供出版的"一条龙"服务。

（二）出版项目的独特性

由于出版项目将选题、融资、销售融合于一体，这就要求采用众筹出版的项目具有独特性。这个独特性可能来源于作者的知名度，如美国作家哈伍德孔乙己在众筹第一天就筹满所需资金，主要原因在于其在众筹之前已经是知名作家，具有大批忠实的读者。这个独特性也可能来源于主题独特，如《古都之美：北京的巷陌民风》（中华书局2017年版），集中了著名画家黄有维两百多幅作品，由雅昌艺术精印而成。

（三）众筹参与者的特点

众筹参与者的角色可能是不求回报的捐赠者，可能是出版物的购买者，也可能是出版物的投资者。不求回报的捐赠者不以获得相应回馈作为资金支持的条件，只为能够支持所喜爱出版物的顺利出版。几乎每个众筹出版的项目，都可以看到无私支持者或仅获得感谢信作为回报的支持者的身影。出版物的购买者是众筹参与者中的主流，以获得出版物为目标，愿以发起人所制定的单份金额为代价。出版物的投资者是看涨出版物的销量及盈利能力，期望从出版物的发行销售活动中获益的参与者。但目前限于股权筹资制度的限制，在我国仍未出现该类型的众筹出版项目。不同特点的众筹参与者数量和诉求均不同，特定诉求的参与者数量达到一定程度，才能保障众筹出版项目的顺利实施。

（四）适宜的众筹方案

方案的设计应当基于众筹出版的目标，这是在最初应当确定的。方案中应当包括目标筹资额、资金支持的方案（分类定价）、回报的形式（与定价直接相关）等。众筹出版有筹资、宣传等不同的目标，不同的目标下应当设计不同的众筹方案。以筹资为目的的众筹出版项目，不考虑众筹之外的销售问题，筹资额需要涵盖出版费用。以宣传为目的的众筹出版项目，众筹除了筹集启动资金之外，主要是为了吸引目标受众的注意，在图书未出版时期即可以用较低的费用进行宣传推广，重心在于后期的传统发行渠道的销售，资金支持方案可以将单项金额降低，以吸引更多的受众参与活动。

参考文献

［1］Raphael Kaplinsky. Spreading the Gains from Globalization：What Can Be Learned from Value-Chain Analysis？［J］. Problems of Economic Transition，2004，47（2）：74-115.

［2］王玉. 中国出版业价值链整合［J］. 上海管理科学，2002（6）：60-62.

［3］刘明辉，李智慧. 基于价值链视角的图书选题风险管理研究［J］. 东北财经大学学报，2012（9）：32-36.

［4］刘一非. 全媒体时代下媒介融合价值链重构探析［D］. 四川师范大学，2015，2-3.

［5］［美］迈克尔·波特. 竞争优势［M］. 陈丽芳译. 北京：中信出版社，2014.

［6］Jeffrey F. Rayport and John J. Sviokla. Exploiting the Virtual Value Chain［J］. Harvard Business Review，1995（9-10）：75-99 .

作者简介

张颖，北京印刷学院经济管理学院财务会计系讲师。

华宇虹，北京印刷学院经济管理学院财务会计系教授。

从网络文学海外传播看出版如何"走进去"

高 欢 孙万军

摘要： 网络文学成为中国出版"走出去"的先遣军，本文总结了中国网络文学海外传播成功的经验和存在的问题，提出中国网络文学海外本土化传播策略。网络文学海外传播取得成绩的主要原因在于：内容注重了中国文化和世界文化的相通要素；本土化翻译；低门槛的阅读平台。但目前尚存在对当地读者市场需求调研不够，内容选题缺乏针对性；译者的本土化程度不够；培育读者市场意识不足等问题。针对这些问题，本文提出网络文学的海外传播应当注重本土化，构建作品选择机制，注重作品内容的本土吸引力；吸收当地网站译者资源，组建"本土化"的翻译队伍；利用互联网平台，培育目标读者市场等策略建议，使中国文化不仅"走出去"，更要"走进去"，以提升中国文化的影响力。

关键词： 出版"走出去"；本土化策略；网文出海

虽然中国出版"走出去"战略已经实施十多年了，并取得了重大成就，但如何本土化，走进海外读者的世界，还是一个亟待解决的问题。本土化策略是中国出版从"走出去"到"走进去"，从而进一步深化发展的关键，网络文学的海外传播的一些实例给我们提供了一些"走进去"的启示。

一、网络文学海外传播现状

Wuxia World 网站的创始人可能从未想过基于自己对中国武侠小说的兴趣所建立的网文翻译网站会引起如此大的反响，中国网络文学也借着像 Wuxia World 这样的网文翻译网站而被外国读者熟知，借此达到了宣传中国文化的目的，起到了中国文化的海外推广，提升中国文化的影响力的作用。

2017 年 9 月，艾瑞咨询发布了《2017 年中国网络文学出海白皮书》，2018 年 5 月，中国作家协会网络文学中心也发布了《2017 中国网络文学蓝皮书》，介绍了本国的网络文学发展情况以及在海外的传播情况。

中国网络文学在海外积攒了较高的人气，覆盖的国家和地区也越来越多，目前已经达到 20 多个国家和地区，呈现出从东亚地区向英语国家扩展的趋势。已经翻译和正在翻译的中国网络小说达到百部之多，被翻译成英语、俄罗斯语、德语、意大利语等十几种语言。从增长率来看，每年新增近 15% 的海外读者；从读者来源来看，人数占比最高的前五名分别是美国 20.9%，巴西 7.4%，印度 6.7%，加拿大 5.5% 和印度尼西亚 5.4%；在小说类型方面，仙侠、玄幻和魔幻等在欧美地区更受欢迎，言情和都市则在东南亚更受欢迎。起点中文网的《鬼吹灯》《锦衣夜行》等多部网络小说在东南亚小说出版市场广受好评，玄幻小说《将夜》更是登顶 2016 年度泰国 Naiin Bookstore 排行榜榜首；在越南，中国网络言情小说也出现了供不应求的局面；在欧美地区，网游竞技小说《全职高手》爆红网络，收获了良好的口碑。

中国网络文学能够在海外取得成就让人欣喜。从 2003 年出版"走出去"战略上升为国家战略，到现今，经过十余年的发展，出版"走出去"已经发展为出版"走进去"新阶段，聂震宁将我国对外出版"走出去"战略的实施分为产品、版权以及资本"走出去"三阶段的发展，已经具备了从产品本身到版权，再到资本的较为成熟的输出模式，随着全世界出版产业信息化数字化进程加快，周贺进一步提出将出版"走出去"延伸到数字化阶段。但是在将出版产品向海外输出的过程中，始终没有找到一种适当的方式让中国的出版产品得到海外读者的认可和主动的"需求"，也就是说"走进去"困难重重。不过，中国网络文学的海外传播尤其是以 Wuxia World、Gravity World、Volare Novels 等中国网络小说翻译网站的"爆红"让中国出版企业看到了出版"走进去"的另一条途径，对中国出版企业"走进去"也有非常大的启示作用。

网络文学的海外传播问题受到了很多学者的关注，就网络文学能够在海外形成热烈反应的原因，庄庸提出了引人入胜的情节、传达的理念、对中国传统文化的好奇心成为以网络小说为代表的中国网络文学在海外"火热"的原因。也有研究者指出了中国网络文学在海外传播中的问题，例如，席志武提出版权不清、翻译质量参差不齐、作品内容空心化以及单一的商业模式成为阻碍中国网络文学进一步"走出去"的原因。而就如何解决这些问题，他提出应在政府的引导下转变发展思路，坚持以内容为王，创作并传播符合主旋律精神的作品。其他学者如王璐璐从全球文化消费视角，邵燕君从媒介革命视野站在特有的视角对中国网络文学的海外传播进行了研究。中国出版业一直在积极地探求"走出去"的有效方式和路径。

然而综观现有研究，在网络文学海外传播本土化策略方面还略显薄弱。分析中国网络文学海外传播成功的原因和存在的问题，提出切实可行的本土化策略，不仅可以促进中国网络文学的海外传播，更会对中国文化整体的海外传播、提升中国文化的国际影响力有着借鉴意义。

二、网络文学海外传播成功的原因探究

中国网络文学是伴随着中国互联网发展而同步发展起来的，经过 20 余年的发展，中国的网络文学已经成为一种生命力十足的新文学表现形式，并且逐渐被主流文学所接受，网络文学的类型多样，但是最受海外翻译网站青睐的要数网络小说了，尤其是以玄幻修真类为热门的网络小说，探究其受欢迎的原因主要有以下三个方面：

（一）内容注重了中国文化和世界文化的相通要素

无论是 Wuxia World、Gravity World，还是 Volare Novels，这些网站在选择中国网络小说作品翻译时，都不约而同地使用了起点中文网、17K、晋江文学城等国内知名小说网站的高排名作品。这些作品经过了国内读者的检验，已经能够称得上"优质作品"，这些作品具有的共同特点就是突出了中国文化与世界文化相通的要素，"这些作品既是有趣、日常、新鲜的、满足猎奇和窥私的心理"，尤其是西方读者对中国异域文化的好奇心，同时这些作品又是基于人类相通价值观的内容和大众文化的传播模式，实际上就是中国故事的世界性表达，当作品具备全球认可的文化内核，那它在全球的传播就具备了条件。

（二）译者的本土化属性明显

Wuxia World 网站创始人赖静平是华裔美国人，作为母语是英文的他来说，所翻译的中国网络小说《盘龙》得到了外国读者的热烈追捧，其主要原因就是他的翻译语言更接近英语读者的语言习惯，而且作为华裔，对小说中的中国文化理解得更为透彻，并且将这种理解自如地融入翻译中，让国外读者通过本国译者的语言阅读到中国故事，对中国的文化产生更加深刻的理解。不仅是赖静平，Gravity World 网站的创始人同样是华裔，Volare Novels 网站的创始人祖籍是中国台湾。他们所招募的译者多为母语为英语，并精通或熟悉中国文化。正是这些译者的本土化属性，造就了这些翻译作品语言地道，对本土读者具有亲和力。

（三）阅读平台门槛低

Wuxia World、Gravity World 以及 Volare Novels 等这些中国网络小说翻译网站一开始都是为兴趣而生的，非商业营利性质使平台的门槛几乎为零。只要是对这类小说有兴趣的读者都可以登录网站进行阅读，它的低门槛和高获取性吸引了那些对中国文化有好奇心、有心了解中国网络文学作品、对网络流行小说有兴趣的读者。这些读者聚

集到了一起，形成了"兴趣部落"。较为稳定的读者群为网落平台的发展提供了比较稳固的用户基础。

三、网络文学"走进去"存在的问题

本土化策略是出版"走出去"到"走进去"深化发展的关键，关系到是否能够提升中国文化的世界影响力。但中国出版"走进去"一直受限于国外读者对中国文化作品的"阅读兴趣"缺乏。从网络文学的传播来看，主要存在以下三个问题：

（一）对当地读者市场需求调研不够，内容选题缺乏针对性

因为市场饱和，竞争激烈，读者的注意力成为稀缺资源。作品的选题策划对读者需求如果考虑不足的话，就会造成读者对出版物不感兴趣。一方面，虽然以 Wuxia World、Gravity World 以及 Volare Novels 等网站为代表中国网络小说翻译受到了国外部分读者的热捧，但是目前满足的主要是读者的猎奇心理。今后能否长期抓住读者，形成可持续传播，还需要进一步调研读者需求。另一方面，值得注意的是，从 Wuxia World、Gravity World、Volare Novels 等网站对中国网络小说的翻译情况来看，都存在翻译小说类型单一化，内容浅层化等不足。选题类型较为单一，不够丰富，不能满足读者多元化的需求。如果能对读者市场进行科学调研，针对读者需求投放作品，传播效果将会大大提高。

（二）未形成稳定高效高质量的本土化翻译队伍

从 Wuxia World、Gravity World 以及 Volare Novels 等网站成功的经验可以看出，高效高质量的本土化译者对于作品的传播至关重要。但目前在网络文学传播中，总体来看，作品翻译还是一块明显的"短板"。许多出版物在"走出去"时，除了合作出版中由当地合作方提供译者进行作品的翻译之外，很多时候，出版企业为了节省费用或时间，会请中文为母语者进行翻译，由于译者缺乏对目标文化的切身体验，译作往往会都会产生"夹生饭"之感，作品的翻译质量直接会影响读者对作品的选择。即使目前比较成功的网络平台，其本土化译者队伍的规模和稳定性也都存在着问题，总体上并未形成稳定高效高质量的翻译队伍，这对翻译质量和翻译速度都有不小的影响。

（三）培育读者市场意识不足

中国出版企业"出海"经营最让人头疼的并不是目标国的经济或者政治壁垒，而是如何引导海外读者对中国文化，对中国出版产品产生兴趣，并进而产生购买行为。无论是在中国还是海外，进行市场细分非常重要。通过市场细分，发现潜在读者，并有针对性地进行市场培育，这对市场的可持续增长至关重要，对中国和中国文化感兴趣的读者是需要重点培育的。但从目前来看，一方面，由于出版产品的选择问题使目

标读者群的集聚效应没有凸显；另一方面，出版"走进去"阶段发行机构的建设滞后，使出版企业对市场数据掌握不足，依靠当地发行机构的反馈数据不能及时、准确、全面地了解读者市场，造成了对读者市场的分析不足，更不要说培育读者市场了。

四、出版"走进去"阶段本土化策略改进对策

Wuxia World、Gravity World、Volare Novels 等中国网络小说翻译网站对推动以网络小说为代表的中国网络文学的网络传播尤其是在吸引海外对中国文化感兴趣的读者上做出了突出的贡献，这对于苦于吸引不到海外读者的对外出版企业来说有着不小的启发。针对所存在问题，本文特提出以下三点建议：

（一）构建作品选择机制，注重作品内容的本土吸引力

作品选择机制也就是作品推荐机制，挑选适合进行输出的作品进行翻译，是作品是否能够受到海外读者欢迎的前提。中国网络小说的海外传播实例证明，具备中国文化内核的世界性表达是最适合进行海外传播的作品，像《盘龙》《放开那个女巫》等充满异域色彩的中国故事吸引着众多的海外读者进行"追更"阅读，而这些内容的挑选依靠的是同时具有中西文化经验的人员，在凭借其对西方读者需求了解的基础上实现的。构建作品选择机制与其说是挑选作品，倒不如说是挑选对目标读者群了解透彻的推荐人，这个推荐人可以是译者，也可以是对中西方文化都比较了解的当地读者，更应该是那些具备专业经验，同时拥有良好中西文化教育背景的编辑，这样在把握作品内容的本土吸引力上就不成问题了。

（二）吸收当地网站译者资源，组建"本土化"的翻译队伍

当地网站是指那些如 Paper Republic、Wuxia World、Gravity World、Volare Novels 等将中国作家作品翻译成外文，供外国读者阅读的网站。这些网站能够运营，很大一部分原因就是聚集了一批具有中国文化学习背景的外国译者，他们具有一定的翻译经验，并且已经进行成功的实践。译者是除了作者之外对海外输出作品最有贡献的人，莫言能够获得诺贝尔文学奖离不开译者葛浩文的恰当翻译；《盘龙》能够在海外走红同样离不开 Wuxia World 创始人赖静平准确把握其中内涵，用海外读者容易接受的方式解读作品。中国出版企业应该把握住这些珍贵的译者资源，与他们进行合作，从而组建起具有"本土化"优势的翻译队伍。

在具体实践中，2017 年 5 月"起点国际 Webnovel"在全球上线，已经组建起一支较为高效的中英文翻译团队，截至 2018 年 1 月，已经上架超过 100 部网络小说的英译版。但是其发展初期较为强势，有以译者翻译侵权为由，要求这些网站译者无条件入驻起点国际的一些做法，引起了一些译者的反感和声讨，破坏了"起点国际"在海外读

者中的形象。出版企业应采取较为温和的方式和做法来吸引译者,以达到合作的目的。

(三) 利用互联网平台,培育目标读者市场

读者是作品的接受者,不同的读者对阅读作品的需求不同。出版企业在海外开拓市场同样需要进行市场调研和市场细分,逐步培育对中国文化感兴趣、有阅读愿望的读者市场,从而进行精准的作品输出。

以中国网络文学的海外粉丝网站为例,这些读者用户主要以年轻男性为主,年龄在 30 岁以下的占比达到 85%。阅读群体主要是受教育程度较高的学生群体,占比达到 52.9%。这和中国网络文学在国内的读者群体基本吻合。这些网站经过发展,已经聚集了较为稳定的读者群体,这些读者多为对中国文化,至少是对中国网络小说感兴趣的读者,他们应当是中国出版企业进行作品海外输出的主要目标群体。中国出版企业可以与网站合作,利用已有的输出平台,从这些已有读者入手,了解阅读需求和阅读习惯,以网站广告、首页推荐广告等形式推介中国作品,以吸引读者兴趣,培养目标读者市场。

五、结语

从出版"走出去"到"走进去"是一个飞跃,中国出版企业在海外的出版实践中已经积累了一些经验,取得了不小的成绩,但是在进一步拓展海外阅读市场,实施进行本土化战略方面还存在许多问题。中国网络文学通过海外当地的民间力量进行本土化的传播实例可以给中国出版企业"走进去"带来一些有益的启示。注重有针对性地研究海外阅读市场,开发有吸引力的作品,建设稳定的本土化翻译队伍,提高市场培育意识,对于出版企业真正能"走进去",提高中国文化的影响力至关重要。

参考文献

[1] 2017 中国网络文学出海白皮书 [EB/OL]. 艾瑞咨询,https://www.useit.com.cn/thread-16499-1-1.html.

[2] 中国作家协会网络文学中心. 2017 中国网络文学蓝皮书 [N]. 文艺报,2018-05-30.

[3] 聂震宁. "文化走出去":出版人的责任和使命 [J]. 出版广角,2016 (23):21-22.

[4] 周贺. 出版"走出去"现状及主要路径分析 [N]. 出版商务周报,2017-08-23.

[5] 庄庸,安晓良. 中国网络文学海外传播:"全球圈粉"亦可成文化战略 [J]. 东岳论丛,2017,38 (9):98-103.

[6] 席志武,付自强. 我国网络文学海外传播现状、困境与出路 [J]. 中国编辑,2018 (4):79-84.

[7] 邱凌,韩捷. 网络玄幻小说的文化杂糅及跨文化传播解读 [J]. 现代传播 (中国传媒大

学学报），2017，39（9）：90-95.

作者简介

高欢，北京印刷学院新闻出版学院硕士研究生。

孙万军，北京印刷学院新闻出版学院教授、硕士生指导老师。

"下一代书店" 的数字化转型分析①

牛一荻　谢　巍

摘要： 近年来，关于"下一代书店"的话题讨论日益热烈，实体书店迎来了新的机遇。但是，随着整体阅读趋势中数字阅读和移动阅读的快速发展，以及读者越来越渴望在阅读中即时共享的新特征出现，实体书店依然面临着发展方向不清晰、发展模式不稳定等问题。因此，转型依然势在必行，而数字化是实体书店进行转型升级的重要实践方式。实体书店数字化转型的驱动因素主要体现在四个方面，分别是：政策驱动因素、技术驱动因素、市场驱动因素和行业发展驱动因素。实体书店在数字化转型的过程中主要可以采用四种方式，分别是"书店+数字化产品""书店+数字化平台""书店+数字化运营""书店+数字化营销"的转型方式。

关键词： 实体书店；数字化；转型方式

一、实体书店发展现状

由于互联网购物的快速发展以及书店自身的诸多弊端，实体书店在 2010 年进入寒冬，大量实体书店倒闭，存活下来的实体书店的生存也是岌岌可危。而后由于国家政策的支持和实体书店行业自身的努力，2014 年，实体书店行业开始回暖，但发展形势依然不容乐观。在信息化时代，读者们太过于熟悉这些传统实体书店的样子，以致于大多数实体书店被受众扣上"毫无新意"的帽子，这些传统的实体书店在电子书、数字阅读的冲击下要想赶上每一次变革的浪潮，必须历尽千辛万苦，克服重重困难，然而他们却被受众抛弃，实体书店传统的生存与发展方式并不再有任何优势。尤其是在

---

① 基金项目：本文受到北京市教育委员会科研计划项目（项目号：SM201910015004）资助。

数字技术的影响下，纸质书市场受到了严重挤压，而以纸质书为核心产品的实体书店必然受到强烈的冲击。从现实情况来看，如今很多消费者购买图书都更倾向于选择网络书店渠道或是直接购买电子书，同时，电子书、移动阅读设备的兴起也促使了碎片化阅读逐渐渗透人们的生活，逐步取代传统阅读方式而成为信息化时代下的主流阅读方式。这些因素都使得读者越来越不重视实体书店的存在。

二、实体书店数字化转型的必要性

近年来，在相关政策的大力支持下，在社会大环境的推动下，我国实体书店行业获得了极大的发展。但由于多重因素的影响，实体书店必须进行转型才能更好地适应经济和市场的发展，不断满足信息时代读者日益多元化的阅读需求。主要因素可以归结为两个，一是数字阅读和移动阅读所体现的总体阅读趋势的改变，二是读者越来越渴望在阅读中即时共享，以满足多层次的精神需求。

首先，数字技术和移动电子设备越来越普及，消费者阅读已日趋碎片化，数字阅读和移动阅读便因此有了良好的技术基础和市场基础，取得了极大的发展，实体书店纸质书的销售也因此面临着巨大挑战。《2016 年新闻出版产业分析报告》显示，我国2016 年数字化阅读率达到了 58.8%，比 2015 年增长 0.6%，保持平稳发展的趋势。在几乎人人都拥有移动电子设备的信息时代，要将"全民阅读"的国家战略落到实处，最便捷的途径就是将存储大量电子阅读资源的 APP 阅读客户端植入移动电子设备之中。而价格低廉且使用方便的电子书和电子书阅读器的出现为人们提供了阅读体验，将阅读的地点不再仅限于固定的几个地方，消费者的阅读方式和阅读习惯因此而产生了巨大的改变，更多的读者开始尝试并习惯于通过阅读器进行数字阅读、移动阅读。

其次，多元化是当今消费者阅读需求最显著的特征，这体现在消费者对阅读内容进行即时性分享的需求。即时性分享的实现，在很大程度上依赖于数字技术和移动平台的支持。信息时代下的读者具有多重属性——既是信息的接收者，也是信息的传播者。但对于实体书店而言，即时性交流分享仅限于到书店内面对面交流，相较于依托于数字技术的新媒体交流平台就有很大的劣势了。因此，实体书店进行数字化转型成为继续生存与发展的必然选择。

三、实体书店数字化转型的驱动因素

实体书店进行数字化转型的驱动因素主要体现在四个方面，分别是：政策驱动因素、技术驱动因素、市场驱动因素和行业发展驱动因素。

（一）政策驱动因素

实体书店数字化转型发展离不开政策的推动。2016 年，国家 11 部门联合发布了《关于支持实体书店发展的指导意见》。《意见》指出，要创新实体书店经营发展模式，推动实体书店与网络融合发展，提升实体书店信息化标准化水平，更加显示出实体书店数字化转型的必要性①。同年，国家出台了《中华人民共和国国民经济和社会发展第十三个五年规划纲要》（简称《"十三五"规划纲要》），其中，第十六篇第六十八章第三节"加快发展现代文化产业"中明确指出，"推动出版发行、影视制作、工艺美术等传统产业转型升级""推进文化业态创新，这些政策也为实体书店的转型提供了政策依据"②。这些带有优惠性质的政策的出台，给实体书店数字化转型发展带来了相对宽松的政治环境和广阔的发展空间，在很大程度上促进了实体书店转型的步伐。

（二）技术驱动因素

科学技术进步对行业发展有两个方面的影响：一是影响生产力构成要素，二是影响行业结构的构成。一般而言，科学技术通过创新驱动对实体书店行业结构产生作用，进而影响实体书店行业的发展进程，也可以认为对技术进行创新是实体书店业进行数字化转型发展的根本推动力和最强有力的手段。技术的创新和发展能够极大推动实体书店的进步，在为实体书店的转型发展创造条件的同时，还有望催生出许多新兴产业或产品类型。例如，数字图书馆就是在互联网和数字技术的推动下应运而生的，是传统出版业与新兴数字技术融合而成的新型产物。数字出版产业的发展体现了产业融合的一种成果，具有广阔的发展前景。《"十二五"规划纲要》对文化产业和科学技术的融合发展做出了部署；《"十三五"规划纲要》将数字出版的概念引入国家规划，指出要加快发展网络视听、移动多媒体、数字出版、动漫游戏等新兴产业③。这些行业的数字化过程和对数字技术的应用对实体书店的数字化转型有很大的借鉴意义。科技创新已全面渗透融入实体书店运营、管理、宣传、物流等各个环节，对实体书店业的整体结构调整产生了各种各样的影响，是能够起到推进实体书店行业发展繁荣的作用的，能够推进实体书店行业不断向前发展，提高国家文化软实力。

（三）市场驱动因素

随着我国经济的发展和人们生活水平的提高，实体书店业的市场需求也在不断发生变化。消费者对于图书等文化产品及服务的需求更加多元化，消费习惯和消费偏好也呈现出不同于以往的新特点。例如，当下国家和社会都在积极倡导全民阅读、建设

---

① 引自《关于支持实体书店发展的指导意见》。
② 引自《中华人民共和国国民经济和社会发展第十三个五年规划纲要》第十六篇、第六十八章、第三节。
③ 引自《中华人民共和国国民经济和社会发展第十三个五年规划纲要》第十六篇、第六十八章、第四节。

书香社会，然而由于各种各样的因素影响，传统的实体书店是无法满足读者多元化的阅读需求的，同时，也难以为读者提供多样化的阅读方式，因此，传统实体书店开始谋求转型，积极促进传统媒介与新型数字媒介的融合，以此来为实体书店行业创造更广阔的市场。例如，近年来兴起的"书店+咖啡厅"的实体书店经营方式受到了大众消费者欢迎，这是实体书店进行转型的一次成功尝试，诞生了一种新兴业态，它以图书产品为核心，强调将文化符号融入城市生活之中，为消费者创造了"读书也是一种休闲方式"的消费理念，以此来满足消费者"精神阅读"的内在需求。

（四）行业发展驱动因素

数字化的转型发展模式，是文化产业在当今时代发展大潮中生存并取得发展的一条必经之路。作为文化产业的组成部分，实体书店数字化转型发展，总的来讲既是受到了外界因素的推动，也是自身发展的需要。社会对文化的需求越来越多样化，这也为实体书店的发展提供了市场机会，同时也对实体书店自身提出了更高的要求，实体书店行业的资源、能力、产品、服务等要与需求相匹配。但是，实体书店行业自身依然存在一些问题，例如，行业发展习惯性依赖于传统，相关资源有限，产品及服务质量良莠不齐，不同渠道间资源分配不平衡，等等，这些问题都在阻碍着实体书店行业的持续发展。实体书店行业要实现转型升级需要更多的优质资源，既要对行业结构进行调整，又要对资源进行合理分配，还需要在传统行业发展的基础上积极进行文化创新设计，这些都为转型发展提供了机会。

四、实体书店数字化转型方式

实体书店在进行数字化转型的过程中可以采用多种方式。第一，关注产品的根本，实现实体书店的产品数字化转变与范围扩展、延伸，即"书店+数字化产品"型转型方式；第二，关注经营渠道数字化过程，实现线上线下数字化资源的综合利用，即"书店+数字化平台"型转型方式；第三，关注运营模式数字化过程，实现实体书店运营模式与技术的融合，即"书店+数字化运营"型转型方式；第四，关注经营模式数字化过程，实现实体书店经营模式方面对数字技术的应用，即"书店+数字化经营"型转型方式。

（一）"书店+数字化产品"型转型方式

产品是企业经营的根本。产品的优劣直接决定企业能否长久发展。因此，实体书店进行数字化转型，首先要考虑的就是产品的数字化。根据市场营销学中的产品理论，产品可以分为核心产品、形式产品、延伸产品。对于核心产品而言，实体书店的核心产品就是图书，对图书进行数字化最简单可行的方式就是转换为数字化图书内容，形成电子书，同时还可根据读者多元化的阅读兴趣建立数据库，这样可以达到"私人定制"的效果。对于形式产品而言，数字技术可以提高产品质量和用户体验，同时还能够为读者提供即时性分享和交流的平台。对于延伸产品而言，实体书店可以设计书店的 APP 应用程序，同时利用 AR 辅助，例如，可以通过 APP 中的 AR 扫描功能扫描纸质书封面，读者可通过这种方式了解图书的作者简介、内容简介以及其他读者评论等，还可链接到同作者的其他作品或者同出版社的其他出版物等。也就是利用数字技术使消费者更好地了解产品的相关信息。"书店+数字化产品"的转型方式还可以有更多的策略，尚待开发。

（二）"书店+数字化平台"型转型方式

给实体书店带来最大冲击的莫过于网络书店和线上电商平台。相较于传统实体书店的销售方式，线上的图书销售优势不言而喻，网络书店和线上电商平台无疑是实体书店的最大竞争对手。但是，线上平台的冲击并非百害而无一利，它启发实体书店思考另外一种转型方式，那就是实体书店可以向网络扩展其渠道，实现线上线下的积极合作和良性互动。现在，已经有很多的实体书店进行了这样的尝试。例如，早在 2009 年实体书店逐渐衰落时，南京的先锋书店就在某电商平台开设了自己的网络书店，名为"南京先锋书店网店"，并积极开发可以利用的网络资源，开辟更多的线上销售渠道，还加入了二手书的销售行列，开设了二手书交易平台——孔夫子网等。这项举措使得先锋书店走出困境，并向着越来越好的方向发展。又如，位于北京的 24 小时韬奋书店，也在 2010 年前后开始谋求转型，除在 24 小时书店内为读者提供更好的数字化体验之外，还于 2010 年 7 月在大型的线上电商平台中开设了"北京三联韬奋 24 小时书店"。这些都是"书店+数字化平台"的成功范例。

（三）"书店+数字化运营"型转型方式

实体书店在运营方式上的数字化转型，通常体现为运用新媒体来加强宣传力度，提高自身知名度，吸引更多受众。信息化时代下，社群营销越来越成为具有优势的营销手段。商家通过对社群渠道的广泛应用，积累了大量用户。不仅是书店，品牌对任何企业都有重要的意义，利用网络新媒体打造书店的自身品牌是书店营销中非常重要的一环。因此，实体书店可以利用主流的社群平台将自己推广出去。而依托于微信公众平台建立自己的微信公众号可以算是见效最快的方式。实体书店可以通过微信公众号向关注者发布产品信息、促销优惠信息等，还可以推送"鸡汤"软文提升品牌知名度和消费者对品牌的好感度。例如，言几又书店的公众号"言几又"，经过两年的发展，已将微信公众号这一平台运用自如，推文内容除鸡汤软文之外，还有各类新书、畅销书、近期主打产品的推介广告，还有一些读书分享会、读者见面会等主题活动的信息和新店开幕、促销信息等广告。公众号的推送内容在很大程度上能够起到推动消费者购买的作用，如电视剧《外科风云》热播时，言几又书店的公众号就推出了《禅与摩托车维修艺术》《乌克兰拖拉机简史》《三体》的图书推广信息，一时间这三本书大热，甚至《乌克兰拖拉机简史》在电视剧播出期间一直保持断货的状态。言几又书店对新媒体手段的应用，使文化更接地气，文化走进生活，"城市文化空间"愿景的实现不再遥远，言几又书店的成功也为业界提供了很好的借鉴。

（四）"书店+数字化营销"型转型方式

实体书店在营销模式上进行数字化转型，就是要脱离传统，紧跟新的潮流，一方面，可以利用现有资源建立独立的网络销售渠道或是与其他的网络书店合作，其目的是使得实体书店能够为读者提供更加便捷的信息服务、更多种类的书籍，同时，依托于各大物流公司的快递运输能力，送货进门、货到付款等便捷服务也能够满足信息时代下消费者对于便捷性和高效性的需求。值得注意的是，网络书店售卖的图书不应仅局限于纸质书，还应加入电子书的销售服务。另一方面，对于不具备强大实力和资金支持的中小规模实体书店或者独立书店而言，可以集中起来一同做一个网络书店联盟，加入相关网络社区，把店名、联系方式、书的简介写在页面上，也可以把读者的评论放在上面起到参考作用。此外，实体书店建立自己有特色的网站也是非常好的选择。通过网站的建立可以使读者第一时间了解书店信息。总而言之，"书店+数字化营销"的转型方式要求实体书店建立适当的网络营销系统，充分利用网络进行宣传、销售等业务。

参考文献

［1］周正兵．实体书店向何处去？——基于巴诺书店转型经验的对比分析［J］．出版发行研究，2011（8）：20-23．

［2］杨璐．中国实体书店业态转型研究［D］．山东大学硕士学位论文，2012．

［3］张晗．文化科技融合背景下的中国出版产业数字化转型研究［D］．武汉大学硕士学位论文，2013．

［4］邵华．数字化时代实体书店发展方向思考［J］．传播与版权，2013（5）：112-114．

［5］张海峰．一家实体书店的"数字化"突围［J］．新疆新闻出版，2014（4）：61-62．

［6］高聪．数字化背景下实体书店困境及对策研究［D］．河北工业大学硕士学位论文，2015．

［7］石建锋．加快实体书店向数字化深度转型［N］．新华书目报，2015-12-14（04）．

［8］周敏，马晋雅．社交媒体视阈下实体书店的自我呈现策略研究［J］．科技与出版，2019（3）：142-146．

［9］周维．我国实体书店跨界转型研究［D］．湘潭大学硕士学位论文，2018．

［10］孔凡红．读者需要视阈下的出版行业发展策略探析［J］．科技传播，2016，8（15）：

65-67.

[11] 徐霖杰，杨海珊.新媒体视域下实体书店的数字化转型 [J].科技传播，2015，7 (12)：193-194.

作者简介

牛一荻，北京印刷学院经济管理学院 2017 级企业管理专业研究生，研究方向为传媒企业管理。

谢巍，北京印刷学院经济管理学院副教授，研究方向为传媒企业管理。

中国出版物中亚地区现状分析及推进策略研究

宋晓丽　付海燕

摘要：本文详细梳理了中国对中亚五国的出版物贸易情况，从文化差异、东道国的制度环境、出版业市场化程度、出版业发展状况等方面分析了中国向中亚地区出版物出口贸易的影响，根据贸易现状和影响因素提出了促进中国向中亚地区推进出版物贸易的针对性策略。

关键词：中亚五国；出版物出口；贸易推进策略

2013 年，国家主席习近平先后提出了"丝绸之路经济带"和"21 世纪海上丝绸之路"，即"一带一路"的重大倡议，在党的十九大报告中习近平总书记又一次为"一带一路"的建设提出了新的规划布局，为中国各行各业的"走出去"战略提供了更加强劲的动力。中亚地处亚欧大陆的中心地带，是沟通亚欧之间交通的必经之路，是"丝绸之路"沿线地区政治、经济、文化交流的中心，属于"丝绸之路经济带"的咽喉位置。中亚五国又与中国毗邻而居，唇齿相依，无论是经济发展还是文化交流方面，中国与中亚地区的合作将会面临更多的机遇，这必将加快中国出版物"走出去"的步伐。

一、中国向中亚地区出版物出口贸易状况分析

（一）尽管出版物出口贸易额较小，但呈完全贸易顺差状态

中国向中亚地区的出版物出口贸易额一直较小，根据联合国商品贸易官网（https://comtrade. un. org/）数据，2016 年中国出版物出口贸易总额超过 36 亿美元，其中向中亚地区五个国家的出口额仅有 10154521 美元，占中国向全球出版物出口总额的 0.28%（如图 1 所示）。

近五年来，中国对中亚五国出版物出口的贸易额如图 1 所示。容易看出，2013 年

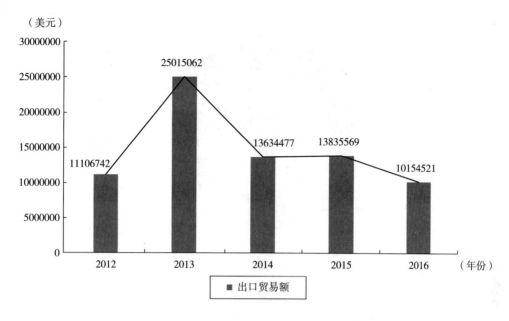

图 1　中国向中亚地区出口出版物状况

资料来源：根据联合国商品贸易数据库整理。

是中国向中亚地区出版物出口贸易增长最大的一年，出口贸易额由 2012 年的 11106742 美元增加到 2013 年的 25015062 美元，增长了 13908320 美元，增长幅度超过了 100%。然而，2014 年中国向中亚地区的出版物出口贸易额急剧下降，并且在之后的两年一直没有表现出明显回升趋势。相比之下，尽管 2014 年和 2015 年的出版物出口额都高于 2012 年水平，但 2016 年进一步回落并低于 2012 年出口额。

联合国商品贸易官网统计数据未显示中国对中亚地区任何形式的出版物进口贸易统计结果，因此，可以认为中国对中亚五国的出版物贸易呈现完全顺差状态。

（二）出版物出口贸易以图书出口为主

由图 2 可知，自 2013~2016 年以来，中国向中亚地区出版物出口贸易总额达 7440 万美元，其中图书贸易额 1900 万美元，占各类出版物出口贸易总额的 26%。由于历史原因，报刊出口贸易额极少，主要是因为中亚五国由苏联继承下来的历史遗产使其报纸出版行业占强势地位，加之报纸和期刊的发行本土化及时效性要求高，因此，不便于从他国进口。而其他 74% 的出口出版物种类繁多（如表 1 所示，"其他"所指商品编码为 HS4901~HS4911），因此，没有做进一步的具体划分。由以上看出，图书是中国向中亚五国出口的最主要的出版物类型。

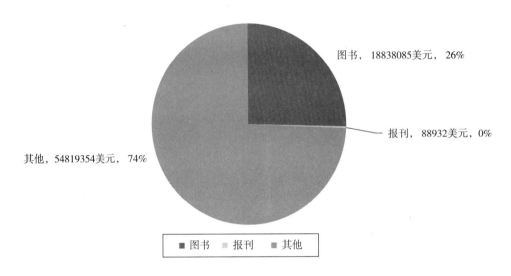

图书，18838085美元，26%

报刊，88932美元，0%

其他，54819354美元，74%

■ 图书　■ 报刊　■ 其他

图 2　中国向中亚地区出口出版物结构

资料来源：根据联合国商品贸易数据库整理。

表 1　HS 编码所对应的出版物分类

HS 编码前四位	分类
HS4904	乐谱原稿或印本
HS4905	地图、地理图标、地球仪等
HS4906	设计图纸（建筑、工程、工业、商业、地形或类似用途的）
HS4907	邮票、证券凭证等
HS4908	各类转印贴花纸
HS4909	明信片、贺卡及其他类似卡片
HS4910	印刷的各种日历
HS4911	其他印刷品

本文将 HS 编码为 4901 的印刷书籍、宣传册和 HS 编码为 4903 的儿童书籍划分到图书出版物出口分类中。由图 3 可知，中国对于中亚地区的图书出口贸易额从 2012 年起，连续 3 年呈下降趋势。在经过 2015 年的少量增长后又在 2016 年继续下降至更低水平。从比例分布来看，2012 年图书出版贸易额占总出版物出口贸易额的 48.8%，2013~2016 年占比分别为 16.6%、25.3%、27.4% 和 20%。通过对原始数据的分析发现，2015~2016 年图书出口贸易额减少的主要原因是中国对哈萨克斯坦的图书出口贸易额在此期间有明显减少。

图 4 中报纸、期刊的数据均根据联合国商品贸易官网（https://comtrade.un.org/）HS 编码分类为 4902 的数据整理所得，其中包括每周至少出版四次的报纸、杂志（包

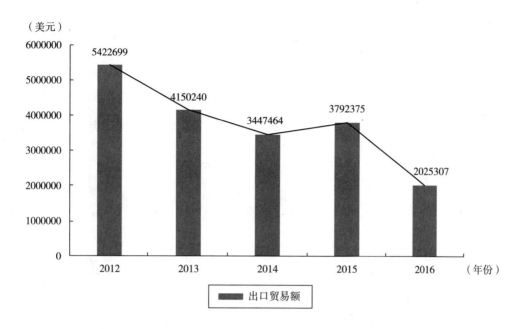

图3　中国向中亚地区出口图书状况

资料来源：根据联合国商品贸易数据库整理。

括期刊，无论有无插图或广告材料）以及其他报纸、杂志及期刊（无论有无插图或广告材料）。由图4可知，2013年中国向该地区的出口贸易额为零，2012年和2014年在中亚地区的贸易伙伴国只有哈萨克斯坦，且出口额不大。2016年的出口贸易额上升至87520美元，其中对哈萨克斯坦的出口额为76420美元，占2016年向中亚地区总出口额的87.3%（通过原始数据获得，在图4中未列示）。

除图书、报纸和期刊之外，对于其他出版物的划分类别较多（见表1），并且依据中国对中亚地区的出口贸易状况来看，编码为HS4904～HS4911各类别项下出口额不大，因此，将该分类项下的数据合并整理，一并在图5中显示。在图1中显示出口贸易额在2013年有很大幅度的增长，结合图5发现，2013年出口贸易额的增长来源除图书之外，其他出版物出口额的增长是主要来源。根据图5中2013年的数据组成可进一步发现，HS4907和HS4911两类占其他类别项下的出口贸易额的77.3%。也就是说，邮票、证券凭证以及其他印刷品是其他类别项下中国向中亚地区的主要出口标的物。2013年、2014年、2015年出口额同所有出版物出口状况变化一致，整体平稳，略有下降趋势。2012～2016年各年均无乐谱原稿或复印件的出口。

（三）出版物出口贸易主要存在于乌兹别克斯坦和哈萨克斯坦两个国家

按国别（见图6），中国的出版物主要出口到乌兹别克斯坦和哈萨克斯坦两个国

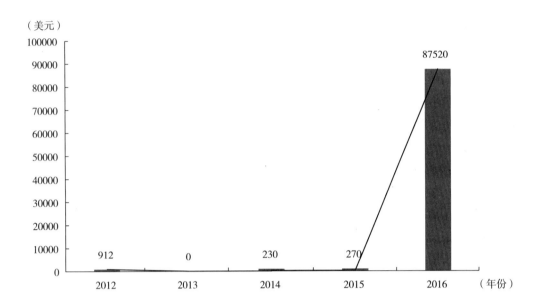

图4　中国向中亚地区出口报纸、期刊状况

资料来源：根据联合国商品贸易数据库整理。

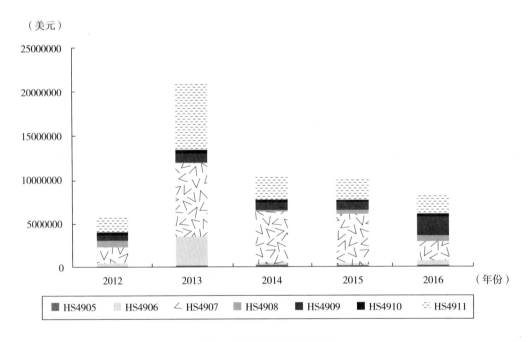

图5　其他出版物出口状况

资料来源：根据联合国商品贸易数据库整理。

家，对两国出口贸易额占到贸易总额的 90%。主要由于哈萨克斯坦作为中亚地区经济最发达的国家（其国内生产总值占中亚五国的 70%左右），出版物进口贸易潜力巨大。乌兹别克斯坦是中亚五国中人口最为密集的国家，其人口众多，进入 21 世纪以来经济的快速发展也带动了出版物的进口贸易，因此，中国对乌兹别克斯坦的出版物出口贸易额位居中亚五国之首属情理之中。中国对土库曼斯坦、塔吉克斯坦和吉尔吉斯斯坦的出版物出口贸易额较少，总占比为 10%。反过来，也说明这三个国家的出版物贸易市场拥有较大的开发潜力。

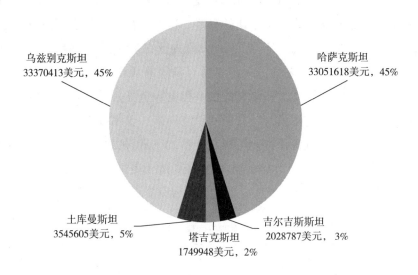

图 6　近五年中国向中亚各国出版物出口结构

资料来源：根据联合国商品贸易数据库整理。

通过以上的图表数据分析不难发现，近五年来，中国对中亚地区的出版物出口贸易额没有进一步的增长趋势，甚至处于一种稳中有降的状态。从出版物出口类型来看，虽然图书居多，但是图书的内容单一，若想使出版物出口贸易量有进一步的增长，丰富图书的种类是行之有效也是必不可少的一种手段。

二、出版物出口贸易影响因素分析

出版物作为一种可承载意识形态的特殊商品，其出口贸易的影响因素不同于其他单一物质层面的商品，除受到市场供求因素的影响之外，更易受到非市场因素的影响。本文对中亚地区出版物出口贸易的市场影响因素与非市场影响因素主要从文化差异、东道国的制度环境、出版业市场化程度、出版业发展状况等方面展开分析。

（一）中国与中亚五国之间的文化差异不可忽略

文化差异是影响出版物出口贸易的一个重要因素，这种差异主要体现在各贸易国家或地区间居民偏好、习俗、语言、信仰等的不同。一般来说，文化差异越大，相互之间的贸易量就会越小。

长期以来，中国与中亚地区在地理上毗邻的天然优势使我们认为中国与其在文化方面上有着认同感，然而在经过深入了解之后才发现这种认同感在很大程度上是单方面的。虽然中亚与中国的历史渊源可以追溯到公元前139年张骞第一次出使西域时期，此后，中国新疆一带与西亚建立了密切的联系。这确实在一定程度上使中国与中亚的关系具有熟悉感、亲近感，尤其是与我国的新疆地区在宗教、习俗及语言上有相近性，但是从中亚五国的历史沿革来看，中亚五国与我国的新疆地区又有着很大程度上的"异质性"，其"俄罗斯化""美国化"的影响因素被选择性地忽略了。就语言使用来看，俄语作为中亚五国的通用语言，其中哈萨克斯坦、吉尔吉斯斯坦和塔吉克斯坦的官方语言均为俄语（中亚五国语言使用情况见表2）。此外，中亚五国虽处亚欧大陆深处，但 Facebook、YouTube、Google 的自由接入使其"美国化"的程度越来越高。因此，中国文化面临着与俄罗斯文化和美国文化同台竞技的局面。

表2　中亚五国语言状况

国家	国语	现行字母	官方语言	通用语言
哈萨克斯坦	哈萨克语	斯拉夫字母	俄语	俄语
吉尔吉斯斯坦	吉尔吉斯语	斯拉夫字母	俄语	俄语
塔吉克斯坦	塔吉克语	斯拉夫字母	俄语	俄语
土库曼斯坦	土库曼语	拉丁字母	土库曼语	俄语
乌兹别克斯坦	乌兹别克语	拉丁字母	乌兹别克语	俄语

（二）中亚五国制度环境不一

一国或地区的制度环境作为用来建立生产、交换与分配基础的基本的政治、社会和法律基础规则，将直接影响他国与该国的贸易情况。一国如果有健全的法律和产权规则、规范以及优良的社会传统，就必然会吸引他国与之进行各方面的交流。

中亚五国的版权制度表现不一，哈萨克斯坦和吉尔吉斯斯坦在1999～2012年采取了比较激进的制度变迁方式，在较短的时间内就使得本国的版权立法基本符合了国际版权保护的标准，目前两国已经是 WPPT、WCT、《伯尔尼公约》《录音制品公约》《罗马公约》的成员国。在其他三个国家中，塔吉克斯坦虽加入以上公约的时间较晚，但在版权制度国际化进程方面比其他两国较快，现已是以上版权国际公约的成员国。乌兹别克斯坦和土库曼斯坦版权制度国际化进程较慢，到目前为止仅加入《伯尔尼公约》。

另外，乌兹别克斯坦和土库曼斯坦的政治因素将会是影响中国与之合作的另一因素。乌兹别克斯坦是一个正在经历经济转型的国家，在经济活动中倾向于计划经济，官僚体制严重，其对外合作不完全自由，虽然法律还算完善，但是在执行过程中随意性大，不具有稳定性，这使中国与之合作的风险加大。土库曼斯坦也属于集权政治，较为封闭，对外开放程度不高，并且土国的法律制度不健全，这也是影响中国与之合作的严重阻碍。除此之外，土库曼斯坦在金融危机之后，对使用外国劳务人员严格限制，使通关效率低下，国外在土国设立企业手续繁杂，外汇兑换程序复杂，这些都是影响外商企业在土国直接投资的成本。

（三）中亚五国出版业市场化程度较低

虽然中亚五国中有三国与中国接壤，很多民族与中国是同宗同源，看似有着较强的人文基础和民族认同感，但是由于不同的政治体制和宗教信仰导致其与我国在文化交流上有着很强的戒备心理，传媒行业尤其突出。

在哈萨克斯坦的出版业发展过程中，基本经历了三个阶段，完全垄断阶段、相对垄断阶段和自由发展阶段。其他国家的出版业发展受各国政治、经济的影响均落后于哈萨克斯坦。各国为了更好地发展，政府部门设立了专门的文化委员会，帮助各个国家的出版物出口和版权输出以及接受各国的优秀出版物进口到本国。

近年来，中国陆续在中亚五国设立了孔子学院，但是汉语教学起步较晚，影响范围也比较有限，加之中亚五国的出版业市场化程度不高，受各国的政府文化部门限制较多，中亚五国中的汉语出版物较少，大部分都是中国举办文化节通过赠送的方式进入中亚的，还没有形成一种中亚五国通过自愿进口的方式购买中国出版物的方式。

（四）中亚五国出版业发展不稳定

中亚地区民族众多，出版物的语言种类繁多，传统媒体在总体趋势上占主导地位。从中亚五国的出版业发展状况来看，哈萨克斯坦出版机构最多，共注册出版机构有1000多家，虽然每年都有新增的出版机构，但是每年从事出版活动的出版机构大约只有1/3，而其中有出版物面世的出版机构又不足1/2。由此看来，哈萨克斯坦出版机构的组成在数量上具有不稳定性，并且注册的出版机构也并不是每年都能推出出版物。

其他国家的情况又远比哈萨克斯坦要落后许多，仅从各国国内市场的图书出版市场来看，土库曼斯坦的出版市场最为狭小，出版物的经济效益也最难保障。

三、中国向中亚五国推进出版物出口贸易的策略

通过前文的介绍，我们发现中国与中亚地区的出版物贸易有以下几个问题：第一，

图书是中国向中亚五国最主要的出版物类型，但是内容较单一；第二，中亚五国没有任何形式的出版物出口到中国；第三，近五年来中国的出版物贸易量没有明显的增长趋势。为了充分响应"一带一路"中的"文化'走出去'"倡议，更好地推进中国向中亚地区的出版物出口贸易，现针对以上问题并结合上文中的贸易影响因素提出如下建议：

（一）推进贸易合作，增强文化认同感是当务之急

前文谈到，目前中国与中亚五国的文化认同在很大程度上是单方面的，尤其在文化交流文化安全方面，若中国以一个强国、大国的姿态出现在中亚五国面前，必定会使其存在戒备心理，势必会削弱几千年历史发展带来的文化认同感，并且会阻碍双方的文化交流。因此，中国要积极地转变话语风格，融入当下"一带一路"建设的"共商、共建、共享"的理念中，放低姿态，虚心向中亚五国学习，树立友善、互助的伙伴形象，增强与中亚五国之间的相互信任。

中亚地区有80%以上的居民信奉伊斯兰教，伊斯兰教对中亚国家的政治、经济以及社会的发展都有着重大的影响。而中国的新疆、宁夏、甘肃、青海等地大部分人信仰伊斯兰教，可以在相互之间对彼此的宗教信仰有着深刻了解的基础上，建立文化认同感。

此外，充分发挥孔子学院与中亚五国对话平台的作用，不仅是对外提供汉语教学，更重要的是促进文化交流。目前除在土库曼斯坦没有设立孔子学院之外，中国在中亚其他四国设有孔子学院12所和孔子课堂21所，其灵活多样的教学模式得到了所在国家人们的欢迎和支持。因此，在中亚五国适当地扩大设立规模并且进一步探索和创新孔子学院的教学方式是推动其认同中国文化的一剂良药。

（二）推进出版物出口，正确选题是关键

在向中亚地区的出版物出口结构中，图书所占比重最大，因此，近几年要使我国在中亚地区的出版物贸易额能够显著提高，增加图书出口是最关键的一环。就目前来看，我国出口到中亚五国的图书内容单一且总量少，这主要是由于中亚五国经济结构相似，市场容纳量不大。因此，要在有限的市场容量中扩大图书出版物的出口规模就要丰富图书出版物出口的种类，所以，做好选题开发是关键。

通过对一些文献的查阅发现，中亚的受众对中国感兴趣的领域依次是经济、科技、自然、民族、政治、文化，因此，可以在这些领域选择合适的图书进行翻译出版。结合中国向中亚地区图书出版物出口现状，在出口的图书中，内容多以介绍中国传统文化和民族风情为主，儿童图书占大约22%。目前，对于中亚地区出口的出版物几乎没有翻译类图书，中国的优秀作品从来没有进入中亚五国，借助"一带一路"加强文化交流的契机，我国的出版集团可以邀请中亚五国出版方面的专家，举行选题开发会议，共同探讨适合双方出版的主题出版物、专业出版物甚至是我国优秀的文学作品。此外，借助畅销书排行榜大数据，与中亚地区专业出版人员探讨，从中选取适合向中亚地区

翻译出版的图书。

(三) 推进图书出口，人才培养不可少

1. 重视翻译人才培养

从中亚五国的语言使用情况来看，俄语是最容易被各国所接受的语言。加之目前中国鲜有高校开设针对中亚五国的小语种专业，所以培养精通俄语的翻译人才是短期较有成效的方法。当然，就长期的发展来看，必须从现在开始着手重视中亚五国小语种翻译人才的培养。

不容忽视的是，翻译人才需要有较强的综合文化素质，在了解尊重当地的宗教信仰、语言文化、风俗习惯的基础上，才能实现翻译的准确性与艺术性，因此，在培养语言能力的同时更要加强综合素质的培养。

针对翻译人才匮乏的现状，可从以下两个方面着手：

(1) 加强国内高校中亚五国小语种专业的设立和师资培训投放力度，提供良好的中亚小语种学习环境。例如，国内高校引进"一带一路"沿线国家的留学生，同时增加中国派出到"一带一路"沿线国家的外出留学生数量，设立中亚留学基金，鼓励到相应国家进行小语种的学习。

(2) 国内高校与国外高校联合办学，中国帮助中亚国家培养医疗、科技方面的人才，而中亚地区高校为我国培养语言翻译方面的人才，长期实行人才互培战略。

此外，还需培养具有综合素质的高级翻译人才，对在岗的翻译人员进行定期培训，提升目的读者意识，培养专业人员"为读者翻译"的理念。

2. 重视出版发行人才的培养

目前我国对于各行各业高精尖人才的需求旺盛，出版业尤为迫切，要实现出版业向中亚地区"走出去"，出版发行人才除需专业知识过硬之外，还应熟悉中亚各国的政治体制、文化背景、政策方向以及法律制度。这就需要实行集出版知识与实践能力于一身的高素质人才培养计划。具体方案可以通过出版专业"高校+出版传媒企业"联合培养，依托各地教育资源和各大出版企业为在校生提供实践平台，培养产学研一体的"理论+应用"型高端人才，并且定期组织人才实地考察，到中亚各国学习了解当地的出版业市场形势变化。

(四) 拉动出版物出口，需促进双方贸易往来

从第二部分的贸易现状分析来看，在出版物贸易方面中国对于中亚五国是绝对的顺差，长此以往可能会使中亚各国对我国的文化贸易形成抵触心理，不利于中国与中亚五国的出版物贸易的长期合作。因此，中国可以适当引进中亚五国的优秀作品，尤其是优秀的文学作品。这样一来，在促进贸易往来的同时，又可以研究中亚畅销文学的特征，有利于中国选择适销对路的出版物题材，也可以学习吸收中亚各国优秀作品的精粹。

四、结语

中国在中亚地区进行出版物的推进过程中离不开政府的支持和健全的法制环境以及成熟的出版运作体系，因此，各出版企业不仅需要自身努力，更需要政府的引导。政府应该制定相关的政策，加大对出版"走出去"的财政补贴和税收支持，以便引导社会资源优化配置，为我国的出版企业"走出去"创造一个良好的宏观经济环境。

参考文献

[1] 付海燕，闫蓉蓉．中国出版物出口潜力影响与测算 ［J］．科技与出版，2017（7）：120-124.

[2] 王新青，池中华．丝绸之路经济带中亚五国语言状况考察与思考 ［J］．云南师范大学学报（哲学社会科学版），2015，47（5）：14-20.

[3] 赵丽芳，古力米拉·亚力坤．新疆媒体对中亚的传播策略分析 ［J］．当代传播，2016（2）：111-112.

[4] 郝婷．论中亚五国版权制度的国际化及版权保护的地域性 ［J］．出版科学，2017，25（6）：97-101.

[5] 刘婷．"一带一路"战略视角下的中亚五国孔子学院功能研究 ［D］．山东大学，2017.

[6] 阿丽娅·艾白．新疆出版与中亚出版和谐发展研究 ［D］．北京印刷学院，2015.

作者简介

宋晓丽，北京印刷学院经济管理学院会计专业在读硕士研究生。

付海燕，北京印刷学院经济管理学院教授，硕士生导师。

基于 EVA 的我国传媒行业上市公司财务绩效分析①

杨青松　王　亮

摘要： 随着我国经济的快速发展，我国传媒行业的发展迎来了良好的契机，但传媒行业的财务绩效评价体系还是以传统会计利润为导向，并不能更加准确地反映传媒行业企业真实的盈利状况和绩效，EVA 作为与传统财务绩效评价不同的指标，把权益资本成本加入，能更为准确地反映企业的盈利能力和创造价值的能力，为股东和投资者提供准确的投资决策。本文选取中国证券监督管理委员会截至 2016 年第四季度公布的文化传媒类上市公司 20 家在 2014~2016 年的财务数据作为样本，运用 EVA 指标进行绩效分析，并与净利润相关指标进行对比，从中发现在 EVA 视角下，我国传媒行业整体存在盈利能力和为股东创造价值能力不强的问题，给传媒行业企业的股东和投资者提供一定的理论借鉴，促使我国传媒行业的持续健康发展，关注权益资本成本对于传媒类企业的重要性。

关键词： EVA；财务绩效分析；传媒行业

一、概述

（一）研究背景

随着我国经济实力与日俱增，各种市场经济体制和机制日渐完善，文化传媒行业在新兴科技和相关政策的辅助下得到迅速发展，成为资本市场新一轮的投资宠儿。新兴的文化传媒企业以"文化+商业"的双重价值和不断创新的体验，成为人们日益稳定增长的刚性需求。在"互联网+文化"传媒的新模式下，投身于文化传媒行业的各类经济主体面临着空前的机遇与挑战，各类投资者竞相将资本投入这一领域，借此希望优

① 基金项目：2018 年北京印刷学院研发计划项目"馆藏特色资源的数字化集成及其应用研究"。

化产业结构并获得持续充足的资本。

尽管如此，但当前很多文化传媒类企业使用的还是以净利润为导向的传统业绩评价体系。在新市场环境中，传统的业绩评价指标无法更加准确地反映企业真实的营运和盈利能力，所以企业需要不断改进自身的业绩评价方式，将会计利润为导向的绩效评价转向以经济利润为导向的绩效评价。在众多绩效评价方法中，经济附加值法（EVA）不但关注企业的税后净利润，而且将资本成本考虑进来，可以更好地衡量文化传媒类企业的财务绩效和营运能力。

（二）研究意义

由于我国传媒行业属于新兴发展的行业，并且已经逐渐成为我国经济发展的主要支柱之一，但其绩效评价却停留在传统的会计利润导向，使传媒行业的上市公司很难对自身的营运和盈利能力有一个更为真实的了解，这同时使股东和投资者的投资决策也存在一定的风险。本文将 EVA 模型引入我国传媒行业的上市公司的绩效评价中，丰富了 EVA 模型的应用，并且为传媒行业的绩效评价理论增添了新的要素。

将 EVA 模型引入我国传媒行业上市公司的绩效评价，与传统的净利润绩效评价相对比，EVA 能够为股东和投资者反映关于企业整体运营情况和综合竞争力的诸多信息，可以通过反馈的信息及时了解经营者的经营状况，能为经营者、股东以及投资者真正衡量出企业及股东价值的最大化，对我国的传媒行业上市公司具有现实意义。

二、EVA 指标理论综述

（一）EVA 指标概述

EVA 即经济增加值（Economic Value Added），是表示在一定会计期间内，企业的税后净利润与其资本成本之间的差额，用于反映企业经济意义上的价值新增情况，其计算必须以企业现有的会计数据作为基础，并合理调整相关会计科目，使其能够更好地体现投资者获得营业利润的情况与企业所投入资金成本之间的密切关系。在该种业绩评价指标体系下，只有当企业的资本获利能力超过债务成本与权益成本两项之和时，才意味着企业得到了新的经济价值的创造。

EVA 对传统剩余收益法的内容进行了多角度的拓展与深化。首先，EVA 经济增加值业绩评价方法采用加权平均资本成本来计算其债务与权益成本，突破了以往剩余收益使用平均收益率或最低投资收益率这种计算方式的局限。其次，EVA 经济增加值计算之前必须对相关会计科目进行必要调整，通过对企业的资本和营业利润进行调整，在一定程度上消除了会计报表信息失真这一现象，更真实地反映了企业的盈利能力。

（二）EVA 指标计算方法

公式为：EVA＝NOPAT－TC×WACC。

在上式中：NOPAT 指税后净营业利润，是在会计利润的基础上经过多项会计调整得到。它等于企业的营业利润减所得税费用再加上相应的利息支出，即从企业当期的营业收入中减掉除利息支出外的、企业经营所需的全部成本和费用之后的剩余部分。

TC 指调整后的资本总额，是投资者投入的权益成本和债务成本等所有资金的账面价值。其中，权益资本是指所有者权益，包括普通股权益和少数股东权益；债务资本是指有息债务资本如短期借款、长期借款等，扣除无息债务资本。

WACC 是指加权平均资本成本，是企业为维持日常经营活动所占用的资本总额，即资本的机会成本。由于资本额包括权益资本和债务资本，因此，WACC 是以权益资本成本率和债务资本成本率为基数，以权益资本和债务资本各自在资本总额中所占的比重为权数，进行加权平均的综合资本成本率。

当 EVA 值最后的计算结果大于零时，才意味着当年该企业的经济利润超过了股东的预期报酬率；纵然企业会计利润状况良好，只要出现 EVA 值小于 0 的情况，就意味着企业在该年度的经营状况并没有达到投资者的预期要求。从而为企业的股东或其他投资者提供更为准确的决策。

三、构建基于 EVA 和净利润的样本数据分析

（一）样本选取说明

1. 选取范围

本文选取了中国证券监督管理委员会截至 2016 年第四季度公布的文化传媒类 39 家上市公司中的 20 家为样本（见表1）。财务数据选取 2014～2016 年的财务指标数据。其中新闻出版行业 10 家上市公司，广播电视、电影、影视、录音制作行业 10 家上市公司。

表1　20 家文化传媒类上市公司

门类名称及代码	行业大类代码	行业大类名称	上市公司股票代码	上市公司简称
文化、体育和娱乐业（R）	85	新闻和出版业	000607	华媒控股
			000719	中原传媒
			600229	城市传媒
			600373	中文传媒
			600551	时代出版
			600633	浙报传媒

续表

门类名称及代码	行业大类代码	行业大类名称	上市公司股票代码	上市公司简称
文化、体育和娱乐业（R）	85	新闻和出版业	601098	中南传媒
			601801	皖新传媒
			601928	凤凰传媒
			601999	出版传媒
	86	广播、电视、电影和影视录音制作业	002343	慈文传媒
			002502	骅威文化
			002739	万达院线
			300027	华谊兄弟
			300251	光线传媒
			000892	欢瑞世纪
			600715	文投控股
			600088	中视传媒
			600977	中国电影
			300426	唐德影视

资料来源：证监会官网对2016年四季度上市公司行业分类结果。http：//www.csrc.gov.cn/pub/news/scb/ssg-sHyfttjy/201702/t20170216.312279.html.

2. 数据来源

全部数据均来源于网易财经、巨潮资讯等相关财经网站，手工寻找、整理。

3. 计算公式

EVA计算方法：本文按照国资委2009年推行的EVA考核办法，对EVA计算公式中所涉及的具体指标进行部分调整，得到如下公式：

税后净营业利润=净利润-[（投资收益-对联营企业和合营企业的投资收益）+营业外收入-营业外支出+公允价值变动收益-财务费用]×（1-25%）

调整后投入资本=总负债-无息负债项目+所有者权益

加权平均资本成本=债务资本成本×（1-所得税税率）×（债务市场价值/公司市场价值+股权资本成本×（股权市场价值/公司市场价值）

经济附加值=税后经营业利润-资本总额×加权平均资本成本率

经济附加值率=EVA/平均资本总额=EVA/调整后资本

净利润计算方法：

净利润=利润总额×（1-所得税率）

净资产收益率=税后利润/净资产

（二）EVA视角下的财务绩效

对选取的20份样本在2014~2016年的各项数据进行分析，分别计算出每家上市公司的税后净利润（NOPAT）、资本总额（TC）以及加权平均资本成本率（WACC），得到下列数据（见表2、表3）：

表2　2014～2016年20家传媒上市公司税后净利润　　　　单位：万元

税后净利润（NOPAT）	2014	2015	2016	税后净利润（NOPAT）	2014	2015	2016
华媒控股	19233.25	24740.25	27569.5	慈文传媒	5483.25	20818.75	32296.5
中原传媒	58661.75	56635.75	57705.25	骅威文化	2627	10957.75	24875.5
城市传媒	4937.25	20600.5	24200.5	万达院线	70117.5	114717.3	130667.3
中文传媒	79727.75	105342.8	115145.8	华谊兄弟	73872	78396.5	34886.75
时代出版	26651.5	21342	24037.75	光线传媒	34991.25	39302.25	54237.75
浙报传媒	53203.75	56447.25	42593.25	欢瑞世纪	-242	130	25775.5
中南传媒	124407.3	156941.5	173352.3	文投控股	-4648.25	11739.75	52610.75
皖新传媒	54381.75	55986.25	62560	中视传媒	4162.75	1325.25	-13875
凤凰传媒	92733.75	84324.25	93188.5	中国电影	46995.5	83868	78978.75
出版传媒	1096	836.25	1453.25	唐德影视	10335	11575.5	19707.75

资料来源：原始数据摘自所选取上市公司披露的年度财报，表中数据由作者计算得出。

表3　2014～2016年20家传媒上市公司调整后成本　　　　单位：万元

资本总额（TC）	2014	2015	2016	资本总额（TC）	2014	2015	2016
华媒控股	138703	177295	208961	慈文传媒	142356	221894	264997
中原传媒	636642	695565	751638	骅威文化	92972	311947	333149
城市传媒	239002	200275	220369	万达院线	313840	1318276	1447371
中文传媒	845034	1304202	1379946	华谊兄弟	785676	1428432	1558569
时代出版	426180	479626	569988	光线传媒	398936	731887	831540
浙报传媒	605363	706775	835540	欢瑞世纪	278	453	292903
中南传媒	1151178	1264509	1402554	文投控股	12867	418563	616918
皖新传媒	535827	609065	899983	中视传媒	120300	121760	108078
凤凰传媒	1204254	1309682	1391767	中国电影	547528	650375	1106115
出版传媒	189078	195083	202753	唐德影视	64419	119683	211079

资料来源：原始数据摘自所选取上市公司披露的年度财报，表中数据由作者计算得出。

本文在确定资本成本结构时，直接采用了财经网站披露的公司年度财报账面数据；无风险利率选取2014～2016年每一年的1年期定存利率；市场回报率选取近15年市场年化回报率 6.12%；权益成本的确定采用 CAPM 资本资产定价模型，β 系数直接从同花顺 Fifind 金融数据库终端中查找；其他数据可以从财经网站直接获取或进行简单计算获取（见表 4）。

表 4 2014~2016 年 20 家传媒上市公司加权平均资本成本率　　单位：%

加权平均资本成本率（WACC）	2014	2015	2016	加权平均资本成本率（WACC）	2014	2015	2016
华媒控股	3.40	5.68	8.20	慈文传媒	3.86	4.29	5.94
中原传媒	5.80	6.69	7.68	骅威文化	4.81	4.23	7.43
城市传媒	4.40	7.39	8.54	万达院线	—	3.73	5.04
中文传媒	4.65	6.45	6.88	华谊兄弟	4.66	4.47	6.80
时代出版	5.27	7.18	7.60	光线传媒	3.90	6.13	7.13
浙报传媒	5.32	5.53	8.61	欢瑞世纪	4.54	1.89	6.79
中南传媒	5.21	6.77	6.60	文投控股	−15.11	3.63	4.03
皖新传媒	4.94	7.25	7.42	中视传媒	4.87	7.93	8.59
凤凰传媒	4.73	7.35	7.52	中国电影	—	—	10.57
出版传媒	5.88	8.28	9.05	唐德影视		6.24	5.45

注：因为缺失的部分导致该企业上市前没有股价，所以，无法计算。

资料来源：原始数据摘自所选取上市公司披露的年度财报，表中数据由作者计算得到。

由公式可以算出 EVA 值（见表 5）：

表 5 2014~2016 年 20 家传媒上市公司 EVA 值　　单位：万元

经济增加值 EVA 值	2014	2015	2016	经济增加值 EVA 值	2014	2015	2016
华媒控股	14512.11	14674.08	10432.61	慈文传媒	−18.6773	11303.12	16564.66
中原传媒	21729.35	10136.48	−56.0353	骅威文化	−1841.27	−2246.12	132.5304
城市传媒	−5575	5804.695	5380.567	万达院线	—	65493.22	57697.23
中文传媒	40400.51	21204.28	20255.34	华谊兄弟	37291.83	14557.29	−71051
时代出版	4204.846	−13074.9	−19288	光线传媒	19441.96	−5573.77	−5065.97
浙报传媒	20986.05	17380.74	−29353	欢瑞世纪	−254.616	121.4512	5892.639
中南传媒	64379.29	71386.39	80763.99	文投控股	−2703.43	−3469.57	27727.51
皖新传媒	27914.63	11823.09	−4248.46	中视传媒	−1700.4	−8333.27	−23155.2
凤凰传媒	35770.22	−11956.2	−11474	中国电影	—	—	−37957.9
出版传媒	−10020	−15315.4	−16888.4	唐德影视		4111.145	8197.547

资料来源：由表 2、表 3、表 4 中的数据根据公式计算所得。

通过表 5 可以发现，在 20 家上市公司 3 年内共计 56 个样本 EVA 值中，仅有 32 个样本值大于零，其中 2014 年 EVA 值为正的企业有 10 家，2015 年 EVA 值为正的企业 12 家，2016 年 EVA 值为正的企业 10 家，表明从 EVA 的视角下，我国传媒行业上市公司的绩效并不稳定且相对较低，为股东创造价值的能力低，很多企业并不能为股东创造持续的价值。

（三）净利润视角下的财务绩效

通过净利润方法计算出 2014~2016 年选取的 20 家传媒上市公司的净利润，得出以下数据（见表 6）：

表 6　2014~2016 年 20 家传媒上市公司净利润数据　　　单位：万元

净利润＼年份	2014	2015	2016	净利润＼年份	2014	2015	2016
华媒控股	20329	31530	28354	慈文传媒	6879	20224	30414
中原传媒	63806	69781	67204	骅威文化	3371	12280	33190
城市传媒	7671	23800	27919	万达院线	80256	118798	136788
中文传媒	90329	116196	128099	华谊兄弟	103437	121823	99395
时代出版	39250	39624	40609	光线传媒	35187	41661	73995
浙报传媒	61147	88245	102513	欢瑞世纪	−239	130	26506
中南传媒	152872	177871	190054	文投控股	−4778	13782	60863
皖新传媒	69966	77779	107548	中视传媒	5620	2859	−12906
凤凰传媒	123324	115420	120919	中国电影	60581	103638	106392
出版传媒	7534	8022	12302	唐德影视	8571	11226	17442

资料来源：根据所选取上市公司披露的年度财报。

在表 6 中，基于净利润视角下，反映我国传媒行业上市公司绩效较好，且在三年内保持稳定，仅有欢瑞世纪（2014）、中视传媒（2016）以及文投控股（2014）出现了净利润为负的情况。说明在净利润方法下对于传媒行业的盈利能力是较为肯定的。

其中有 15 家企业在 2014~2016 年净利润持续上升，占样本总数的 75%，最高的是中南传媒，保持每年 15 亿元以上的利润规模，文投控股和欢瑞世纪则实现了由亏到盈的转变。只有 1 家企业三年内净利润持续下降，即中视传媒，三年内由盈利转变为亏损，占样本总数的 15%。虽然净利润方法下传媒行业总体盈利能力较好，但只有 7 家企业盈利过 10 亿元，占样本总数的 35%，60% 的传媒上市公司利润规模在 1 亿~10 亿元，表明传媒行业整体来说盈利规模较小。

四、EVA 和净利润指标的对比及说明

在上文中，分别从 EVA 的角度和净利润的角度对选取的样本进行了数据分析，接下来将从 EVA 值和净利润值的对比以及 EVA 率和净资产收益率的对比两方面来说明 EVA 在传媒行业的优势。

（一）EVA 值与净利润值对比

通过 EVA 值和净利润值的比较，反映了目前我国传媒行业中的"通病"，忽视资本成本，尤其是股权成本，存在一种"资本免费"的观念；虽然从净利润的视角表现出的绩效和盈利能力较好，但在 EVA 的视角下，这种"虚假的繁荣"显露无遗，对于股东的投资决策也是一种偏离的导向（见表7）。

表7 2014~2016 年传媒上市公司净利润值与 EVA 值　　　单位：万元

年份 类别	2014		2015		2016	
	净利润	EVA	净利润	EVA	净利润	EVA
华媒控股	20329	14512	31530	14674.08	28354	10433
中原传媒	63806	21729	69781	10136.48	67204	-56
中文在线	4610	—	4610	171.2672	3674	-21156
城市传媒	7671	-5575	23800	5804.695	27919	5380.567
时代出版	39250	4204.846	39624	-13074.9	40609	-19288
浙报传媒	61147	20986.05	88245	17380.74	102513	-29353
中南传媒	152872	64379.29	177871	71386.39	190054	80763.99
皖新传媒	69966	27914.63	77779	11823.09	107548	-4248.46
凤凰传媒	123324	35770.22	115420	-11956.2	120919	-11474
出版传媒	7534	-10020	8022	-15315.4	12302	-16888.4
慈文传媒	6879	-18.6773	20224	11303.12	30414	16564.66
骅威文化	3371	-1841.27	12280	-2246.12	33190	132.5304
万达院线	80256	—	118798	65493.22	136788	57697.23
华谊兄弟	103437	37291.83	121823	14557.29	99395	-71051
光线传媒	35187	19441.96	41661	-5573.77	73995	-5065.97
欢瑞世纪	239	-254.616	130	121.4512	26506	5892.639
文投控股	-4778	-2703.43	13782	-3469.57	60863	27727.51
中视传媒	5620	-1700.4	2859	-8333.27	-12906	-23155.2
中国电影	60581	—	103638	—	106392	-37957.9
唐德影视	8571	—	11226	4111.145	17442	8197.547

资料来源：根据表5和表6的数据整理得出。

结合上一部分对于两种方法的数据分析，对表7进行进一步的分析：

第一，在选取的20家传媒上市公司样本中，有16家公司在EVA指标下企业税后净利润为负，占样本总数的80%，绝大部分的企业在净利润值为正的情况下EVA值为负。这说明传媒行业目前的真实绩效并不理想，传统的净利润指标视角下对传媒行业的财务绩效分析造成一定的误导。

第二，2014年，共有9家上市公司EVA值为正，有7家为负（有4家公司因为上市时间原因无法算出加权平均资本成本因而无法计算EVA）；2015年有12家企业EVA值为正，7家为负（1家企业无法计算）；2016年仅有9家企业EVA值为正，剩余的11家企业均为负值。这表明近三年内我国传媒行业整体盈利能力在降低，这与传媒行业处于新兴发展阶段，近些年不断涌入新的资本和企业，造成该行业市场竞争力加大有关。绝大部分传媒企业当年的经济利润并没有达到股东的预期报酬，且尽管会计利润为正且很大，但从EVA的角度并不是好的投资对象。

（二）净资产收益率与EVA率对比

EVA率是指经济增加值与资本总额之比，EVA率的数值反映了企业利用资本进行生产经营活动的能力，其数值越大，表明该企业能够创造价值的能力越强，对投资者来说是非常重要的参考决策之一。

净资产收益率，指净利润与股东权益平均总额之比。该数值反映企业利用自有资本进行经营时，为企业股东创造收益的能力，其数值越大，表明企业的投资回报越大，为股东创造的价值越大。

在证监会发布的《公开发行股票公司信息披露的内容与格式准则第二号：年度报告的内容与格式》中规定了采用全面摊薄法计算净资产收益率。全面摊薄法计算出的净资产收益率更适用于股东对于公司股票交易价格的判断，所以对于向股东披露的会计信息，应采用该方法计算出的指标。因此，本文的净资产收益率采用全面摊薄法计算的数值。

通过净资产收益率和EVA率的比较，进一步说明利用EVA指标对传媒行业进行绩效评价的必要性和重要性，对比传媒行业利用资本创造价值的能力以及为股东创造价值的能力，为股东的投资决策提供依据（见表8）。

表8　2014~2016年传媒上市公司净资产收益率与EVA率对比　　　　　单位：%

	净资产收益率			EVA率		
	2014年	2015年	2016年	2014年	2015年	2016年
华媒控股	14.95	18.41	12.63	10.46	8.28	4.99
中原传媒	11.52	11.53	10.11	3.41	1.46	-0.01
中文在线	17.09	7.53	6.11	0.00	0.22	-8.12

续表

	净资产收益率			EVA 率		
	2014 年	2015 年	2016 年	2014 年	2015 年	2016 年
城市传媒	6.66	12.18	12.86	-2.33	2.90	2.44
时代出版	10.64	9.33	7.89	0.99	-2.73	-3.38
浙报传媒	13.57	14.44	9.45	3.47	2.46	-3.51
中南传媒	14.21	14.81	14.17	5.59	5.65	5.76
皖新传媒	13.48	13.47	12.38	5.21	1.94	-0.47
凤凰传媒	11.98	10.53	10.07	2.97	-0.91	-0.82
出版传媒	4.15	4.30	6.36	-5.30	-7.85	-8.33
慈文传媒	4.54	18.76	21.57	-0.01	5.09	6.25
骅威文化	3.75	3.89	9.61	-1.98	-0.72	0.04
万达院线	26.72	13.02	13.16	0.00	4.97	3.99
华谊兄弟	17.80	9.83	8.94	4.75	1.02	-4.56
光线传媒	10.41	5.85	10.53	4.87	-0.76	-0.61
欢瑞世纪	-80.39	30.41	9.82	-91.59	26.81	2.01
文投控股	—	3.49	13.28	-21.01	-0.83	4.49
中视传媒	4.63	2.29	-12.27	-1.41	-6.84	-21.42
中国电影	12.66	18.11	9.38	0.00	0.00	-3.43
唐德影视	24.77	12.94	17.31	0.00	3.44	3.88

资料来源：原始数据摘自所选取上市公司披露的年度财报，表中数据由作者计算得出。

通过表 8 的数据发现，尽管净资产收益率和 EVA 率都能在一定程度上表示企业利用资本创造价值的能力，但很显然 EVA 率的数值要比净资产收益率值小，且偏差很大，最关键的一点是 EVA 率是在抽离资本成本的基础上计算得到。也就是说，EVA 率的数值更能够反映企业为股东创造价值的能力，而这恰恰是投资者、股东最需要的部分，而传统净利润的相关指标并不能体现。

进一步分析：

第一，在 2014~2016 年 20 家传媒上市公司净资产收益率和 EVA 率都同时为正的企业仅有 4 家；这三年内两项指标都保持增长的企业仅有两家，分别是慈文传媒和骅威文化；2014~2016 年净资产收益率持续下降的企业有 7 家，EVA 率持续下降的企业有 8 家，其中三年内两个指标都持续下降的企业有 4 家。

第二，对这 20 家传媒行业上市公司 2014~2016 年每一年的净资产收益率和 EVA 率横向对比发现，EVA 率的变化大于净资产收益率的变化，说明净资产收益率的值表现相对稳定，反映传媒行业的股东权益报酬比较平稳，但并不是让股东满意的报酬；而 EVA 率的变动幅度较大，说明权益资本创造价值能力不强，且波动很大。

五、EVA 指标在传媒行业财务绩效应用中的结论与对策

（一）EVA 指标在传媒行业中推广的必要和重要性

1. EVA 指标相比于净利润法更具优势

首先，方法可操作性强，不同企业可以根据自身的环境，制定相适应的具体方法。其次，分析过程清晰明辨，能够全面衡量企业的财务状况，掌握资产使用情况。最后，评价结果便于比较，可以将数据结果纵向、横向比较，相互结合发现经营环节出现的问题，针对性地提出改善措施。

通过与传统数据指标进行对比分析发现，EVA 指标在发现企业价值和面临威胁时，敏感程度较强，表现优异，而传统数据的增、降幅缓慢。EVA 指标不仅可以根据财务绩效变化，快速发现企业经营的薄弱环节和价值变动情况，为股东和投资者带来更真实的信息，而且传统指标净利润容易被操控，相比而言，EVA 指标降低了粉饰数据的可能，避免经营者为了自身利益而进行盈余管理，更加真实地反映企业盈利。

2. 传统会计利润指标本身存在不足

现行的以会计利润为导向的衡量方法存在不足，导致运用传统会计制度计算的净利润与 EVA 值存在较大差别：没有将资本成本考虑在内，存在一种"股权资本免费"的观念，而且容易使会计行为被管理者操纵，不能准确反映出公司业绩，给投资者、经营者和股东传达错误信息。

3. 传媒行业自身的特殊性

基于传媒行业的特殊性，利用 EVA 指标进行绩效评价是必要且重要的，由于传媒行业的投资收益期长、收益不稳定，且产品以无形资产居多，加之我国目前传媒行业的市场整合度低，规模存在分化，股东和投资者难以从行业整体进行投资决策，只能通过企业自身的绩效和盈利能力进行决策，使用 EVA 进行绩效评价，不但可以发现传媒企业经营的薄弱环节和价值变动情况，而且不容易被粉饰，能真实反映企业的盈利状况，更客观，能够满足企业价值最大化的目标。

（二）EVA 指标在传媒行业中推广对策

主要体现在以下两点：

（1）针对我国传媒行业财务绩效评价存在的不足之处，建议将 EVA 引入传媒行业的绩效评价中，为了更好地推广 EVA 指标，一方面，要在企业中树立价值创造的观念，尤其是传媒行业，更应该创造出符合企业定位的商业价值和文化价值，并且在企业的管理实践中秉承价值创造的理念；另一方面，针对 EVA 在推广中存在的限制因素，可以进行针对性的改进。

（2）针对传媒行业盈利能力较弱以及权益资本创造价值能力较弱的问题，建议应该针对产品后期销售的薄弱环节，对业务和产品结构进行调整，优化资源配置，同时摒弃收益效率低的项目，降低前期成本，多元化和专业化经营并举，延长产业链，打造传媒企业深度 IP，增加全产业链附加值。

参考文献

[1] 沈祖德. EVA：我国企业会计核算的新课题 [J]. 财会研究，1995（11）：13-14.

[2] 赵云阳，李元. EVA 与现有指标的比较分析 [J]. 现代管理科学，2004，24（7）：25-30.

[3] 孔军华. EVA 对企业价值的解释度比较研究 [J]. 当代财经，2007（6）：56-60.

[4] 于路. 基于经济增加值（EVA）的中小企业价值评估有效性研究 [J]. 价值工程，2012（32）：147-149.

[5] 邓建商. 中国传播与文化产业上市公司经营绩效实证研究 [J]. 现代商贸工业，2009（13）：86-87.

[6] 王沿棋，杨永香. EVA 业绩评价体系在石油石化企业中的应用研究 [J]. 经济管理，2014（4）：94-103.

[7] 朱云，李婷婷，郑涛. 基于信息熵理论的文化传媒上市公司绩效评价 [J]. 商业会计，2015（24）：22-24.

[8] 汪洋. 基于 EVA-BSC 相结合的 A 公司业绩评价研究 [D]. 沈阳工业大学，2016.

[9] Uyemura Kantor, J. M. Pettit. EVA for Banks：Value Creation, Risk Management, and Profitability Measurement [J]. Journal of Applied Corporate Finance, 1996（2）：94-113.

[10] [美] 彼得·德鲁克. 公司业绩评价 [M]. 北京：中国人民大学出版社，2000.

[11] Teemu Malmi, Seppo Ikaheimo. Value Based Management Practices Some Evidence form the Field [J]. Management Accounting Research, 2003, 14（3）：235-254.

[12] Debars, Rakish. EVA Based Performance Measurement：A Case Study of Daub India limited [J]. Vidyasagar University Journal of Commerce, 2006（11）：40-59.

[13] Satish Kumar, A. K. Sharma. Association of EVA and Accouting Earnins with Market Value [J]. Asia-Pacific Journal of Business Administration, 2011（3）：53-57.

[14] Hui ECM, Gao Yo, Chan KKK. Does EVA Truly Reflect the Performance of Property Companies in China [J]. International Journal of Strategic Property Management, 2015, 19（3）：260-270.

作者简介

杨青松，1995 年出生，北京印刷学院经济管理学院在读研究生，主要研究方向为传媒经济与管理。

王亮，1978 年出生，北京印刷学院经济管理学院副教授，管理学博士，主要研究方向为传媒信息资源管理。

出版业知识服务转型策略分析

朱玥晗　谢　巍

摘要： 在出版商从传统出版物生产者和内容提供商转变为信息和知识服务提供商的过程中，知识服务是一种重要的转型途径。目前，知识服务主要有三种模式：知识资源库与学术服务平台模式、在线教育平台模式和知识付费多元化平台模式。对出版业来说，开展知识服务的优势主要在于用户群、数字内容资源、知识内容品质和专家作家编辑团队这四方面；劣势则主要在于互联网思维障碍、版权保护机制不完善、用户思维不足以及复合型人才培养相对落后这四方面。在此基础上，提出出版业知识服务转型的五种策略，即应用新技术构建数据平台，基于用户需求提供知识解决方案，运用社群思维提高运营效率，基于技术与需求的知识内容深耕以及人才培养与优化配置。

关键词： 出版业；知识服务；转型；用户需求；新技术

一、出版业开展知识服务的背景

在网络技术与数字技术迅猛发展的今天，大数据、云计算、移动网络等新技术使企业更好地定位目标用户群体，更好地满足用户需求。在用户一方，社会竞争压力日趋激烈，人们身为知识工作者的优越感降低，更加渴望通过学习充实自己，有对知识服务的巨大需求。另外，一方面，伴随着移动支付的普及，人们付费习惯的养成，越来越多的用户倾向于通过付费随时随地获取高质量的有效信息；另一方面，人们在享受着移动互联网带来便利的同时，信息大爆炸与知识产品质量参差不齐共存，使用户在面对庞大低质信息的时候产生了新的需求，用户渴望权威的知识服务机构将信息进行分类重组形成完整的知识网络。用户对高质量知识服务需求的增长与新技术的高速发展为知识服务创造了良好的发展环境。

根据《中国现代化报告 2016》可知，中国正处于从工业经济向服务经济的转型过程之中，知识服务产业比重持续上升。在知识服务市场，已经有一些知识服务商占领市场，他们利用传统出版资源，通过"讲课"等渠道优先实现知识变现。这种知识服务市场的情况让传统出版商在看到压力的同时也看到了发展转型的机会。同时，相关政策措施也推动传统出版企业开展知识服务。2015 年 3 月，原国家新闻出版广电总局发布《关于开展专业数字内容资源知识服务模式试点工作的通知》和《关于推荐专业数字内容资源知识服务模式试点工作技术支持单位的通知》，28 家出版社被选为知识服务试点部门，20 家公司被选为技术服务单位，正式拉开了在出版业开展知识服务模式的序幕。

知识服务是知识经济时代的必然产物，是互联网时代不可避免的发展趋势。知识服务成为出版商从传统出版物生产者和内容提供商转变为信息和知识服务提供商的重要途径，从转型升级的最终目标来看，包括但不限于纸质图书的知识服务更是出版社经营发展的最终走向。

二、知识服务现状分析

（一）知识服务的基本概念与特征

知识服务是指在现代知识经济、信息技术的快速发展背景下，为满足社会对知识共享与创新的需求而产生的一种基于数据服务模式发展下的更具智能化、专业化、个性化的服务形态，依托知识资源（内容资源的高阶形态）的生产供应能力与市场用户需求高精度对接的、高级技术信息内容服务。知识服务相较于传统服务具有以下四个显著特征。

（1）知识服务的服务导向是典型的以用户为中心的服务模型，所开展的活动都将围绕用户的个性化需求进行，旨在根据用户的具体需求和个人喜好最大限度地提高用户满意度，使用适合用户的个性化服务方法，为具有不同需求的用户提供具有高度针对性的知识服务。

（2）知识服务的服务产品是提供全面解决方案的服务，从根据用户需求的变化调查和分析用户问题，整合和推送特定信息，并在长时间范围内进行有针对性的实时改进。

（3）知识服务的服务重心是付费形式的流量经营，普及的移动终端和移动支付让用户更倾向于通过充值会员、付费订阅和点播打赏等新型的消费方式享受知识服务，使知识服务机构的盈利方式从传统的规模经济转向经营流量的效率经济。

（4）知识服务的服务模型是一种分层服务，为具有不同需求、模糊需求、无法识别需求的用户提供不同的服务。

（二）知识服务现有模式分析

1. 知识资源库与学术服务平台

随着移动互联网与大数据的发展，面向专业群体开展的知识服务逐渐呈现出稳健发展的态势，无论是荷兰的爱思唯尔国际出版集团、德国的斯普林格科技出版集团，还是中国的维普、知网等数据库，都表现出持续向好的发展趋势。

通过"知识资源库与学术服务平台"形式提供知识服务的既有专门化的网络知识平台，也有专业化的出版企业。这些平台或出版机构纷纷加大投入力度，在原有的数据资料的基础上深入挖掘知识服务发展方案。中国知网推出了学术趋势搜索、学术研究热点、学者圈等一系列数字化学习与研究服务；万方则在其知识服务平台上提供万方学术圈、知识脉络分析、科技文献分析等功能。专业类出版社人民卫生出版社依托其丰富的医学教材资源，打造在线教育平台的同时创建了知识库。人卫临床知识库以整合、组织知识资源为基础，集聚了中西医学数据资料，是能够满足医学相关从业人员需求的知识服务平台。此外，商务印书馆试验研发出了精品工具书数据库，独创了"据意检索"的功能，该功能基于用户希望表达的含义进行语义搜索，提供与用户语义高度相关的词汇，满足了用户需求。

2. 在线教育平台

2016 年，在线教育首次被纳入数字出版产业统计中来，数字教育与数字出版之间的融合进一步加快，并且呈现出明显的服务化趋势。与传统的教育相比，在线教育的优势在于用户可以更加自主地调整学习时间和地点，不再受到时间和空间的限制。在线教育平台多选择"直播+录制+教师+问答"的形式，极大地突出了在线教育平台具有互动性的知识点学习、课程质量、个性化学习方案的优势。

沪江网校是一家在线教育平台，成立至今拥有注册用户 9000 万，旗下拥有四大业务："沪江网校"与"CC 课堂"两大学习平台为用户提供系统化、高质量的知识服务；"沪江网"为用户提供及时的学习资讯；"沪江社团"的社区化运营维护用户黏性，及时反馈用户需求；沪江开心词场、沪江小 D 词典、沪江听力酷、虎将题库以及 CCtalk 等沪江出品的学习工具在进一步提升用户满意度的同时，抓住移动终端流量入口，各项业务整合形成了"电脑端+移动终端"的"系统化学习+碎片化学习"的学习模式。也有一些传统教育出版机构开展了在线教育平台业务，如外语教学与研究出版社在现有的教材出版业务的基础上，创新数字化业务形态，自主研发了针对院校师生及高等外语教育生态圈所需的知识服务平台"Unipus 数字化教学共同校园"，目前拥有注册用户 500 万人，被超过 400 家院校选用旗下产品。

3. 知识付费多元化平台

互联网时代，知识服务产品在用户新需求的影响下开始向多元化发展。目前我国国内现有的知识付费平台分为流量型与工具型，包括知识电商类、社交问答类、内容打赏类、社区直播类、讲座课程类、线下约见类、付费文档类以及第三方支付工具共八个类别。"喜马拉雅FM""得到APP""知乎Live"以及"分答"成为知识服务付费的四大平台。

2015年罗辑思维团队推出"得到APP"，该APP从新闻、听书、科普知识等方面切入知识服务领域，提倡用户应坚持碎片化的学习方式，推出订阅专栏、每天听本书、小课题和知识新闻等专业内容生产产品，价值主张是在短时间内高效快速地让用户获取所需的知识与信息。例如，独家版权经营的《薛兆丰的北大经济学课》，专栏订阅的用户数已超过21万。同时，"得到APP"利用在线多维和多渠道推广的方式与传统出版社进行合作，从出版社挑选出30~50本图书进行精细化运营，在"得到APP"平台上得到推荐的图书销量均高于同类图书销量，例如，《未来简史》在"得到APP"上线的一天内突破了5万册的销量。

三、出版业开展知识服务的优劣势

（一）出版业开展知识服务的优势

（1）多年的积累与发展使出版社聚集了庞大而稳定的用户群，形成了相对稳定的营销渠道和网络，能够快速准确地了解用户的需求，及时满足用户的需求。

（2）出版社不仅拥有大量高质量的数字内容资源，还拥有丰富而权威的库存知识资源，并且在已拥有的资源的基础上，出版社每年仍在不断更新知识资源的储备。经过近年来向数字出版转型和知识服务转型的尝试，大多出版社已经建立起内容管理系统，该系统负责整合处理各种类别数字资源，形成完善的知识体系，促进知识资源的二次使用。

（3）在互联网上，获取知识内容的最大成本是内容评估，而出版商在知识内容方面具有先天的优势。出版社对于出版物生产具有更强的品控意识，出版物内容一般由该领域的专家创建，并且在经过专业编辑反复审核校对之后才面向市场出版，与准入门槛极低的互联网内容生产相比，出版社所产出的出版物在内容的准确性和权威性上更具有发言权。

（4）出版社将大量知识资源的生产者和知识生产经验丰富的编辑聚集在一起，具有一个相对固定并且在不断扩展的专家、作家、编辑团队。一方面，凭借长期出版合作形成的稳定的专家作者资源及良好的内容合作模式，出版社能够补充新的内容资源，甚至获得更多的专业咨询和智力支持；另一方面，出版社多年来培养了大量编辑人才，拥有专业的背景、了解行业知识和行业需求，具备专业的编校能力，能够准确判断、处理、分类和整合内容资源并将其转化为知识资源。

（二）出版业开展知识服务的劣势

首先，出版社作为典型的出版物生产与加工企业，要形成互联网思维存在一定障碍。即使一些出版企业的知识服务定位明确，但是仍然存在知识资源精加工较少、数字核心技术不足、知识体系和主题词汇数据库构建不完善等问题，知识服务限于形式上的资源数字化处理的情况普遍。此外，目前出版社主要的销售方式仍是通过书店门店和订购渠道来销售书籍，而渠道供应商与第三方平台运营商则真正掌握用户数据。出版社作为有偿知识资源提供者仅限于对现有资源进行数字化处理，因为数字化资源有限，缺乏互联网的概念。

其次，版权保护机制不完善。即使拥有许多高质量的知识资源，但是在以开放性和共享性为主要特征的互联网时代，版权不明、抄袭侵权以及未经授权私自传播等现象屡见不鲜。要使知识服务业务获得长期发展，提高出版业开展知识服务业务的积极性，完善版权保护机制的工作必不可少。

再次，出版社在用户思维方面存在不足。在出版社传统的产业链中，上游是出版社签约的专家作者，下游是实体书店等销售机构，整条产业链展现出出版社以作者或编辑为中心的经营思维，与知识付费用户的距离较远，而新技术的支撑不足导致仍有大量出版社以编辑实际经验和市场现有的销售数据为基础进行生产经营，而不是有针对性地根据用户需求改进知识服务和产品形态。

最后，出版社的复合型人才培养相对落后，复合型人才匮乏。开展知识服务业务不仅需要灵活运用各种数字信息、互联网、数据平台开发等技术，还需要根据知识内容和用户需求，有针对性地结合技术特点开展相应工作，这就要求出版社培养了解出版业务流程、新媒体内容运营以及技术实现的跨学科复合型人才。但是目前大多出版社相关人才储备不足。

四、出版业知识服务转型的策略建议

出版社从传统的出版物生产商向知识服务提供商转型，挑战和机遇并存。出版社需在认识自身优势与劣势的基础上，实施知识服务转型策略。

（一）应用新技术构建数据平台

知识服务充分结合了内容资源与新技术，内容为知识服务的基石，技术为知识服务的支撑，两者缺一不可。首先，出版社发展知识服务须定义知识服务的开发模型，精细化知识服务产品模块，形成数据资源的概念，明确每个业务级别的数据资源的关系，整合可使用的数据资源类型，并提出使用这些数据资源的方法，在此基础上构建拥有智能化信息处理技术的数据平台，以此实现出版社内部数据、资源、知识、服务的共享与协作。其次，出版社应时刻注重新技术的迭代更新，及时弥补传统出版社对新技术的先天不足，主动"搭乘技术发展的顺风车"，借助数据存储技术、检索技术、导航技术、数据挖掘和推送技术、智能代理技术的发展，以及大数据、云服务、物联网等新兴技术，从海量的数据信息中高速高效地收集、提炼、传递并将其全面应用于知识服务当中，形成完善的知识服务运作模式。

（二）基于用户需求提供知识解决方案

以用户需求为驱动是知识服务产生的基础，用户的需求决定了知识服务发展的大方向。互联网使用户拥有越来越多的主动权和个性化需求，从出版社决定用户能看什么、不能看什么的"卖方市场"变成了针对不同用户的不同需求进而为其定制不同服务的"买方市场"，其驱动力来自用户，而非信息，是按用户行为方式来组织业务活动，而不是按照信息传递模式形成，这也是知识服务和信息服务最本质的差异。出版社必须摒弃封闭式的孤岛思维，要考虑出版社所提供的知识服务是否匹配用户的真正需求，为用户提供的知识是否解决用户实际遇到的问题，提供的"知识"是否转化为用户解决问题的"技能"，所开发的内容资源和创新的服务手段都应该以用户满意为目标。

（三）运用社群思维提高运营效率

出版社应学习互联网平台所拥有的社群运营思维。互联网上其他知识付费产品比出版物更受用户追捧的原因在于互联网平台更加注重网络用户的培养，从互联网用户入手挖掘更大的流量缺口，通过社群运营的模式积累流量，扩大受众面积，从而推广知识服务产品。社群是垂直细分领域的明确体现，表现在内容偏好选择方面，用户是具有不同特征的人群，而知识服务就需要经营每个社群，抓住用户的痛点。社群模糊了知识生产者和用户的身份区别，两者的交互也反向促进了内容的传播，用户通过内容共享和知识学习反馈等交互式表达增进与产品的情感沟通，在增强用户积极性的同时还可以扩大知识产品的影响力。因此，出版社要有社群运营的管理理念，激发读者群体成为知识服务的核心，参与到内容创作和知识传播的过程之中，激发用户的情感投入，从而提高运营效率。

（四）基于技术与需求的知识内容深耕

基于技术与需求，从而面向知识内容的深度耕耘是指从传统的文档信息深入到知识单元，通过各种知识发现工具挖掘知识数据、计算知识价值、实现知识评估从而进行知识的二次传播的服务。出版社要实现知识内容的生产不仅需要构建数据平台，同时也需要使用大量的技术配合，因为知识服务不同于传统出版社的单一的服务内容，知识服务的服务内容具有多样性，文字、语音、图片、视频、3D模型，甚至近两年快速发展的AR与VR技术，如何选择合适的技术手段来为用户提供知识服务是出版业需要考虑的重要因素。

对于从事较强专业性工作的用户来说，单一的产品类型不能满足用户的客观需要。在图片文字静态阐述的同时，也需要视频与模型的动态展示。随着新技术的不断发展，依托 VR、AR 技术的知识服务产品将具有普及性，帮助用户建立逻辑思维，加深他们对问题的理解。而音频的生产速度快、成本低廉、传播范围广，在互联网时代可以满足用户随时随地享受知识服务的需求，但音频却不是直观的学习工具，更加适合于休闲阅读。如喜马拉雅 FM 联合马东推出的《好好说话》系列，标志着喜马拉雅音频电台正式进入知识服务付费的行列，通过音频讲授职业规划、交涉技巧、行为礼仪的知识服务产品获得了极大的成功。此外，出版社需要精简知识服务的内容，以防止时间过长导致用户的倦怠；咨询和问答这类具有高交互要求的服务，要使用户能够在当场获得准确的内容，因此，更适用于"实时视频+语音通信"的知识服务类型。

（五）人才培养与优化配置

传统出版业向知识服务转型是由市场需求引发，新技术推动发展而来的知识资源的重组和销售渠道的重新划分，除了要转变旧的思维方式等阻碍之外，还需要培养兼具新媒体素养和高技能的人才。出版业将从各种角度为用户提供知识服务，为了满足不同用户的个性化需求，如何建立一个有强大基础资源和系统部门支持的动态、跨学科的知识服务人才团队是出版社面临的难题。不同类型的人才相互学习、融合创新，在不断的思想冲突中建立信任，营造良好的开放共享的氛围，逐步形成具有核心竞争力的知识服务团队，及时有效地响应知识服务市场不断变化的需求。出版社要不断完善内部组织结构、人力资源结构和管理机制，与管理部门、高校、技术企业等进行互惠合作，定期对员工业务进行培训与检查，培养员工建立起以用户为中心的服务意识；派遣优秀人才前往国外知名出版社的知识服务部门进行访问与学习培训，通过先进企业良好的文化氛围、容错机制，高层的重视、授权和放权让员工在学习的过程中积累知识，培养实际操作技能，融合创新，吸取国外先进出版企业的经验，结合本土出版社实际，激发出版社的发展潜力。

参考文献

[1] 范宏梅."互联网+"高校图书馆知识服务创新研究 [J]. 合作经济与科技，2017（12）：125-127.

[2] 张玉芬. 对文献信息服务走向知识服务的探讨 [J]. 图书馆，2008（5）：40-41+87.

作者简介

朱玥晗，北京印刷学院经济管理学院，2017 级传媒经济与管理专业研究生，研究方向为传媒企业管理。

谢巍，北京印刷学院经济管理学院副教授，研究方向为传媒企业管理。

中国少数民族出版业数字化转型研究①

李明月　陈　妍

摘要： 民族出版是我国出版工作的重要的一部分，随着我国出版业的发展，关于民族出版的研究成果日益丰富。然而，在全球数字出版发展迅速的现状下，国内出版产业的数字化转型，给少数民族传统出版产业带来了严峻挑战。推动少数民族的数字出版，对实现少数民族地区的可持续发展有重要的意义。

关键词： 民族出版；数字出版；民族文化

一、少数民族出版业概况

在中国出版语境中，"民族出版"隶属于民族文化产业，是一项以国内少数民族历史、文化、教育等相关信息题材为主要内容，以少数民族群众为主要服务对象的产业。自改革开放以来，我国出版业在改革的浪潮中取得长足的发展。据2005年《中国民族统计年鉴》显示，我国2004年有关全国少数民族出版的图书达到5400余种，印数达到6300万余册，其中新出版的图书有2400多种。到2014年我国少数民族图书出版种数达8000多种，少数民族文字图书新出种数将近4000册，少数民族文字图书印数为5853万张，印张为474667万。作为民族地区传承文化精髓的重要载体以及文化创新的主要途径，在少数民族地区广泛普及科学技能、宣扬精神文化、建设社会主义先进文化的重要途径，它在社会与文化层面上具有不可忽视的重要意义。

截至目前，对我国少数民族的图书出版无论是从印刷数上还是从规模、品质上来看，都得到了全面的发展。据统计，目前我国的民族出版社有30余家，已经能够出版20余种民族文字的出版物，我国每年大约出版民族图书5000多种、6000多万册。其

---

①　本文受北京市社会科学基金研究基地项目（项目号：16JDXCB006）的支持。

中，北京总共有四家民族出版单位，分别是民族出版社、中国藏学出版社、中国民族摄影艺术出版社和中央民族大学出版社，剩余 34 家少数民族出版社遍布各少数民族地区。少数民族出版涉及的主要内容覆盖了政治、经济、文化等各方面，但是普遍出版内容还是属于教材编辑的方式较多。这些各个少数民族地区的出版社的业务分类大致分为综合性出版社、高校附属出版社、专门领域出版社、民族文字版教材出版社。而这些出版社的出版物的种类也主要是宣传类书籍和有关历史文化类书籍，主要是传承民族多样性文化的载体，对各民族优秀传统文化的保护具有重大意义。再有科教文卫和调查类书籍，这部分的图书主要是一些实用科普图书。其中社会文化类书籍中，民族出版社与新疆人民出版社联合推出的《维吾尔民间文学大典》尤为著名，被誉为"维吾尔民间文化的百科全书"。

表 1　我国少数民族主要出版单位

华北	民族出版社	西北	新疆人民出版社
	中国民族摄影艺术出版社		新疆文化出版社
	中国藏学出版社		新疆青少年出版社
	中央民族大学出版社		甘肃民族出版社
	内蒙古文化出版社		青海人民出版社
	内蒙古出版集团		青海民族出版社
	内蒙古人民出版社		
西南	四川民族出版社	东北	延边教育出版社
	广西民族出版社		延边人民出版社
	藏文古籍出版社		延边大学出版社
	西藏人民出版社		黑龙江朝鲜民族出版社
	云南民族出版社		辽宁民族出版社
	德宏民族出版社		
	贵州民族出版社		

资料来源：根据公开资料整理所得。

二、少数民族出版社个案研究

目前我国少数民族出版社分布在各个少数民族集聚区，其中内蒙古出版集团、新疆人民出版社、延边教育出版社是属规模比较大、其民族传统特色比较丰富的民族出版社。

（一）内蒙古出版集团

内蒙古出版集团是内蒙古自治州的国有大型文化企业集团，下属有诸多分级小出版社以及报纸，期刊单位。内蒙古出版集团自建立以来出版了一大批蒙汉文图书，这些出版的蒙古学研究著作远销世界各国，现已成为世界蒙古学出版中心。其经营的业务内容已从集出版印刷、电子音像、网络出版、软件开发、版权贸易等于一体，发展到兼营酒店、文化地产、文化创意等新兴业务的多元发展格局。集团在职员工中，有学士 365 人，硕士 153 人，博士 8 人；中级以上职称 492 人，副高职称 68 人，正高职称 75 人。该集团每年出版品种保持在 3400 种左右，共出版了 21000 余种蒙汉文图书、音像制品和电子出版物。截至目前，集团总资产达 23.43 亿元，净资产总额达 14.75 亿元，相比集团成立之时增幅分别达到 117.15% 和 97.32 %，国有资产的保值增值率相比集团成立之时增长了 197.32%。

内蒙古出版集团是在我国少数民族出版社中较为先进，能跟得上目前的数字出版步伐的大型出版集团。做强主业，做大产业，不辱使命，开拓进取是内蒙古出版集团一贯坚持的发展理念。内蒙古出版集团的优势在于它有丰厚的民族文化资源以及其他少数民族出版社所缺少的专业的团队和先进的技术装备，因此该社可以在发行渠道狭窄，巨额的资金压力等劣势的情况下，充分利用好自己的优势资源，做出一些增长型、多种经营战略，把握好时机，尝试与不同的出版社进行合作，共同开发，制定出一个内蒙古出版集团专属适合"走出去"与数字出版结合的有效计划。

（二）新疆人民出版社

新疆人民出版社是在原新疆省文教委员会编译处的基础上经扩充改组后建立的，是一个用维吾尔、汉、哈萨克、蒙古、柯尔克孜、锡伯 6 种文字出版图书期刊的综合性出版社。该社主要担负政治、经济、文化教育、文学艺术、历史地理、旅游读物、画册及古籍辞书的编辑任务。此外还担负着 6 种期刊，维吾尔文《世界文学选译》《半月谈》《读者》《布拉克》（4 种），哈萨克文《地平线》《读者之友》（2 种）的编辑出版工作。截至 2011 年新疆出版总社 6 种文字总计出版 3491 种图书，总发行码洋近 2 亿元。新疆人民出版社的建立是新疆出版改革迈出的第一步。它是在我国数字化出版的兴起背景下建立的一个数字化出版和少数民族出版结合的出版社。因此，新疆人民出版总社自组建以来就非常重视数字化出版的转型升级，但是数字化转型改革需要大额的资金投入，光靠政府的财政补助资金是不够的，这会导致资金的短缺，为此需要他们进行自筹，他们应把数字化升级转型的重点放在将一些纸质书制作成电子书，并通过网站上的各种平台等形式尝试发布一些新书资讯等，以此带动纸质书的销售。

从西部大开发到现在的一带一路的建设，新疆维吾尔自治区一直被我国政府重点开发所扶持并促使其蓬勃发展。这种一系列的国家重点建设项目对新疆的民族出版业发展是一次难得的机遇，不论是从经济、政治还是文化方面，都能对新疆出版业开拓出最大限度的潜力。在经济方面，一带一路的建设可以带动新疆一带贫困地区的发展，从而使国外的"引进来"和国内的"走出去"紧密结合，能够使新疆人民出版社受到新经济发展地带的抨击，从而达到一定的经济效益；在政治方面，作为一带一路的核心地带的新疆地区，在全国出版体制改革深入推进的新形势下，有利于新疆人民出版社探索出一条适合自己的改革发展之路；在文化方面，新疆是一个多民集聚地，它本身就是诸多文化的结合体，通过国家建设，新疆人民出版社不仅可以与国内中部地区进行结合出版，还能以借鉴引进国外的先进文化和技术来发展一个独特且具有特色的少数民族出版社。

(三) 延边教育出版社

延边朝鲜族自治州是我国东北地区的少数民族集聚区，它位于吉林省南部的中朝边境。延边民族出版业有着悠久的历史，延边地区的第一家出版社（延边教育出版社）成立于1947年。

延边教育出版社是编制和翻译出版朝鲜族中小学教材、课外读物及文化教育图书等全国唯一的朝鲜语专业教育出版社。该社自建立以来都是以选题策划、版权贸易、图书发行为主，同时通过不断地改革兼营策划和设计音像制品、多媒体、广告、商标、兼营纸张、印刷、文化用品等。延边教育出版社之前年出版图书大约为1000多种，截至2017年，延边教育出版社共出版了三万余种图书。其中，朝语类图书约12000种，汉语文图书为7400种。近年来，延边教育出版社的有关出版图书在各类评述中显示，约60多种图书获国家级优秀图书奖，大约200多种图书获省级优秀图书奖。

表2　延边朝鲜族自治州关于出版数量的统计　　　单位：万份

类别 \ 年份	2012	2013	2014	2015	2016	2017
图书	4730.8	5639.1	4225.3	6051.7	6596.6	2777.83
期刊	47.6	45.5	45.5	49.6	45.6	54.8
报纸	2627.5	1374	1374	2628.5	2761.9	2740

资料来源：延边朝鲜族自治州统计局。

结合表2，可以看出延边各出版社2017年的图书出版数量与2016年相比下跌将近3倍左右，与2012年图书出版数量相比，整体还是下降趋势，而杂志和报纸方面有微小增长趋势。新兴产业对民族出版业的冲击导致了图书出版发行的没落。延边处于我国东北地区邻近南北朝鲜的地域优势，因此，延边地区出版社可以利用地区的优势条件，充分参考国内外著名教材与学术著作。与此同时，致力于开展有关国外版权贸易等活动，应用韩国、日本等国外图书，随即出版《韩国学术译丛》《韩流超级丛书》等。在如今的数字传媒出版的兴起下，由于延边出版社一直以来传统出版的思想以及经营方式的根深蒂固，要想跟随当前不断发展的数字出版的步伐，必然会受到阻碍。但是，目前我国政府大力扶持少数民族出版社与国内其他出版社同步发展，延边民族出版业也慢慢顺应潮流而积极应对文化产业的新变革而做出措施。

三、少数民族出版业发展局限性

如今在全球性数字出版环境的冲击下，我国出版社都趋向于数字出版与传统出版的复合形态进行发展。随着数字出版物需求增加，在政策扶持等一大批利好因素的推动下，我国的数字化出版进程已经走在了全球前列。但数字化的民族出版物精品在全国市场上鲜为人知。我国的少数民族出版社属于公益性的出版单位，它们的发展一直停滞于传统出版发展模式。目前，我国政府对少数民族出版社数字化转型重点扶持，然而民族出版社的数字化转型的状况却一直是"雷声大，雨点小"，进展十分缓慢。民族出版社自身的一些困境，主要体现在以下四个方面。

（一）基础建设落后，体制僵化

一直以来由于我国少数民族地区的经济发展存在不均衡的问题，它的经济和文化发展水平相对于落后我国东部地区。因此，导致了少数民族的出版产业投入的不足，从而使少数民族地区的文化基础建设落后于其他地区。此外，民族出版产业由政府扶持，属公益性产业，多年来采用的经营管理模式与事业单位企业化的管理模式相似。对市场营销、品牌经营、资本运营等现代经济运作方式生疏，缺乏市场意识和竞争意识，越来越成为民族出版业进一步发展的桎梏。此外，民族出版社未能掌握出版业与市场经济发展之间的关系，不能及时做出深化出版社内部体制改革，构建科学、卓效的经营管理运行机制，创建出版社发展的基础框架。

（二）经营管理观念落后

少数民族地区人烟稀少，且经济发展落后，出版环境跟随市场发展步伐，不仅难以引进外部相关人才而且难以留住具有专业性高的创新型人才，因此，民族地区出版从业人员坚持采用传统的经营模式。并且由于民族出版社一直是靠国家补贴来持续经营，从而导致民族出版业的从业人员对于民族出版工作缺乏积极主动，不敢创新改革。如今，随着经济发展，尽管从业人员从过去"等、靠、要"的思想有所转变，但是面对激烈的市场竞争，无论在规划还是运营方面，都无法跟进民族出版业进入全方位市场转型的发展趋势。并且他们的出版理念更新缓慢，缺乏创新意识，还存在着相对保守的理念，在于我国出版产业数字化转型的现况下，少数民族地区的从业人员因不熟悉市场格局以及缺少相关出版业务的市场状况和应对各种挑战的要领，因而未能将民族出版有效应用到大市场、多文化格局中来掌握和运行，从而使民族出版业数字化发展建设受到严重阻碍。

（三）发行空间小，竞争性弱

从国内的大环境来看，民族出版产业发行的内容并不随波逐流，各少数民族的民族出版社都是以出版民族文字、民族文化图书为主的综合性出版社，并适当出版少量的大众图书，这种发行主体单一的情况，使受众读者群体也受到了限制，它只针对我国的少数民族群体。即使我国民族出版社成功转型数字出版，但是由于民族出版社的技术相对落后，出版产品单一，传播渠道狭窄导致与国内的其他出版业相比竞争性弱。从国际大环境来看，随着改革开放深入扩大，国外的文化产业产品不断大量涌入，民族出版和其他出版业一样面临着国外图书产品、图书市场冲击，面临着市场、资本、人才的争夺。我国民族出版业在国际图书市场调研、开拓、运作、营销等方面几乎还是一片空白的情况下，就要接受严峻的挑战。因此，虽然少数民族地区是与相邻国家有着关联，但在面对与国外文化企业经济强势的竞争中，我们处于弱势，特别是在少数民族出版业的市场空间小、盈利能力有限的情况下，要同时抓住国内和国际市场机会，很可能会导致两相误的局面。

（四）资金短缺

出版业在编辑、印刷，再到发行的整个产业链中，其成本费用是不可忽视的。尤其是对民族地区出版物方面来说，它的文字和种类多、出版和发行成本高、图书排版的印张多、工艺复杂，与出版物高定价也是相辅相成的。而相对高成本来说其少数民族地区存在着经济发展缓慢，人民的购买能力低。因此，在这种情形下，即使我国政府给予很大资金支持，也不足以解决发展整体出版产业所需要的资金，这就会严重地影响和制约少数民族出版业的发展。除此之外，少数民族出版业的出版物本身就是以当地少数民族人民为对象进行发行，但是当地人民的购买能力水平有限，加之民族图书读者群收缩、印数减少等不利因素的影响，导致出现了出版社出版的民族类图书越多，亏损越大的情况。目前，随着市场竞争的日益激烈，数字化出版转型已成为我国出版业的发展趋势，然而数字化转型升级投入加大，风险也较大，这对长期没有稳定且经济效益较好的出版项目作为保障的民族出版业来说，是很难筹到足够的资金进行投入转型计划的。

四、少数民族出版业的发展对策

我国民族出版业现阶段都想跟随时代潮流，开启数字化出版的转型，然而由于民族出版业本身的一些瓶颈问题，导致在改革路程中显得心有余而力不足的情况。因此，对于我国民族出版业发展的一系列的问题提出以下对策之路。

（一）利用好自有优势资源，加强市场竞争力

我国少数民族地区主要分布于东北部、西北部、西南部。这些地区是一个多民族聚居、多文化共存的地区，积淀了丰厚的历史文化资源，各民族在历史发展过程中，形成了各具特色的民族文化和民族风俗。因此，民族地区的出版业一直以来民族特色浓重，在面对"互联网+"的背景下，少数民族出版社可以充分利用自己本身所具有的独特优势来占据市场的竞争力。首先，少数民族地区分布地都是与我国邻国相近，他们不仅是地区上的相邻，在语言上他们也很统一。例如，东北地区的朝鲜族就是跟南北朝鲜语言相通，西北地区内蒙古族的语言又与相邻蒙古国相通等。因此，我国民族出版社可以通过这种地区优势，与国外出版社相互借鉴经验，加强与国外出版社的交流与合作，并以此拓宽市场。其次，民族地区的旅游市场潜力越来越大，越来越多的人到我国少数民族地区旅游，从而对宣传传播少数民族出版物起了很大的作用。因此，民族出版业应该要立足本地，利用好自身的资源，打造出本土的出版品牌，提升民族出版业的数字化发展的核心竞争力。

（二）加强政府扶持，带动区域发展

自改革开放以来，虽然我国政府为扶持少数民族出版业发展提供了不少的资金以及制定了不少的政策，但对于目前数字化转型发展趋势以及民族出版单位仍面临出书难和资金短缺的困难，我国民族出版政策扶持力度还有待加强。因此，首先国家要加大投资力度，扶持民族贫困地区经济，加大少数民族地区的文化基础建设，进一步发展少数民族教育体制；其次，国家应设立针对少数民族贫困地区的用于有关文化事业的资金。最后，国家应给予财政补贴，运用此项财政并且通过有效手段来满足少数民族的文化需求，并体现政府的政策。通过一系列的政府扶持，使我国民族地区的经济飞跃发展，从而带动出版产业的腾飞，提高市场竞争力。

（三）加强人才培养，深化改革

知识经济时代，人才是企业发展的核心竞争力。目前，少数民族出版业发展中人才缺失是一大项问题。尤其在数字化转型的过程中，我国的民族出版社只有引进先进人才，改变旧传统的经营模式的观念，不断地进行深化改革，才能使我国民族出版业平台顺应新的市场趋势，寻找出合适自己的数字出版模式。因此，必须要培养一些熟悉和了解每项民族政策以及民族文化的出版型全能复合人才，并且要为优秀人才的脱颖而出创造良好的制度环境。此外，国家可以考虑在少数民族地区高校设立数字出版专业，培养可以针对少数民族图书市场进行相应策划及数字建设的专业人才。通过对出版社内部改革，对接"互联网+"的数字出版，要大力开发人力资源，优化人才配置，建

立一个高素质、高质量的队伍，使我国民族出版社成功转型，面临新的局面。

五、结束语

近年来，随着信息技术的不断升级与新兴出版模式的不断涌现，数字出版早已成为中国出版界的热门话题，被管理者和业界普遍认为是出版产业发展的新方向，而少数民族出版业是我国出版产业不可或缺的一个部分，它与我国出版产业发展息息相关。然而我国民族出版产业本身存在基础建设落后，且市场空间小，从业人员的经营管理理念落后，而且还面临改革所需要的资金短缺等一系列问题，如果要对民族出版产业进行数字化转型的全面改革，则需要少数民族出版社充分利用地区优势资源，引进出版综合性人才，提升市场竞争力，除此之外，我国政府也应当全力扶持民族出版社的改革，进而带动民族地区文化产业的繁荣发展。

参考文献

[1] 秦天. 从数字符合出版系统工程看民族出版数字化 [J]. 科技传播, 2017 (12).

[2] 吴柏强. 地方民族出版社数字化转型升级之困境及对策 [J]. 出版广角, 2017 (3).

[3] 刘新田. 论民族出版业的困境与发展对策 [J]. 甘肃社会科学, 2012 (4).

[4] 倪雨婷. 基于 SWOT 分析我国民族出版业数字化发展战略 [J]. 新闻研究导刊, 2016 (24).

[5] 雪合来提·买买提尼牙孜. 关于深化出版改革、促进融合发展和依托"一带一路"弘扬民族文化的思考——以新疆人民出版总社改革发展实践为例 [J]. 喀什大学学报, 2016 (5).

[6] 德庆央珍, 罗杰. 基于数字符合出版系统工程的少数民族文字出版探析 [J]. 科技与出版, 2015 (8).

[7] 李传胜. 民族出版业发展对策问题探究 [J]. 新闻传播, 2014 (6).

[8] 于亚娟. 内蒙古出版产业发展现状及问题分析 [J]. 内蒙古财经大学学报, 2013 (6).

[9] 拉格. 民族出版业面临的问题及发展对策 [J]. 中国出版, 2008 (6).

[10] 刘艳婧. 内蒙古民族文化出版现状及策略研究 [J]. 编辑之友, 2014 (5).

[11] 骆虹蕾. 浅谈新时期下如何推动少数民族新闻出版业经济发展 [J]. 经济纵横, 2013 (10).

[12] 迪丽拜尔·阿不都热依木. 浅谈少数民族出版业发展立足点 [J]. 出版科学, 2011 (4).

[13] 娜仁高娃. 少数民族地区新闻出版产业发展面临的问题及解决对策 [M]. 呼和浩特: 内蒙古教育出版社, 2012.

[14] 汪青青. 新媒体时代"一带一路"视域下民族出版的发展路径 [J]. 新媒体研究, 2017 (24).

［15］葛素红．中国少数民族经济发展对出版业的要求［J］．内蒙古科技与经济，2015（1）．

［16］库里达·胡万．新疆出版业发展：现状与建议［J］．新疆财经大学学报，2016（1）．

［17］兰公亮．延边出版业发展思路［J］．科技信息，2012（7）．

［18］朴国斌．延边州民族出版业发展初探［D］．延边大学硕士学位论文，2012．

［19］陈曦．西藏图书出版业发展研究［D］．北京印刷学院硕士学位论文，2014．

［20］侯姗姗．我国民族图书出版概况研究［J］．今传媒，2011（2）．

［21］林晓华，郭发仔．民族出版业发展移动阅读的策略［J］．现代出版，2016（1）．

作者简介

李明月，1993 年生，北京印刷学院经济管理学院硕士（在读）；研究方向为会计专业。

陈妍，1993 年生，北京印刷学院经济管理学院硕士（在读）。

中国出版物向南亚地区贸易推进策略研究

申　咪

摘要： 中国新闻出版业在国家"一带一路"倡议指引下，向南亚地区"走出去"具有重要性。本文研究中国出版物向南亚八国出版的贸易推进情况，首先分析了中国出版物向南亚八国出口贸易现状，指出当今出版业在推进过程中存在贸易结构失衡、产品输出地区过于集中和文化折扣大等问题，分析其因受文化因素、市场化程度和技术因素的具体影响，并在最后结合当前政策支持的有利条件，提出了应充分响应国家号召，增强出版业向南亚"走出去"的主动性，加强与南亚八国的贸易合作来拓宽营销渠道，为中国推动新闻出版业"十二五"时期向南亚走出去提供对策和建议。

关键词： 出版物；南亚八国；影响因素；推进策略

一、中国出版物对南亚出口贸易现状及存在的问题

（一）中国出版物对南亚出口贸易现状

1. 出口总量

从图 1 来看，2012~2016 年中国对南亚出版物出口贸易额总体呈现上升趋势，其中最低年份是 2012 年（约为 41602153 美元），最高年份是 2014 年（约为 60105110 美元）。具体来看，2012~2014 年出口贸易额增速较快，尤其是 2013 年增长幅度超过 34%，2014~2016 年，在小幅范围内造成出口贸易额的下降，其中最具代表性的是 2015 年，出现了超过 9% 的下降幅度，而第二年下降幅度就减小到 1% 以内。

2. 出口结构

从图 2 来看，2012~2016 年中国向南亚出版物出口贸易类型其他类占比较大，每年所占比例均在 65% 以上，且表现出整体上升的出口比例。其中，保持稳定出口量的

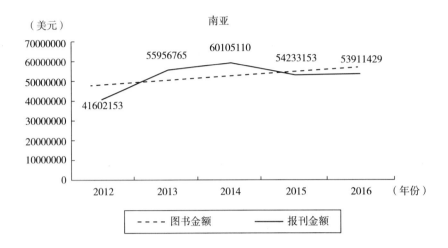

图1 中国对南亚出版物出口贸易总额

资料来源：根据 United Nations Commodity Trade Statistics Database 数据整理。

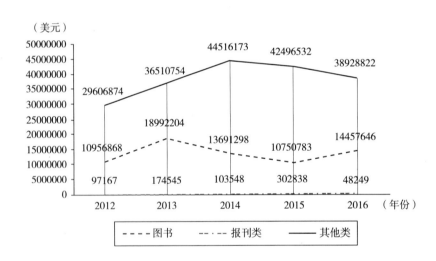

图2 中国对南亚地区出版物出口贸易结构

资料来源：根据 United Nations Commodity Trade Statistics Database 数据整理。

是图书出版物，2013 年的出口比重最高，达到了 34%，其余四年则都在 25% 左右，不同的是其他类别在 2012~2014 年为上升趋势，2014~2016 呈下降趋势，在 2014 年达到顶峰（44516173 美元），图书类五年间有两个转折点，在 2013 年急剧上升后就转为下降，在 2015 年跌到最低值（10750783 美元），2015 年后又出现上升，出口额达到 14457646 美元。报刊类占比最少，均在 0.2% 左右。

3. 出口地理方向

利用联合国商品贸易统计数据库对中国向南亚地区 2016 年出版物贸易统计数据进

行分析可发现（如图 3 所示），在南亚地区的八个国家中，印度占比重最大（53%），剩余 47% 中，中国对马尔代夫、阿富汗、斯里兰卡、尼泊尔、不丹五国出口额很少，只占南亚地区总额的 5%，孟加拉国和巴基斯坦进口额虽不及印度多，却也占有很大比例，其占有中国对南亚地区出口额的比例为 18% 和 24%。

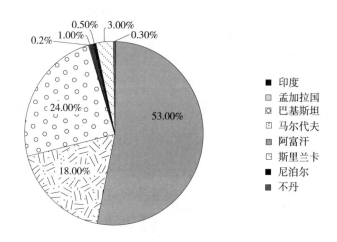

图 3　2016 年中国对南亚地区出版物出口区域结构

资料来源：根据 United Nations Commodity Trade Statistics Database 数据整理。

（二）中国出版物对南亚出口贸易存在的问题

从以上的分析中可以看出，目前中国出版物对南亚地区出口贸易存在以下几点问题：

1. 贸易结构失衡，核心文化产品成为"短板"

要想真正发挥成本递减优势，实现边际收益的持续递增，就必须将对外贸易和生产的重点放在核心文化产品上，这主要是由于这类产品的文化含量和收入弹性较高。南亚八国主要从中国进口的出版物有图书、报刊类和其他类，而最能体现中国出版物竞争力的报刊类等核心产品出口额占中国出版物对南亚八国出口贸易额的比重却不理想。从图 1 和图 2 中可以看出，2012~2016 年中国出版物对南亚八国出口贸易额的比重分别是 0.23%、0.31%、0.17%、0.56% 和 0.09%［用图 2 中报刊类贸易额除以图 1 中的出口总额得出的比例（97167÷41602153＝0.23%），以此类推］。而 2016 年中国出版物对南亚八国出口贸易额规模较大，突破了 53434717 美元。但是要想继续维持可持续发展的健康贸易状态，仅仅实现贸易规模的增加是不够的，还需要注重贸易结构的合理性。用长远的眼光来看，中国必须对出版物的产业结构进行优化，对贸易结构进行调整。

2. 产品输出地区过于集中

分析西方发达国家出版物出口贸易可以看出，西方出版物的覆盖面非常大，在世界的各个角落都能够看到，并且具有繁多的种类和多样化的形式，实现经济利润增加的同时，还宣传了本国的文化，向世界各地广泛地传播了本国的文化精神和价值观念。反观中国出版物的出口情况，以南亚八国为例，从图3可以看出，中国出版物在南亚的销售地区比较集中，主要集中在印度、孟加拉国和巴基斯坦，而其他五国的销售额仅占5%。出版物产品输出地区过于集中会加大中国出版物在南亚的发展和结构调整对某一国家的依赖，降低了中国出版物在南亚对外部冲击的应对能力。

在世界经济不断发展的情况下，全球的经济结构都在进行着调整，与发达国家相比，发展中国家的经济增长速度越来越快，在全球经济当中，发展中国家的地位迅速飙升。在这种情况下，中国更应该积极地在南亚八国拓宽中国出版物的产品输出地区，在经济利润得以提升的同时，还能够在南亚八国广泛地传播中国出版物。

3. 文化折扣大，阻碍贸易发展

在南亚地区，包含中国功夫的电子图书、网络动漫以及网络游戏是出口贸易最多的出版物类型，这类出版物在描写故事情节和展现人物心理活动方面表现得更加直观和形象，是具有不同文化背景的南亚读者能够克服阅读过程当中所存在的语言障碍，也正是由于这一原因，蕴含更加丰富的传统文化和价值观念的历史剧在当地的传播却受到了很大的阻碍。国内的真实生活背景是创作出口南亚八国的出版物产品的素材来源，所以这些出版物的民族性都比较高，很难被南亚的消费者所理解，"文化折扣"现象就此产生，也成为制约中国出版物在南亚贸易发展的主要原因。

在南亚地区，中国出版物的文化折扣较大是由很多因素导致的。首先，由于地域性的差异，消费者拥有不同的文化背景和审美预期。消费者成长过程当中所接触到的文化环境会成为其消费文化产品的前提和出发点，审美预期也会受到文化背景的影响在消费者之间产生差异，中国出版物的素材大多数都来源于中国本土，其中的逻辑思维也是中国式的，缺乏国际视野，观众接受起来有些困难，所以在南亚生活的海外华侨就成为中国出版物在当地的主要消费群体。其次，语言障碍。在文化产品传播的过程当中，受到语言障碍的影响，大大制约了文字类和语言类产品的传播。现阶段，以汉语为载体的文化产品与以英语为载体的文化产品相比，所遭受的文化折扣要高，主要是由于英语是当今最为流行的"世界语言"。

二、中国出版物向南亚地区贸易推进影响因素分析

（一）文化因素

在历史发展的过程当中，前人创造的精神和物质财富，经过不断的积淀，就形成了文化资源，不同于物质资源的是，文化资源是不可再生的，具有非常强的独占性。

文化本身的地域属性非常强，要想进行学习模仿，需要投入较高的成本，另外，以物质性文化资源为代表的某些文化资源是不可复制的，所以，在深度挖掘文化资源的基础上才产生了文化产品和服务，这也就意味着文化产业的发展需要依赖于文化资源。所以，文化产业发展的可持续性和创新能力也是由文化资源的丰裕程度来决定的。由于在国家（地区）之间存在着一定的文化距离，所以会影响到文化产品的贸易，文化产品贸易会受到相近文化的影响，产生积极的效果，如果文化距离差异较大，就会明显地制约文化贸易的发展，不同国家，不同的语言、历史、地理、习俗和宗教都会影响出版物出口情况。

南亚地区是多个宗教的发源地，诸如印度教、佛教、伊斯兰教、锡克教等在当前的南亚地区有着重要的影响力。宗教的复兴以及宗教对世俗社会影响力的提升，在南亚国家也有着清晰的体现，同时也外溢到了外交领域，成为这些国家内外政策变迁的重要影响变量。曾经中国古南亚国家之间就有着佛教交流，当时宗教文化交流就推动了古丝绸之路的繁荣，现在"一带一路"建设贸易推进必须考虑宗教环境复杂的南亚地区。

南亚部分国家政治体制脆弱，政局动荡，安全形势不容乐观，如阿富汗 2015 年共发生各类安全案件 9996 起，巴基斯坦国内宗教矛盾各方利益冲突不断，对中国出版业贸易推进会产生不利影响。

（二）市场化程度

在世界范围内，南亚地区的人口最为稠密，除了撒哈拉以南的非洲地区之外，南亚也是经济最落后的地区，南亚的 GDP 在 2015 年仅占中国的 1/4，其中，人均 GDP 低于 1000 美元的是尼泊尔和阿富汗，是世界上最不发达的国家。经济社会发展水平极低，市场经济条件缺失，尚且处于温饱状态，文化精神产业更难以推进。

但南亚地区一直呈现"一家独大"的状态，近些年印度中心特征趋于强化，印度发展比周边七国都更为快速，出版业也是最为发达的，在世界图书出版过程当中，印度排名第六，其英语图书的出版量在现阶段已经超越了英国，排名世界第二，根据 2012~2015 年的数据统计，其增长速度达到了每年 20.4%。印度占据了中国对南亚图书出版总额的一半以上。印度图书出版研究所对相关的数据进行了统计，现阶段，印度的出版社有 1.9 万家，但只有 25 家出版社的规模较大，虽然其英语图书出版物占据世界第二，但在世界图书市场上本国畅销书的市场份额仍然低于 3%，印度全国有 13.4 亿人口，是世界人口大国，其中有 74% 的人口有识字能力，预计到 2020 年这一数字将突破 90%，在这种情况下出版物的需求也会相应增加，印度出版业市场潜力巨大，中国出版业应加快贸易推进速度。

（三）文化贸易政策

中国与南亚地区还未形成如同东盟的合作关系，目前只是以国家之间的双边合作为主导。中国成为南亚地区合作联盟的观察员，孟、中、缅经济走廊已经建立，其余合作机制较多的国家有印度、巴基斯坦。最近一段时期，中国对南亚各国贸易顺差扩大，导致南亚各国对中国贸易保护主义抬头，阻碍"一带一路"经贸合作的开展。例如，2016年，印度共发起21起对中国反倾销和反补贴调查案，是该年发起立案数量最多的国家。文化交易政策也是中国出版物向南亚八国贸易推进造成影响的一个主要因素。一般情况下，为了使进口商品的竞争力减弱，或者对某些不应进入的商品进行阻止，是进口国出版市场设置进入壁垒的目的，在很大程度上决定了出版物贸易的形成和规模。例如，可以通过设置关税使进口出版物的价格优势被削弱，为了减少国内市场受到进口出版物的冲击可以设置数量限制，进入该市场的资格以及所能享受的优惠政策都可以由其是否属于贸易协定或组织而决定。因此，中国出版物在南亚八国市场是否存在进口壁垒及进口壁垒的层次对于中国出版物向南亚八国贸易推进有着不可忽视的影响。

（四）技术因素

出版业需要依靠技术创新来实现自身的发展和升级，每个新发明都能够成为该产业发展的推动力，每次质量改进都能够提升该产业的技术水平。例如，托罗斯·爱迪生在获取电影照相机和电影放映设备之后就产生了电影。因此，文化产业的产业链也能够通过技术创新得以延展，盈利水平也能够被整体提升，无限扩大整个文化产业的范围经济性。目前从中国出版物在南亚八国的销售情况来看，大部分仍是传统出版物，新型出版物比重不大，尤其是近些年来发明的缩微成像技术、音像读物等没有在南亚八国广泛使用和传播，这对于中国出版物向南亚八国贸易推进产生了不良影响。而造成技术滞后的根本原因是人的因素，是缺乏相应的人才，因此，中国政府以及出版企业应进一步加强对人才的培育。

三、中国出版物向南亚地区贸易推进策略

（一）政府合理调控，完善相关法律法规

首先，政府管理要从宏观角度来进行，不可以简单粗暴地进行干预，在资源配置过程当中，要充分发挥市场的决定性作用。在很长一段时间内，中国出版物都被看作文化事业，偏离了文化产业的范围，政府过多地参与到了出版物事业单位管理过程当中，对出版物的发展造成了制约。在社会主义市场经济条件下，出版物企业的自主经营权应该受到政府的重视，改革其制作和播出体制，使产业政策更加有利于行业的自由竞争，对企业的发展进行健康的引导。在南亚八国，中国出版物的市场竞争力较弱，对政府的依赖度比较高，政府要用激励代替保护，例如，可以根据出版企业的产品收入来进行财政补贴，对企业进行积极的鼓励和引导。

其次，产权保护问题是存在于出版物市场当中最严重的一个问题，与引进的版权数量相比，中国的输出数量明显偏低。政府要在法律层面完善相关内容，进一步优化原本的法律体系，例如，美国为了完善产权保护相关的法律内容，相继出台了《版权期间延长法》《家庭娱乐和版权法》等；企业需要提高自身的产权意识，杜绝对文化产品进行抄袭或模仿，使生产的文化产品更具有独特的创意。

（二）加强与其他五国的贸易合作

一直以来，中国向南亚八国出版物贸易只集中在印度和孟加拉国等国，其他五国的销售额明显偏低。但是，这些国家对出版物的需求却随着经济的增长而增加，所以，中国出版物今后还拥有较大的贸易空间。因此，要充分利用"一带一路"为中国出版行业所提供的机遇，在政府的引导下，通过艺术节、文化年、图书展等多种活动的组织，与南亚各国之间建立更加良好的交流平台。除此之外，中国要加强与南亚其他五国的交流，增进文化和经济往来，在自贸区建设上加大力量投入，使与出版物相关的协议规范得以落实，增进与其他五国之间的贸易合作，进一步开放两国的出版物市场，提高在南亚八国的中国出版物的贸易额。

（三）拓宽营销渠道，减少文化折扣

通过对海外目标市场的环境进行研究，有针对性地制定经营策略，对产品本身所具备的特点和价格、分销等因素进行控制，尽可能地提高国际贸易的经济效益，这就是海外营销。在国际市场上，出版物产品的占有率直接受营销推广环节的成败影响。这个问题，虽然已经逐渐受到中国出版企业的重视，并在国际营销推广上加大了投入力量，但相对于其他国家而言，在南亚八国，中国对出版物的推广扶持力度仍需进一步加强。

在人力、财力和物力方面，中国政府应该加大支持，对出版企业进行积极的鼓励，促进其在南亚八国进行产品营销；在南亚各国，出版行业要通过服务平台的搭建，提高信息服务质量，对海外的市场运作机制进行灵活运用。

尽管文化产品本身所具备的文化内涵决定了消费者对出版物的需求偏好，但是，出版物在南亚的营销效果，却受到了语言和文化差异的影响，产生了"文化折扣"现象，给贸易往来造成了制约。因此一方面，出版业协会要在翻译上加大力量投入，组织高水平的翻译人才，对文化产品进行翻译；由行业协会牵头，通过精品产品的创作和翻译为出版企业指明与贸易合作伙伴的合作方向。另一方面，要把对方的文化元素融入本国出版物当中，通过中外文化的融合，降低"文化折扣"，让南亚的消费者能够更加接受中国出版物。

（四）培育出版物产业人才

决定出版物竞争力的要素是人才资源，然而近年来我国的出版贸易并没有受到从

业人员增加和人才占比提升的积极影响，这一问题非常值得深思。出版物人才的培养应以高校为主要基地，但现阶段高校培养出的专业人才却无法满足现实需求。

首先，以前的培养目标并没有放在创新培养上。高校的培养思路必须相应地进行转变，培养出更加具有实践能力的专业人才，既熟悉行业内的法律法规，又具有较强的创新意识；加强"产学研"的合作，企业可以委托高校完成特定出版物的人才培养，对创意产品进行合作开发。

其次，要对联合培养的方式进行积极的实践与探索，使国内的出版物从业人员能够通过国际人才交流的方式拓宽视野，对南亚的出版产业情况进行了解和掌握，使他们的国际市场开拓能力得到提升；同时，政府应该从程序上对南亚人士的出入境管理进行简化，企业应对高端的出版物人才进行引进，进而提高国内出版企业的整体水平。

四、结语

总体来说，中国出版物在南亚地区贸易总量增长较快，但是也可以看出，中国出版物在南亚八国的贸易存在结构失衡，核心文化产品成为"短板"、产品输出地区过于集中、文化折扣大，阻碍贸易发展等问题，影响中国出版物向南亚八国贸易推进的原因包括文化因素、市场化程度、文化贸易正常以及技术因素，因此，中国政府应合理调控，完善相关法律法规、持续加强与其他五国的贸易合作、拓宽营销渠道，减少文化折扣、培育出版物产业人才，确保中国出版物向南亚八国贸易的顺利推进。

参考文献

［1］付海燕，陈丹，刘松．中国出版物出口竞争力提升研究［J］．科技与出版，2016（9）：49-51.

［2］陈伟光，郭晴．中国对"一带一路"沿线国家投资的潜力估计与区位选择［J］．宏观经济研究，2016（9）：59-63.

［3］方英，刘静忆．中国与"一带一路"沿线国家间的出版贸易格局［J］．科技与出版，2016（10）：46-51.

［4］宋一淼，李卓，杨昊龙．文化距离、空间距离哪个更重要——文化差异对于中国对外贸易影响的研究［J］．宏观经济研究，2015（9）：12-16.

［5］姚宝权．"一带一路"视域下出版"走出去"的问题、优势与路径选择［J］．中国出版，2015（17）：102-105.

作者简介

申咪，1994年出生，北京印刷学院经济管理学院2017级会计专业在读硕士生。

现代风险导向审计在传媒企业实施的问题及对策

张金林

摘要： 随着我国第三产业的不断发展，以出版传媒为代表的企业成为文化产业中的主力军，传媒企业所面临的内外部经营环境日益复杂，风险也随之增加。传统的内部审计模式由于审计技术方法的局限性，在实践中不能达到预期的审计效果。本文的创新之处是在传媒企业中引入风险导向审计。通过分析现阶段在文化传媒企业中运用风险导向审计时遇到的问题，以此为切入点提出相应的对策。本文对其他尚未施行风险导向内部审计模式的传媒企业而言具有借鉴和指导意义。

关键词： 传媒企业；现代风险导向审计；内部审计

一、传媒企业风险导向内部审计的概述

（一）传统风险导向审计

传统风险导向审计模式着重关注风险的评估和风险的管理，通过查验相关财务信息，随机抽取大额原始财务凭证，通过制作相关函证来证明原始数据的真实性，首先依据原始数据估计重大错报风险的概率，其次乘以审计师在审计中失误的概率，以此来确定重大审计风险的比率，这个概率的大小决定了审计师是否有必要审计下去，因而在一定程度上弥补了单纯以账项审计为基础的审计缺陷。但是，这种将有限资源放置于风险较大的环节中而得出的审计数据，是建立在财务数据的定量分析上，审计师为了节约时间，往往不会自己重新编制财务报表，而是以企业的财务报表为依托，进行简单的总账与明细账，总账与资产负债表的对账上。

（二）现代风险导向审计

现代风险导向审计开始开创一种新思维，即在传统的风险导向审计的基础上，加

入了企业自身的营业风险，通过了解企业客户的反馈情况，将审计重点从账项审计移到公司层外面来，改变了识别重大错报风险的办法，从经营层面和管理层舞弊方面加以完善，最终加以量化得出审计风险，如图1所示。

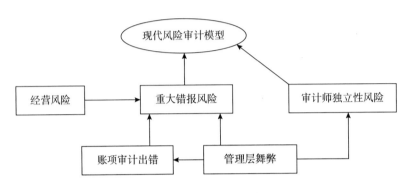

图1　现代风险审计模型

(三) 传媒企业推行风险导向审计的可行性

传媒企业作为一种新型企业，对外部环境的变化有很强的适应性，在传媒企业内部引入风险导向审计，可以很好地与企业发展结合在一起①，与传统的官僚制企业相比，21世纪的传媒企业在接受新鲜事物时具有很强的兼容性。从意识形态上保证这种审计方法推行的可行性。

国内上市的传媒企业依然停留在传统的风险导向审计阶段，传媒企业实施现代风险审计案例几乎处于空白，不具有代表性，关注的焦点还是财务数据的核对上。但是，在传统的风险导向审计活动中，审计人员依靠总账、明细账以及财务报告等过时数据，这种缺乏时效性的数据信息难以保证审计质量。随着互联网的日益成熟，为获取传媒企业外部信息提供了技术支持。因此，从传媒企业自身的兼容性以及信息技术的发展上来看，在上市传媒企业内部实行现代风险导向审计的时机已经趋于成熟。

二、传媒企业实施风险导向审计的障碍②

我国上市传媒企业大概有15家，选取的样本数据无法从宏观上得出结论，对于企业的外部风险情况了解得也很少，导致内部审计更多的是关注财务数据，外部经营环境由于参考的传媒企业数量稀少，审计师往往不重视外部经营风险，导致出现重大错报风险的概率增加。同时由于审计独立性监管不严问题，很多会计师事务所为企业连

---

① 苗宁. 风险导向审计在商业银行内部审计推行的问题及建议 [J]. 中国经贸导刊, 2018 (8).
② 杜梅. 风险导向审计方法在银行内部审计中应用的思考 [J]. 今日南国 (中旬刊), 2010 (4): 94-95.

续多年提供审计服务，即使是换了会计师事务所，但项目经理依然是原班人马。

（一）传媒企业在复杂内外部环境中难以获取证据[①]

将企业所处经营环境的变化所引起的风险换算成相应的数据是现代风险导向审计的重要特征，从消费者、上游供应商、下游经销商等外部了解，按一定的比例折算成经营风险比率。但在实际操作中，由于上述人群过于分散，为了节约审计成本，审计师会忽略掉外部经营环境的调查，按正常流程的内部审计着眼于企业财务数据的核查上。缺乏对所处行业的分析，其中对于风险控制很重要的部门，该部门的独立性又不够，导致评价结果不充分和片面。当我们放眼外部环境的时候，由于文化产业的独特性，作为一个新兴产业，必然有许多需要完善的地方，传媒企业作为文化产业的载体，受国家产业政策的影响比较大，而其中关于资产与费用的分类，如何认定无形资产以及怎么摊销，也是传媒企业不同于其他公司的重要特征。在评价传媒企业所面临的外部风险时，必须从国家文化产业政策、法律监管以及国际文化发展趋势等多方面综合进行考虑。由于我国的上市传媒企业不多，可供参考的变量比较少，往往是比对其他企业来进行内部审计，但是存在一个客观的因素是：传媒企业发展速度上的差异和行业环境的不断变化，将其他上市公司的内审方法运到传媒企业上，可能会造成审计不充分的弊端。

（二）重理论与轻实践

近年来，尽管我国的审计理论越来越丰富，但是在具体实践操作中，往往出现两者分离的情况，虽然在审计上市传媒企业时引进了风险导向审计这一方法，但在实务中常出现的情况是：会计师事务所制定了风险评估程序，但后续的审计程序与前面的风险评估程序没有衔接起来。又回到了传统查账阶段，导致我国传媒企业的内部审计处于一种流于形式的发展阶段，缺乏创新。另外一个很重要的客观原因是传媒企业的风险导向审计缺乏相应的实务标准，理论先进但是实践缺乏依然是风险导向审计的通病，这其中又与审计专业人员素质密切挂钩，他们无法做到量化审计。

（三）审计独立性与监管不健全

现阶段的年终财务审计、离任审计、重组审计都要求聘用不同的会计师事务所，在而在现实中会出现一个项目组同时审计一家公司好多年的情况，即使中注协明文规定不允许出现五年依然审计同一家公司的规定，但由于缺乏相关的监管部门来具体操作，这种规定形同虚设。如项目经理为了不违反规定，会带着审计项目投奔其他的会计师事务所，在这种情况下会诱发舞弊的情况，从短期利益来说，可能使上市传媒企业能有一个很好的口碑，但对于企业未来发展是不利的，另外，企业为了节约成本，

[①] 苗宁. 风险导向审计在商业银行内部审计推行的问题及建议 [J]. 中国经贸导刊, 2018 (8).

倾向于不换会计师事务所，无论是上市传媒企业还是其他国有企业，都存在这个问题。

（四）传媒企业对内部审计不够重视

虽然表面上上市传媒企业都有自己的内审部门。但事实上企业设立审计委员会是基于企业组织结构的要求，在实践中往往是公司高层决定，审计委员会并没有发挥作用。一方面，上市传媒企业作为新型的产业，发展历程不长，往往关注的是企业的经营业绩，管理层缺乏风险管理意识；另一方面，缺乏传媒企业内审样本，这也造成企业高层领导处于一种为难的境地。

三、推行传媒企业风险导向审计的对策

（一）与时俱进与自我发展

风险导向审计是一种理论先进但实践缺乏的审计方法，其推行类似于一种"摸着石头过河"的思路，是一个循序渐进的历程。在实施审计中，一方面，根据不同的审计目标，要分析宏观因素包括经济环境的变化、国家文化产业的政策以及全球文化产业的发展方向，这些因素都会影响上市传媒企业的股价；另一方面，有核心的企业文化、人性化的员工管理、高层的重视、完善的内部控制制度都会营造一个有利的内部审计环境。

（二）完善内控

完善传媒企业的内控制度，是成功实施现代风险导向审计的重要前提，内控制度作为企业自查的最后屏障，内控制度的严谨性对传媒企业的风险导向审计的成功实施具有重要作用。首先是制定内部控制制度，同时优化公司治理结构，进而建立一种长效的控制机制，明确公司员工内控责任。① 根据企业面对风险的不同制定不同的内控评价指标和操作流程，推动风险导向内部审计的应用；上述这些都需要传媒企业完善公司的章程与准则，规定风险导向审计的操作要求，以便能形成一套合理有效的操作流程。同时随着国内外环境的不断变化，互联网技术的飞速发展，建立审计信息化系统也是一个很好的补充。

（三）抱团发展，互相监督

上市传媒企业数量不多，在整个市场中所占份额也比较小，为了保持竞争力，可以组团发展，另外，由于各个企业的内部审计发展不平衡，区域之间又存在发展差异，传媒企业间可以组建行业自律协会，在内部审计上加强合作，互相监督。这种措施通

---

① 苗宁. 风险导向审计在商业银行内部审计推行的问题及建议 [J]. 中国经贸导刊, 2018 (8).

过企业聘用专业机构去查对方企业的方法，可以在一定程度上约束企业的违规行为。同时在选择专业机构时，要注意选择机构的时间间断性，防止出现一家机构连续为企业多年提供审计服务的情况，这种"换汤不换药"的审计模式，既不利于传媒企业的长远发展，也容易出现审计舞弊的情况发生。因此，国家层面的监管平台需要落实到位。

（四）建立传媒企业高层风险审计意识

公司高层作为企业的核心，应该加强对风险的把控力度，特别对于上市传媒企业来说，公司的经营风险容易引起股价波动，而股价波动又会对公司声誉造成影响，高层的风险审计意识有助于从公司内部消除人为因素造成的风险。传媒企业作为新型产业，发展较晚，内部审计人员面对风险时缺乏必要参照，在驾驭和分析层面可能没有公司高层领导想得长远，在复杂的风险面前又会认识不足，因此，对处于高速发展的传媒企业来说，高层领导必须以身作则，由上而下进行风险评估。

四、结语

风险导向审计作为一种新的审计理念，将其与传媒企业这种新型文化企业结合在一起，对于完善和丰富审计理论具有重要意义，目前来看，风险导向审计引入文化产业中，还处于萌芽阶段，没有可供参考的标准，但是发展潜力巨大。

参考文献

［1］李克亮. 审计"大智慧"勿要"小聪明"——立信与证监会听证会辩论解析［J］. 会计之友，2018（2）.

［2］董海霞. 修正风险导向审计模型的控制效果研究［J］. 理财，2012（8）：94-95.

［3］苏菁，杜梅. 风险导向审计方法在银行内部审计中应用的思考［J］. 今日南国（中旬刊），2010（4）：94-95.

［4］何小蓉. 商业银行开展风险导向内部审计的难点及对策［J］. 中小企业管理与科技（上旬刊），2011（2）：109.

［5］王瑞雪. 上市公司现代风险导向审计应用研究——基于揭露管理层舞弊视角［D］. 天津科技大学，2015.

作者简介

张金林，1991年出生，北京印刷学院硕士研究生，会计专业。

第三篇

数字出版与传播研究

信息化管理在博物馆藏品信息资源开发中的应用研究

秦必瑜　刘　晶

摘要： 随着互联网技术、数据库技术在文化创新、文化传播与开发等方面的应用越来越深入，不少博物馆在建设和开发数字化博物馆。在网络化和大数据时代，博物馆数字化将成为一种新型的管理模式。对博物馆藏品进行数字资源开发关系到各类博物馆未来事业的发展。博物馆藏品数量和种类繁多，需要借助信息化管理提高管理水平，利用网络技术和数字化技术，将博物馆藏品进行数字化开发和利用，建立藏品数据库系统，实现藏品数字化、智能化和网络化管理，提高对藏品信息资源管理和开发的力度，并通过网络平台为公众提供更好的服务。

关键词： 藏品数字化管理；藏品管理；数字资源；数字博物馆

对藏品的收藏、典藏、展示和研究是博物馆一项基础性工作，在信息化时代，如何利用信息技术、数字化技术对博物馆藏品进行信息化管理，是博物馆重点考虑的课题。大多数博物馆是不盈利的，免费对外开放，为全社会提供公共文化服务，利用信息化技术、计算机网络建立数字化博物馆，设计与开发藏品信息系统，以数字化形式对藏品进行采集、加工、存储、管理和开发，为公众提供更好的全方位的服务。

一、我国博物馆发展现状

根据国家统计局公布的数据，中国博物馆规模在 1996～2017 年呈现逐年快速增长趋势，在 1996 年仅有 1219 个，到 2017 年，博物馆数量达到 4721 个，占文物机构的 47.5%。2017 年中国博物馆藏品共 3938.32 万件，博物馆接待观众 97172 万/人次，增长 14.2%，占文物机构接待观众总数的 84.7%。《博物馆事业中长期发展规划纲要（2011～2020 年）》指出，到 2020 年博物馆数量将增加至 5720 个，公共文化服务人群覆盖率明显提高，从 40 万人拥有 1 个博物馆发展到 25 万人拥有 1 个博物馆。从 2008 年起，除一些科技类、遗址类、自然类、美术类博物馆以外，全国大多数博物馆、各省份博物馆或博物院、爱国主义教育基地全部面向社会公众免费开放。

近年来，全国各地各类博物馆每年举办各类展览次数超过 2 万多个，累计参观人数超过 8 亿人次。博物馆建设数量逐年递增（如图 1 所示），带动公共文化服务、社会教育水平逐步提高，藏品展陈质量、种类和数量也显著提升（如图 2 所示），各地博物馆在公众社会生活的地位日渐突出，参观人次年年增加（如图 3 所示）。国家文物局于 2017 年 2 月 14 日印发的《国家文物事业发展"十三五"规划》中专门提出全面提升博物馆发展质量，"优化博物馆结构，丰富博物馆藏品，促进博物馆文化创意产品开发，提升博物馆公共服务功能和社会教育水平"。从这些数据和事实可以看出，我国文博事业呈现出健康、稳定的发展趋势和繁荣景象。

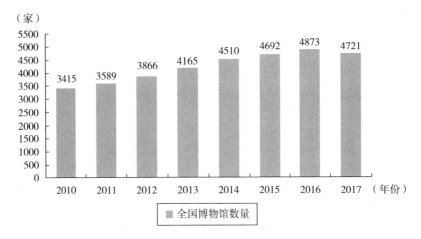

图 1　2010~2017 年中国博物馆数量变化趋势

资料来源：中华人民共和国文化部．中华人民共和国文化和旅游部 2017 年文化发展统计公报［R］．北京：中国统计出版社，2018-06-05．

图 2　2004~2017 年中国博物馆文物藏品数

资料来源：中华人民共和国文化和旅游部．中华人民共和国文化和旅游部 2017 年文化发展统计公报［R］．北京：中国统计出版社，2018-06-05．

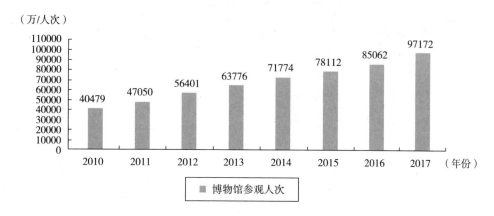

图 3　2010~2017 年全国博物馆参观人次

资料来源：中华人民共和国文化和旅游部. 中华人民共和国文化和旅游部 2017 年文化发展统计公报 ［R］. 北京：中国统计出版社，2018-06-05.

二、博物馆藏品信息管理系统建设目标及系统框架

（一）博物馆藏品信息管理系统开发目标

随着信息技术、网络技术和数据技术与博物馆的结合越来越深入，分析博物馆信息化的功能需求，以馆中藏品信息为主，对藏品的主要信息进行采集、加工和存储，将实体藏品进行数字化处理，制作成数字藏品，围绕着陈列、保管和研究三大基本功能，开发与设计包括藏品征集、藏品登记、藏品入库、藏品标注、保养、复原、存储、管理、检索、统计查询和定制输出等一体的藏品信息管理系统。利用强大的藏品信息管理系统功能，实现藏品的全过程动态管理，全面检索功能，能快速地找到所需要的藏品信息。对藏品的年代、材质、藏品位置、尺寸、重量等基础信息以及鉴定信息、征集信息、拓展信息、图片、视频、3D 等影像信息的维护与管理。RFID 电子标签结合智能手持设备，实现藏品库房实时盘点，规范化和标准化藏品管理业务流程，充分高效地开发和利用藏品信息资源。

博物馆藏品信息管理系统可根据博物馆藏品特色来定制博物馆的业务流程，例如，票据博物馆、服装博物馆。在开发藏品信息系统时必须提供符合文物局标准的数据接口，以便能与国家普查系统对接。

根据博物馆的管理流程和业务流程，提出藏品信息管理系统的五大建设要求如表 1所示：

表1　藏品信息管理系统的五大建设要求

实现目标	满足博物馆藏品流程管理和业务管理、数字化管理要求
系统定位	藏品数据库、与藏品相关的业务
服务对象	与藏品相关的核心业务部门
服务方法	基础平台、业务工具、检索统计、数据接口
核心业务	藏品信息管理、业务管理、资源利用

（二）藏品信息管理系统框架

现在博物馆藏品信息系统一般是采用 B/S 体系结构，围绕藏品信息管理的功能需求及业务需求，以藏品管理信息流和工作流为中心的策略，实现以信息流为线索的系统框架结构，该系统具有智能化、规范化、方便易用等特点，如图4所示。

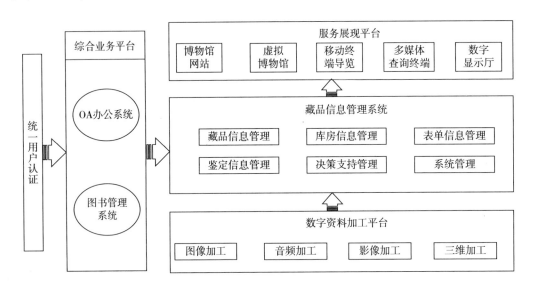

图4　藏品信息管理系统框架

三、博物馆藏品信息管理系统构建

博物馆藏品档案主要分为纸质档案和电子档案，各有特点，相得益彰。建立博物馆藏品信息管理系统将大大弥补传统管理的漏洞和不足，也是建设数字化博物馆的重要组成部分。博物馆日常工作靠人工整理和归档，博物馆藏品日常管理是非常烦琐和费时的，尤其是纸质藏品是易损坏的文物，对人工作业环境和现场环境要求较高。藏品信息化管理是通过构建藏品信息管理系统，为每件藏品建立一个全面的数字化档案，建立一个更加完善的、易于保存的藏品信息数据库。通过该数据库，可以快速搜索藏品，藏品信息一目了然。博物馆藏品信息管理系统功能模块如图5所示。

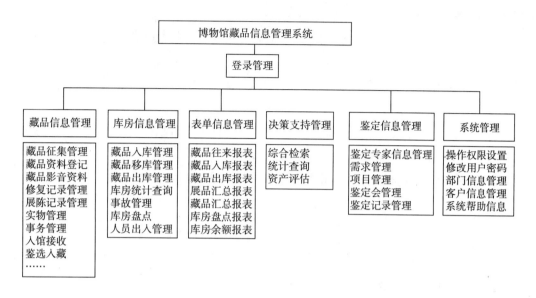

图5 博物馆藏品信息管理系统功能总体结构

博物馆藏品信息资源管理系统的主要功能分析:

(一)藏品信息管理

(1)藏品征集。各类博物馆都会根据自己的需求和规划不间断地向社会发布征集各类藏品的信息。制定征集计划,确定藏品标准。有计划、有目的地主动征集藏品。

(2)藏品标准。博物馆在征集、管理藏品过程中,会根据博物馆性质、藏品类型等确定藏品的门类、时代分类、品相与品质、数量等标准。

(3)藏品管理。包括藏品信息,科研信息,工作信息等。藏品信息采集包括藏品的基本信息(例如藏品名称、藏品编号、年代、尺寸等)、藏品多角度图片、三维立体扫描、音视频、平面扫描等信息进行多维度全方位采集。藏品研究登录包括藏品的征集和研究资料的管理,包括流传经过、著作论文、款识印记图像等信息。藏品信息库可以全方位地完善地保存藏品信息,可以对藏品信息进行实时维护修改。对藏品及藏品信息资源进行搜集、整理、储藏、数字化开发,对藏品的所有权、实物等相关信息和相关工作进行信息化管理。

(4)事务管理。主要涉及藏品管理资源,例如,人员、相关工作的组织协调。制定相关保管制度,使账目确切,编目详细。

(5)入馆接收。当藏品入馆时,博物馆相关人员需要确认对入馆物品的查验,核实,临时登记,临时存放,移交藏品监护权和相关文件等。

(6)鉴选入藏。依据藏品标准进行初选。鉴定藏品的年代、出处、流传、定名、价值、品相、等级，使一件物品正式成为博物馆藏品。在鉴选过程中，要按规定的工作程序和流程来开展。

（7）藏品入藏程序管理。藏品的审批流程与规范。有些特殊藏品还需要进行一些特殊的清理、修复、杀菌、加固等工序。

（8）藏品入库上架。藏品柜架位置的数字化管理，实现对框架进行科学摆放与查找，合理规划藏品存放区域。

（9）藏品研究登录。藏品的征集和研究资料的管理，包括流传经过、相关史论文献、著作论文、相关博客链接、款识印记图像等信息。

（10）注销。有些藏品永久终止收藏或永久性地从馆藏中去除。

（二）藏品库房信息管理

主要是针对藏品库房进行出入库、移库、库房统计和盘点、事故管理等进行管理。还需制定防火，防盗，防虫，防潮，防震，封存，防尘，防霉等一系列防护措施。

（三）表单信息管理

主要有凭证管理和报表管理，对各项凭证和报表实现在线生成、导入导出和打印输出功能。

（四）鉴定信息管理

主要是鉴定信息库管理、鉴定需求和项目管理、鉴定会管理及鉴定记录管理等。

（五）决策支持管理

主要有综合检索和统计功能，实现对藏品数据进行快速查询、多媒体查询检索（对文档、图片、音频、视频等多媒体进行查询）、定义过滤条件，对藏品资源内容进行自动统计、分类统计、按条件统计等统计和排序。既能查询数据又可以查看图片或三维图形。检索结果以概览和细览方式呈现，实现藏品卡输出打印、统计结果输出打印。资产评估包括文物资产登记、统计和征集文物预算管理等。

（六）系统管理

主要有用户权限设置、口令设置与修改、部门信息管理、用户属性设置、信息接收、主要信息上报、日志管理等，对使用系统的人员进行严格的控制。

四、利用网络技术、数字化技术实现博物馆藏品信息资源开发利用

（一）藏品数字资源综合利用

通过对藏品数字化处理，将馆藏资源以数字形式存储、管理、开发利用。博物馆藏品陈列展览、文化传播、文物保护、交流研究、文化创意产品开发等博物馆重要职

能的开发利用都是建立在藏品信息化和网络化管理的基础上，通过网络化和信息化技术让博物馆文物藏品和古文化"活"起来，博物馆借助互联网和信息化技术的平台，将博物馆的文化资源与公众分享，惠及百姓。通过藏品数字化管理加强馆际之间合作，实现资源共享，充分利用各馆的藏品信息资源，互为补缺。将博物馆藏品数字化管理，把与藏品有关的主要研究著作论文、典籍、历史文献资料等与藏品基础数据库进行关联，从而为社会公众从事科研及查找资料提供必要的数据资源支持。例如，某学者想要研究宋代的银锭，到博物馆查询与银锭相关文献，在博物馆输入相关指标项后，输入过滤条件，通过信息智能检索，可以调出与此银锭相关的一切数据库及相关研究，可以在电脑上浏览，也可以打印图片、数据或形成电子文件。

（二）博物馆与互联网融合

随着网络技术的深入应用，博物馆藏品网络化、智能化管理是当今的发展方向。2016 年国家文物局、国家发展改革委、工信部、科技部等印发了《"互联网+中华文明"三年行动计划》。博物馆应用网络媒介，依托互联网技术，构建博物馆+互联网，建立基于藏品资源开发和信息系统的网络平台。搭建博物馆网站，由网站群、多媒体数据资源、博物馆 APP 应用等各种信息资源组成，构建线上、线下互联互通的聚合平台，涵盖数字博物馆、博物馆网店、博物馆游戏、博物馆公众号和社区论坛，建立"博物馆+互联网"的体系，如图 6 所示。全国各个博物馆之间利用自己的网络平台或公众网络平台交流展览信息、讨论藏品文化，有助于全国博物馆藏品信息网络化管理。

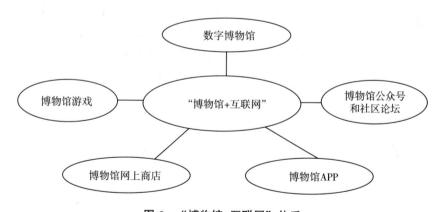

图 6　"博物馆+互联网"体系

（1）博物馆公众号和社区论坛。建立博物馆微信公众号，也可以建立社区论坛，博物馆微博等。

（2）数字博物馆。全景博物馆、视听博物馆、利用 AR、MR、3D 等手段传播博物馆主题文化，开发 VR 作品。

（3）博物馆游戏。开发与博物馆主题相关的游戏。

（4）博物馆网店。博物馆文化创意产品开发及网上商店。

（5）博物馆APP。开发以用户为体验的数字博物馆APP。结合博物馆主题或特色开发一些情景模似，让游客在APP上模拟逛博物馆，有种身临其境的体验。

（三）藏品数字资源展示，探究藏品背后的故事

藏品数字资源展示主要包括藏品实地多维展示与数字虚拟展示。藏品实地展示是社会公众到博物馆参观时感受到的科技化展陈形式，例如，利用数字虚拟技术复原圆明园被毁之前的情景。虚拟展示是观众在网络上进行浏览的形式，例如，南京博物馆数字馆设计了虚拟漫游系统，普通观众可以通过互联网不受地域限制随时随地体验身临其境的漫游。博物馆工作人员需要根据公众对藏品背后故事的需求和兴趣进行挖掘，搜集藏品背后隐藏的有价值的文化故事，形成数字化资源，让公众通过互联网了解藏品背后的故事，通过数字化展示和互动，探寻藏品的真正来源及其背后的故事，也可以更好地发挥藏品的文化、历史与教育价值。做好藏品数字资源管理，将每件藏品的信息价值挖掘出来，满足公众对文化的多元化需求，也为未来公共文化服务借力数字化进一步发展奠定基础。

五、结语

通过藏品信息资源开发，为藏品方式创新、展览研究、博物馆藏品价值利用提供平台。博物馆的任何一件藏品都具有其特殊的历史价值与文化内涵，博物馆开发藏品数字资源，将博物馆日常工作有效地融合，将藏品"活起来""动起来"，既能提升博物馆内部的信息化管理与网络化管理水平，又能充分挖掘藏品所承载的文化和历史价值。博物馆都在寻求突破之道，积极探索博物馆数字化建设之路，任重而道远。

参考文献

［1］郭立平，韦凯．数字博物馆的文物展示新模式研究［J］．艺术与设计（理论），2009（12）：64-66．

［2］魏巍．我国博物馆文物藏品利用研究［D］．山东大学硕士学位论文，2015．

［3］齐越，沈旭昆．博物馆数字资源的管理与展示［M］．上海：上海科学技术出版社，2008．

［4］刘健．智慧博物馆路向何方——以上海博物馆的数字化建设实践为例［J］．上海艺术评论，2016（6）：20-22．

［5］杨艳丽．利用数字化技术，实现博物馆藏品的信息化管理［C］．北京博物馆学会会议论文集，2004（6）：491-503．

［6］国家文物局．国家文物事业发展"十三五"规划［EB/OL］．http：//www.sohu.com/a/

126877948_ 488826.

［7］2018 年中国博物馆发展现状与趋势分析 . https：//www. qianzhan. com/analyst/detail/220/180621-935f24ed. html.

［8］江光华，沈晓平 . 数字技术与设计服务引领北京创意产业发展［J］. 科技智囊，2017（10）.

［9］王迪 . 博物馆展览中多媒体内容策划及写作研究［D］. 吉林大学硕士学位论文，2017.

作者简介

秦必瑜，北京印刷学院经济管理学院，副教授，硕士生导师，主要研究方向为传媒企业信息化管理与优化决策。

刘晶，北京印刷学院经济管理学院会计专硕（在读）。

网络游戏——文化出海的载体①

陈鹤杰　　于淑仪　　于李岱山

摘要：文化是一个国家、一个民族的灵魂，随着网络技术的发展、互联网用户数的快速增长，各种文化涌入我国，不仅影响中国传统文化的传播并带来文化安全问题。"一带一路"政策强调中国文化"走出去"，文化出海不仅提高中国国际贸易占比，同时也是传播中国文化、防御文化入侵的重要途径。本文从文化安全、文化输出的角度论证网络游戏必然成为文化输出的重要载体之一，并提出利用网络游戏完成中国传统文化传承、实现文化"走出去"的一些建议。

关键词：中国传统文化；网络游戏；文化出海；"一带一路"；文化安全

作为四大文明古国的中国孕育了很多优秀的传统文化并伴随丝绸之路、海上丝绸之路传播到世界各地。随着时代的发展，欧美文化、韩流的输入，不仅遏制了传统文化的传承，同时引发文化安全问题。党的十九大报告指出："文化是一个国家、一个民族的灵魂。文化兴、国运兴，文化强、民族强。没有高度的文化自信，没有文化的繁荣兴盛，就没有中华民族伟大复兴。"一方面，文化不仅是一个国家综合实力的组成部分，同时决定了整个民族的复兴大业；另一方面，在整个国际贸易中，文化贸易是发展速度最快的。中国的"一带一路"倡议中特别强调中国文化"走出去"。文化"出海"不仅提高中国国际贸易占比，同时也是传播中国文化、防御外国文化入侵的重要途径。

目前，中国互联网、移动互联网用户数量巨大，特别是基于移动设备和社交网络的新媒体应用异军突起，这与中国拥有规模最大的互联网用户群、消费力提高、追逐新技术的消费特点有关。同时中国大力普及本科、硕士教育积累了大量的人才，国家从政策层面鼓励优秀传统文化的普及教育，更多的优秀人才参与文化产品的开发和传播。由于网络游戏不需要受众具有一致的文化背景、价值观，通过软件即可将世界各地受众联系在一起，因此，中国文化"出海"一定要借助网络游戏。同时网络游戏的内容包含游戏设计者的文化和价值观，利用各种关卡将文化与娱乐有效结合，受众对所

① 本项目受北京高等学校高水平人才交叉培养"实培计划"项目支持，本项目同时受22150118022/021支持。

传达的文化接受度高，我们认为网络游戏是一种非常好的文化出海的载体。本文从文化安全、文化输出的角度，研究以游戏为文化载体实现中国传统文化传播的主要问题。

一、网络游戏必然成为中国传统文化出海的优秀载体

（一）基于网络游戏角度的中国传统文化概念的界定

传统是指人们世代相传的思想、文化、道德、风俗、艺术、制度以及行为方式等，对人们的社会行为有无形的影响和约束作用。从古至今的哲学家、社会学家、人类学家等都从不同角度给出了各种文化的定义，英国人类学家泰勒认为："所谓文化或文明是包括知识、信仰、艺术、道德、法律、习俗以及包括作为社会成员的个人而获得其他任何能力、习惯在内的一种综合体。"当代文化学者余秋雨在《何谓文化》一书中曾指出："在这个世界上，没有别的东西比文化更难捉摸。我们不能分析它，因为它的成分无穷无尽；我们不能叙述它，因为它没有固定的形状。"中国传统文化是指具有鲜明中华民族特色的、历史悠久、具有包容性、内涵丰富的民族文化。中华传统文化是中华文明成果根本的创造力，是民族历史上道德传承、各种文化思想、精神观念形态的总体。中国传统文化一般分为物质文化与非物质文化。从传统文化在网络游戏中的呈现角度，我们将中国传统文化分为四类，其中考虑到中国武术已经成为中国传统文化符号，我们单独将其列为一类。

（1）呈现文化的实物。包括中国戏曲文化，如京剧、昆曲、小调等；中国服饰文化，如汉服、旗袍、婚服等；中国建筑文化，如故宫、颐和园、长城等；中国传统文学作品，如四大名著、史书、《四库全书》等；中国传统诗词曲文化，如唐诗、宋词、元曲等；中国的名人文化，如李白、杜甫、司马迁、王羲之等。

（2）具有鲜明地域特色、民族特色的传统节日、风俗文化和饮食文化。包括中国传统节日春节，端午节的赛龙舟、吃粽子，传统敬老节日重阳节，七夕节等。饮食文化中茶文化、酒文化、各大菜系文化等。

（3）享誉国际的中国武术。包括少林拳、醉拳、南拳、咏春、太极、螳螂拳等。

（4）体现中国智慧的哲学思想。包括孔子的儒家思想、老庄的道家思想、韩非子的法家思想、王阳明的心学等。

（二）网络游戏成为文化传播载体的必然性和可行性

我国网络游戏产业发展迅速，2016年全球游戏市场规模达1011亿美元，预计2020年全球游戏市场规模将达1285亿美元。2017年亚太地区游戏市场规模约为512亿美元，全球市场占比为47.1%；北美地区全球市场占比为24.8%，亚太地区已经成为全球游戏市场的增长引擎。2017年中国游戏厂商出海热情高涨，自研网络游戏海外营业

收入约为 76.1 亿美元，同比增长 10.0%。从以上数据可以看出，我国游戏厂商越来越关注海外市场，而"一带一路"包含了很多东南亚国家。由于过去几代华人在各国进行的文化传播，中国文化在很多东南亚国家已与本地文化融合，随着我国在世界上的经济地位不断提高，很多国家主动了解中国文化，地缘战略在泰国、韩国等国家取得成功。

霍夫斯泰德指出，文化由不同层次组成，各层间不是相互独立而是相互影响。我们认为，文化的最外层是符号层，即不同文化如何呈现，包括语言、服饰、建筑、饮食等人眼可见的。里层是代表社会规范性质的行为层，主要表现为礼仪、各类习俗、传统节日。核心层是价值观，表现为人对自身存在的价值认知，人与人关系的认知等。游戏可以根据这三个层次完成程度不同的文化传播，符号层最容易实现，炫酷的服饰、具有文化特色的建筑让受众感官接受度高；礼仪、各类习俗、传统节日可以脱离故事情节融入游戏中；而价值观是最难实现的，同时很难快速、有效检测到受众对价值观的接受程度。我们通过分析具体游戏，阐述游戏从三个不同层次进行传播文化。我们认为游戏必然会成为文化海外输出的重要载体。

美国传播学家麦库姆斯提出议程设置理论，我们认为该理论网络游戏是大众传媒的一种形式，而大众传媒具有如下三个特点。

（1）大众媒介往往不能决定人们对某一事件或意见的具体看法，但是可以通过提供信息和安排相关的议题来有效地左右人们关注某些事实和意见，以及他们对议论的先后顺序，新闻媒介提供给公众的是他们的议程。

（2）大众传媒对事物和意见的强调程度与受众的重视程度成正比，该理论强调受众会因媒介提供议题而改变对事物重要性的认识，对媒介认为重要的事件首先采取行动。

（3）媒介议程与公众议程对问题重要性的认识不是简单的吻合，这与其接触传媒的多少有关，常接触大众传媒的个人议程和大众媒介的议程具有更多的一致性。

议程设置理论从理论角度解释网络游戏成为文化传承载体的可行性。在网络游戏内容设计中侧重加入中国的传统文化，受众会在潜移默化之中主动和被动地接受这些文化。尤其对青少年来说，可以使他们在了解游戏本身的时候，耳濡目染地接受中国传统文化。加之网络游戏具有受众数量大，受众年龄主要集中在接受新思想最活跃的青少年群体，传播速度快、范围广等特点，网络游戏必然成为网络环境下传播传统文化的载体。

（三）基于中国传统文化的网络游戏有助于提高我国文化安全

随着全球化的进程，文化则置身于政治经济之中，美国国家战略中意识形态的渗透占据重要地位。由于网络游戏的主要群体是青少年，而这一年龄段是人生观、价值观的重要形成阶段。游戏世界是一个虚拟世界，这个世界比现实世界中充斥更多的负面文化因素如暴力、色情等。长期处在这些不良文化中会让青少年抛弃现实世界的价值观。文化作为国家发展必需的软实力，积极发展、传播含有符合本国意识形态的文化是保证文化安全的重要措施。

中国拥有世界瞩目的文化，随着国际化发展我国文化产业在国际上具有的影响力越来越大。我们从传播传统文化抵御西方意识形态的输入，转入让文化"走出去"的策略，通过文化输出实现由守转攻。而开发优秀传统文化的网络游戏是提升中国文化软实力的重要途径。随着国家政策促进网络游戏"出海"，越来越多的企业积极开拓海外市场。我国自主研发网络游戏海外市场实际销售收入从 2008 年的 0.70 亿美元上升至 2017 年的 82.80 亿美元。网络游戏出海不仅保证我国的文化安全，同时还推进文化产业的发展。

二、网络游戏中跨文化传播案例分析

日本、美国、法国、韩国等开发了将本国文化与他国文化结合的游戏。如日本光荣株式会社研制的《三国志》，美国暴雪娱乐公司开发的大型多人在线角色扮演游戏《魔兽世界》。《魔兽世界》的核心文化是以"魔戒"为代表的欧洲奇幻及衍生的"龙与地下城"等奇幻文化，奇幻文化构建了魔兽世界的世界观基本框架，随着每个故事的展开吸纳了欧洲神话、欧洲史，随着不断推出的版本，世界各地不同民族的文化、文化符号、世界各地宗教和信仰在各种魔兽争霸中体现。在《魔兽世界》中，由于阿拉索帝国的政治层的失误，导致分裂成了斯托姆加德王国等七国，其形式上源自英格兰持续四百年之久的"七国时代"，很多故事背景也源于英国历史。随后魔兽世界将各国文化引入，如中国文化集中体现在《魔兽世界——熊猫人之谜》。这一版本中出现了长城、四神兽、龙、熊猫等典型的中国传统文化符号层包含的内容，同时引入很多中国传统神话，而整体故事都围绕着熊猫人崇尚的护国安邦、道法自然的核心价值观。

中国的网络游戏获得快速发展，其中影响最深、受众最广的是腾讯公司开发的《王者荣耀》，在这款游戏中，英雄角色的设定主要是以中国的历史、古典名著以及神话传说中被大家所熟知的人物形象为依据，例如，嬴政、蔡文姬、孙悟空等。同时，推出含有戏曲元素的人物皮肤，并将中国经典戏曲元素融入，如项羽和虞姬的京腔配音《霸王别姬》、甄姬的昆曲配音《游园惊梦》。通过这些传统文化元素促使很多玩家关注与之相关的图书、戏曲等。但是不得不承认，目前我国的网络游戏包含的传统文化不仅太少，而且展示方式也单一。

三、网络游戏产业完成中国传统文化传承与文化出海对策研究

（一）充分利用受众对网络游戏本身的反哺作用，促进传统文化传播

受众通过游戏中设置的各种任务传播文化，而受众又在玩游戏的过程中丰富、反哺游戏本身。大多数游戏素材取材于传统文化，以中国传统文化为例的《三国演义》《封神榜》等作品中人物和主要事件常被选中成为游戏的噱头。目前流行的游戏一般都是多人在线游戏，同时开发公司和玩家往往构建论坛等性质的平台分享游戏体验。事实上，这些行为通过虚拟世界让不同文化背景、身份的受众构成一个社会关系。在这个社会关系中，"羊群效应"、社会认同等现实中的心理特征同样出现，受众会追随某个权威人士的行为，接受一个群体意识。一些玩家通关后，触发了确认历史真实性的欲望。一些资深玩家会通过查询、阅读大量的关于游戏文化背景的资料，在群体中展示自己的权威性，甚至会组队自制游戏模组，让游戏中的人物与历史更趋一致。由于这些行为是玩家的主动行为，其他玩家会更趋积极接受这些真实历史知识，其传播传统文化的效率是非常高的。

（二）提高网络游戏行业与出版行业的深层次交流，促进双方深层次发展

网络游戏开发对时间、内容都有很高的要求，海外市场中"中国同行"竞争趋向激烈，东南亚地区移动游戏趋向同质化。如果想要开发一部像"暴雪"长盛不衰、具有典型欧美文化价值观的游戏，我们必须开发出带有典型中国传统文化的游戏产品。在游戏中加入从符号层、行为层到价值层不同层次的传统文化，开发者和设计者需要投入的时间会越来越多，目前我国研发的一些游戏很好地完成了符号层和行为层中如节日、礼仪的内容的呈现，而传统文化传播最重要的价值层的内容完成度不够。核心价值观融入游戏不是简单的颜色、画面、音效能完成的，需要对文化内涵的深入掌控，然后设计开发者在不同游戏阶段突出展示文化特色，在受众头脑中植入文化内容。这些都会增加游戏开发者的工作量，拖延游戏开发时间。对于游戏公司而言时间就是生命，如果项目开发的时间延长，需要投入更多资金。这些可能会影响公司的资金周转，加大风险投资，从目前游戏行业白热化竞争程度来看，游戏公司是不会冒这个风险的。

而反观出版行业，我们积累了大量优秀的传统文化作品，同时也有很多对传统文化有独到见解的作者和编辑。游戏公司和出版行业从内容和技术层面的交流很少，我们认为加强两个行业人才交流不仅是提高游戏公司传统文化快速融入游戏的捷径，同时也是提高出版行业竞争力的一个有效方法。

（三）重视游戏在国家文化安全的重要性，利用文化出海积极防御西方文化渗透

文化是一个国家的软实力，越来越受到各个国家的重视，是综合国力的重要组成

部分，在各国综合国力竞争中的地位日益突出。各国纷纷将提升文化作为主要的发展目标，力求在日益激烈的国际竞争中赢得主动权。在风云变幻的国际形势中，有效地防御文化渗透的策略就是加强优秀传统文化在本国的推广，同时将文化输出到国外。由于互联网技术的迅猛发展，给各行各业带来前所未有的冲击，传统的文化传播方式也受到严重威胁，国家文化安全问题也日益受到关注。因此，基于网络游戏的诸多特性，以游戏传播文化是对中国传统文化的弘扬与传播，也是传统文化传播在当代的显示，更是实现文化"出海"的有效途径。

四、结语

在国家政策的号召之下，保护国家文化安全、实现文化"出海"已是亟待解决的问题。挑战与机遇并存，在互联网高速发展的时代，我们需紧跟时代潮流，将传统文化的传播和互联网产业的发展紧密结合起来，打破固有的思维，将网络游戏作为中国优秀传统文化传播的载体，实现游戏出口，使中国传统文化"走出去"，将文化"出海"从前景变为现实。

参考文献

[1] 余秋雨. 何谓文化 [M]. 武汉：长江文艺出版社，2013.

[2] 2018 年中国网络游戏行业发展现状及发展趋势分析 [EB/OL]. http://www.chyxx.com/industry/201804/631654.html.

[3] 《2017 年中国游戏行业发展报告》发布 [EB/OL]. http://www.xinhuanet.com/info/2017-11/29/c_ 136786870. htm.

[4] [荷] 吉尔特·霍夫斯泰德，格特·扬·霍夫斯泰德. 文化与组织心理软件的力量（第二版）[M]. 李原，孙健敏译. 北京：中国人民大学出版社，2012.

[5] [美] 马克斯韦尔·麦库姆斯. 议程设置：大众媒介与舆论（第二版）[M]. 郭镇之等译. 北京：北京大学出版社，2017.

[6] 石文江，赖丽花. 游戏对东方传统文化的解读与传播——以《纸境》游戏为例 [J]. 艺术教育，2017（16）：110-111.

作者简介

陈鹤杰，北京印刷学院经济管理学院副教授，研究方向为大数据技术、舆情系统、电子商务。

于淑仪，北京印刷学院经济管理学院信息管理与信息系统专业本科生，研究方向为大数据技术。

于岱山，北京印刷学院经济管理学院信息管理与信息系统专业本科生，研究方向为财务信息系统。

大众传播视阈下网络综艺真人秀的受众分析研究

陈亮亮 段 悦

摘要： 新媒体时代背景下大众传播基于电视与网络双向延伸，近年来网络平台综艺真人秀呈现井喷式发展，但是也产生了很多问题。在网络综艺真人秀市场繁荣的表象下，节目内容和质量良莠不齐，受众反馈不佳。当前高速发展的传播技术为受众参与提供了越来越丰富的形式和更广阔的空间，受众作为网络文化传播的主要对象，理应受到更多的重视。本文从结构性、行为性和社会文化性三个角度进行受众分析，统计数据并结合实例，比较探讨新形式的网络综艺与受众的互动关系，探析现阶段我国网络文化传播概况，并对新时代中国文化产业创新背景下网络综艺制作给出建议。

关键词： 大众传播；受众分析；网络综艺；真人秀；文化产业

大众传播环境中的文化产品，经历生产、传播、消费、接受过程，形成了相对固定的传播方式。随着社会变迁，文化产品的文本组成元素不断发生改变并获得新的含义。如今，互联网日渐成为大众传播的主要媒介，网络综艺真人秀做为新媒体时代的主流文化产品，在发展中不断吸收当下的新含义与新表现，从类型到内容都呈现出时代性、当下性的延展和变化。

一、网络综艺真人秀行业概况

网络综艺真人秀，主要是指由视频服务商、制作机构或个人所制作，以网络观众为主要受众群体，以网络平台为首播渠道的综艺真人秀节目。

近年来，社会经济、科学发展，社会条件明显改善，互联网和视频播放客户端普及，受众视频观看习惯也发生变化，移动终端成为主要观看渠道。碎片化阅读、泛娱乐化时代来临；网络综艺市场资本涌入，有经验的内容生产者组建制作团队与视频平台合作，参与网络综艺节目的制作；网络视频平台加速发展，各大网络视频平台竞争激烈，以优质网络综艺节目吸引观众使用并付费。与传统电视真人秀节目相比，网络综艺保留了真人秀纪实性、冲突性和游戏性的三大特点，同时节目题材更广泛、制作规模更小、内容更大胆，因此也更具吸引力。市场环境变化导致网络综艺真人秀需求增加，网络综艺市场逐渐壮大。

一般根据网络综艺节目的主要内容，可将其分为选秀、舞蹈、脱口秀、亲子等多种类型，代表性节目有《偶像练习生》《这！就是街舞》《吐槽大会》《放开我北鼻》等。

二、对网络综艺真人秀的受众研究

丹尼斯·麦奎尔在《受众分析》一书中，提出了受众研究传统的"三分法"，即：结构性受众研究、行为性受众研究、社会文化性受众研究。

结构性受众研究一般被用于媒介产业实践，主要采用抽样调查法、数据分析法，侧重于受众规模、媒介接触、到达率、流动情况等方面的量化分析；行为性受众研究侧重于改进和强化媒介传播效果，通常引用"使用与满足"等传统理论，进行受众及相关问题的探讨；社会文化性受众研究则强调受众具有主动性和选择性，受众的媒介使用是特定社会文化环境的一种反映，也是赋予文化产品和文化经验以意义的过程，主要以文化研究学派为主。[①] 基于上述理论，本研究对网络综艺真人秀进行了受众分析，并得出相应结论。

（一）对网络综艺真人秀的结构性受众研究

据《极光大数据：2018年5月网络综艺观众研究报告》，2018年第一季度网综节目类型观众覆盖度前三名分别是选秀类（47.3%）、脱口秀（35.6%）、舞蹈类（25.7%）。三类节目的观众覆盖率几乎均达三分之一，选秀类甚至接近二分之一，一定程度上代表了网络观众年轻化、娱乐化的口味偏好。

网络综艺真人秀选秀类节目以《偶像练习生》为例。爱奇艺公司自制网综《偶像练习生》于2018年1月19日开播，4月6日正式收官，十二期节目共获31.4亿次播放量，位列2018年第一季度网络综艺播放量第一名。其观众以19到24岁的女性（女性观众占比72.3%，男性观众占比27.7%）为主，本科及以上学历的观众占比约30%，但平均收入水平不高，仅有不到四分之一的受访者表示月收入超过一万，这也在一定

---

① ［美］丹尼斯·麦奎尔. 受众分析［M］. 刘燕南等译. 北京：中国人民大学出版社，2006.

程度上体现出网络综艺节目受众年轻化的特点。

　　网络综艺真人秀脱口秀节目以《吐槽大会第二季》为例。腾讯视频公司第一季度网络综艺真人秀《吐槽大会第二季》共取得16.3亿播放量，在同类网络综艺节目中位列第一；其观众多为19到34岁的男性观众（男性观众占比52.5%，女性观众占比47.5%），本科及以上学历观众占比超过40%。

　　网络综艺真人秀舞蹈类节目以《这！就是街舞》为例。2018年1月，优酷推出的"这！就是"系列综艺，同年四月将其升级为"这！就是年轻态"，并打造成网络综艺品牌；《这！就是街舞》作为优酷平台第一季度的头部综艺，取得了15.5亿次播放量。其用户画像与上述节目略有不同：以高学历的女性观众为主。较上述两档节目，《这！就是街舞》本科及以上学历的观众更多，达37.9%。

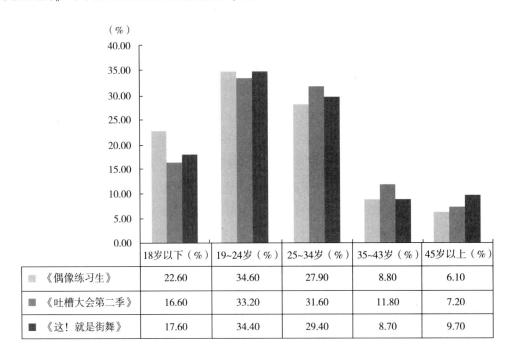

	18岁以下（%）	19~24岁（%）	25~34岁（%）	35~43岁（%）	45岁以上（%）
《偶像练习生》	22.60	34.60	27.90	8.80	6.10
《吐槽大会第二季》	16.60	33.20	31.60	11.80	7.20
《这！就是街舞》	17.60	34.40	29.40	8.70	9.70

图1　三档网络综艺真人秀受众年龄结构对比

资料来源：极光调研，《2018年5月网络综艺观众研究报告》。

　　如图1所示，分别取三类综艺代表性节目的观众年龄结构作图分析，可以看出，在18到45岁接受调查的人群中，三类节目的受众年龄分布基本趋同，19到24岁的年轻人为主要受众群体，超过三成；而年龄在45岁以上的受众则不足一成。年龄区间为19到24岁的受众，出生于1995到1999年，可泛称为"95后"。95后的成长环境优渥，互联网渗透率较高，且当前尚未有过重的经济负担，因此对精神需求更为注重，对新形式的内容产品也更容易接受，已成为内容产品消费的主力群体。

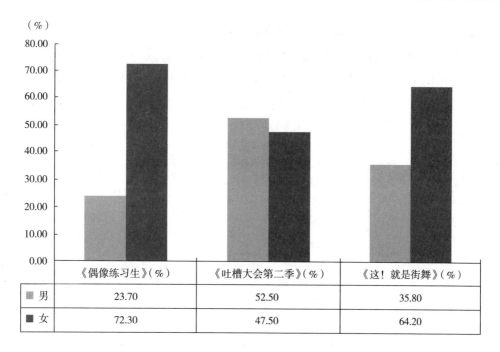

（%）	《偶像练习生》（%）	《吐槽大会第二季》（%）	《这！就是街舞》（%）
男	23.70	52.50	35.80
女	72.30	47.50	64.20

图2　三档网络综艺真人秀受众性别结构对比

资料来源：极光调研，《2018年5月网络综艺观众研究报告》。

综观三档网络综艺真人秀中女性观众的比例占据了五到七成，且通过图2可以明显看出，女性观众对于选秀类和舞蹈类节目的偏好程度远大于男性。选秀类、舞蹈类真人秀与受众互动关系的建立主要基于参与式文化渗透和粉丝经济，在偶像范畴的关注度上，主要的关注人群也是女性用户，女性市场产品缺失造就了《偶像练习生》、《明日之子》等养成类网络综艺真人秀的成功。而男性则更偏好体育、竞争和机械类的综艺，在《吐槽大会第二季》《机器人争霸》等带有竞技色彩的真人秀受众结构中男性占比大于女性。

网络视频观看平台行业整合后，爱奇艺、腾讯和优酷不断发展成为主流网站，且每个季度至少推出一部自制网络综艺真人秀参与市场竞争，占据了绝大部分的市场份额。通过描摹三个视频网站第一季度主推综艺的受众画像可以看出，观众口味的偏好使泛娱乐化的快节奏综艺占据了网络综艺真人秀的大部分市场，且这些节目的受众以19到34岁的女性观众为主，受众特点明显且有很大的趋同性。在文化传播的范畴上，当前网络综艺真人秀的传播方向和目标主体为有一定购买力的年轻人群，受众本身具有相对成熟的价值判断能力。作为大众传播媒介，网络视频平台在选题策划和市场营销时应针对群体对产品内容进行细分，精准投放，同时牢记企业责任，对节目内容进行严格把控。

（二）对网络综艺真人秀的行为性受众研究

伊莱休·卡茨（Elihu Katz）等在 1974 年发表的《个人对大众传播的使用》一书中提出"使用与满足"理论，将媒介接触行为概括为一个"社会因素+心理因素→媒介期待→需求满足"的因果连锁过程。后经日本学者竹内郁郎补充，该理论模型发展成为如图 3 所示。

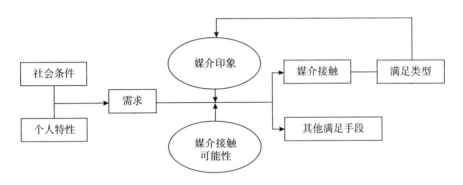

图 3 "使用与满足"理论模型

"使用与满足"模型展示了人们接触传媒的目的：满足特定需求。特定的需求往往具有一定的社会条件和个人心理起源，而激发用户的实际媒介接触行为恰恰需要满足社会和心理两方面的条件。在社会条件下，具体表现为媒介接触的可能性，即互联网、电视、电脑的使用；在心理状态中，表现为用户对媒介的印象，即媒介能否满足自己的现实需求的评价。上述条件满足之后，人们才会选择特定的媒介或内容开始具体的接触行为。如果接触行为使需求得到满足，那么人们会反过来修正既有的媒介印象，并继续使用当前的媒体。因此，成功的网络综艺真人秀节目就是要准确地获知广大受众的共性需求，并针对这些共性需求研发出能够让用户获得满足的节目形态，进而形成正循环。

如表 1 所示，从 2013 年到 2016 年，中国居民人均消费支出有所上涨，且人均教育文化娱乐消费支出占居民人均消费支出比例逐年上升。改革开放 40 年以来，我国社会主要矛盾已经转化为人民日益增长的美好生活需要和不平衡不充分的发展之间的矛盾。社会条件改变，物质基础改善，受众对于大众媒介内容生产的期望升高，进而产生了不同角度、不同层次的需求。

马斯洛需求层次理论认为，人的需求可分为五个等级，从低到高依次是生理需求、安全需求、社会需求、尊重需求和自我实现需求[①]。网络综艺真人秀也可按照需求层次划分类型。一类是物质价值需求满足类，如《放开我北鼻》《不可思议的妈妈》《幸福

---

① 人本主义科学的理论之一，由美国心理学家亚伯拉罕·马斯洛在 1943 年在《人类激励理论》中所提出。

三重奏》。这类节目通常会营造一个崭新的互动空间，并在设定的场景里对明星或素人的生活状态进行全景式记录，"世外桃源"式的场景设定能够满足受众对物质生活的追求和向往，节目嘉宾之间互动关系的搭建则对应受众的社会需求，使受众在观看的同时获得情感体验以增强节目互动性，这类真人秀的受众范围广，但黏性弱，受众特点较为分散。另一类是精神性价值需求满足类，如《偶像练习生》《中国新说唱》《吐槽大会》《这！就是街舞》。当下人们生活水平不断提高，正处于需求转换的节点，即从追求满足生存和社会需求到满足自我实现需求的转换。素人或有一定知名度的选手参加选秀节目，展示才艺，述说行业困境，受众往往乐意通过节目了解选手的理想追求并予以反馈，以期通过观看参赛选手理想的实现获得自我满足。各行各业的选秀类真人秀的网络呈现和大获成功，体现的正是受众需求的转变。精神价值需求满足类节目占据了网络综艺真人秀的大部分市场，其受众特点如本文结构性受众分析所示，多为有一定购买力的年轻群体。

网络综艺真人秀根据受众需要满足的类型衍生分化，针对受众需求创新节目类型，既要有选择性地保留迎合受众需求、符合自身定位的类型元素和文化符号，又要结合时下热点、把握价值引领方向才能使节目按照设计流程进行规范化、系统化和规模化发展。

表1 2013~2016年中国居民人均教育文化娱乐消费支出及占比

年份	居民人均消费支出（元）	居民人均教育文化娱乐消费支出（元）	居民人均教育文化娱乐消费支出占比（%）
2013	13220	1397	10.57
2014	14491	1535	10.59
2015	15712	1722	10.96
2016	17111	1914	11.19

资料来源：《中国统计年鉴2014》《中国传统年鉴2015》《中国统计年鉴2016》《中国统计年鉴2017》。

（三）对网络综艺真人秀的社会文化性受众研究

社会文化性受众研究内容广泛，在广义上包括了批判研究、文学批评、文化研究与接受分析等；在狭义上，我们可以理解为受众随着社会文化的发展而发生变化，并在媒介接触的过程中做出选择并给予反馈。麦奎尔认为，受众具有主动性和选择性，受众的媒介使用是特定的社会文化环境的反映，也是赋予文化产品和文化经验以意义的过程[①]。

社会文化性受众研究认为，受众在传播过程中的角色已经不再像以往一样，仅仅

---

①　[美] 丹尼斯·麦奎尔. 受众分析 [M]. 刘燕南等译. 北京：中国人民大学出版社，2006。

是被动的接受者，而是有了主动选择的机会。大众传播环境改善，互联网和视频移动终端普及，受众观看网络综艺节目的场景更为多样化。网络综艺真人秀被投放在各类视频网站和视频观看类 APP，观众在观看时不再受到时间和空间的限制，受众可以使用手机、电脑在移动客户端上自主地选择观看的时间、次数。受众同样可以根据喜好自由拖拽进度条，跳过不喜欢的内容或重看喜欢的段落。除此之外，节目内容的交互设计，赋予了受众更高的自由度，同时增强了综艺真人秀与受众的黏性。例如，爱奇艺平台推出的《偶像练习生》，其中"为偶像打 call""pick 你喜欢的练习生"等口号和环节的设定，充分体现了网络综艺真人秀的强互动关系。受众参与互动，为练习生进行线上投票，由投票的结果产生排名并直接在下一期节目中反馈，练习生在节目中按照排名进行分组，排名高者取得相应权益。受众在一定程度上参与了节目制作，通过自己的行为主动选择节目内容，甚至改变节目走向。受众被赋予主动性和选择性，因此更关注权力的行使。受众为符合自己心中理想"偶像"形象的练习生投票，也是对自己理想生活和精神追求的表达，综艺真人秀作为文化产品，正是通过赋予受众的主动选择的权力传递自身价值，在互动中体现人文关怀。在参与式文化占据主流的今天，这样的互动关系的建立显得尤为重要。

比起电视综艺真人秀，网络平台制作播出的节目灵活度更高，受众可以通过线上评论、弹幕发送等渠道即时参与互动，自由表达喜恶；目前的网络综艺真人秀大多按季播出，制作方也可以根据反馈及时调整，因此比之传统电视综艺，网络综艺真人秀更具有活力和吸引力。

（四）受众与网络综艺真人秀

结构性受众分析帮助刻画了当代互联网视频播放平台的用户画像，即以"95"后为主的年轻消费群体，他们口味偏好和内容取向有明显的倾向性，受成长环境影响年轻的消费群体互动参与度更高、更容易接受付费内容，同时对节目内容质量也更为挑剔。行为性受众分析通过"使用与满足理论"进一步剖析了受众的节目内容取向，不同类型的节目制作可以在不同层次满足不同目标人群的需求，了解受众结构、分析受众需求，主题明确、内容分区明显的节目制作往往能实现更好的传播效果。社会文化性受众分析对节目形式和播放平台板块设计进行了更细致的分析，新媒体时代受众表达欲更强，对节目参与性和互动性的要求更高，网络平台很好地实现了受众与网络综艺真人秀之间互动关系的搭建，受众可通过即时评论、发送弹幕等方式参与节目内容讨论，网络节目制作也可根据观众反馈意见及时做出调整。

受众参与和网络综艺真人秀节目制作呈现相辅相成的态势。受众趋向通过网络平台观看综艺节目，对真人秀的偏好也较为明显；因此网络综艺市场潜力较大，新形式的节目也不断涌现，给我国文化创新带来了新的活力。但我国网络综艺真人秀起步较晚，又急于求成，部分节目形式尚不成熟，《偶像练习生》等现象级综艺的成功不乏运气成分，行业规范和节目制作模式也不够清晰完整，因此仍存在问题亟待解决。

三、结论与建议

如前文所述，在大众传播语境下，网络综艺真人秀作为主流文化产品的代表，一定程度上反映了传播媒介的更新和传播形式的变革，同时更担当了新时代文化传播的重任。近年来，各视频网站立足受众需求，注重交互式关系，打造了一系列迎合年轻群体的高播放量、现象级综艺，也培养了一批正能量新生代偶像。不过，网络综艺市场繁荣的表象之下，从受众角度出发，以 2017 年之后的代表性网络综艺真人秀为例，仍然能够看到网络综艺真人秀节目制作的问题所在。

（一）内容单一，节目同质化严重

选秀节目井喷式出现，各大平台互相模仿借鉴节目创意，接连推出《热血街舞团》《这！就是街舞》、《吐槽大会》与《奇葩说》等内容形式相似的节目，并覆盖了超过三分之一的网络观众，致使受众审美疲劳，网络综艺真人秀同质化严重；网络文化传播应注重弘扬中国特色，加大创新投入，在大众传播中坚定文化自信、高扬改革旗帜、锐意进取创新，立足实践，从当代年轻人的需求出发，找到适合的切入点，以流畅的形式贯穿并赋予新时代思想内涵，打造新时代社会主义文化强国。

（二）创新效果不佳，节目受众单一

《王者出击》《机器人争霸》等节目，尝试引入当下流行的文化符号，以手游、机器人等跨行业 IP 为切入点，在节目的内容和形式上都做出了创新，但由于经验不足，融合过渡较差，取得的传播效果并不理想，而歌舞类节目形式简单，观众门槛低，传播效果好，但难以实现创新；网络综艺真人秀受众以年轻群体为主，35 岁以上的人群占比不足两成，节目制作时应注意降低观众门槛，以期通过叙事方式、段落篇章的简单化、碎片化吸引新的观众，扩大受众群体，改善传播效果。

（三）版权意识差，版权争议不断

偶像养成类节目《偶像练习生》照搬韩国综艺《PRODUCE 101》的制作模式且并未购买版权，节目虽大获成功却陷入抄袭、版权争议的窘境；节目制作应提高版权意识和原创意识，注意结合本土文化和流行元素，精工细作，增强节目内容的创新性，增强受众的参与性和互动性，以达到更好的传播效果。

网络综艺真人秀以其题材广泛、内容大胆的优势，在相对自由的传播环境里取得了重大发展，但如何将传播效果与创新充分结合，规范行业标准，树立主流价值观念，培养新时代文化自信仍是文化传播执行者需要深度挖掘思考和实践的问题。

参考文献

［1］陈爱梅，梁晖．国内偶像养成类节目的受众满足研究——以《偶像练习生》为例［J］．视听，2018（8）：72-74.

［2］吴惠．偶像养成类真人秀的传媒经济学解读［J］．新闻研究导刊，2018（14）：78-79.

［3］周子奇．浅谈电视综艺节目传播正确价值导向的重要性［J］．传播力研究，2018，2（20）：7-8.

［4］徐展．网络综艺节目受众的社会文化性分析［J］．当代电视，2018（6）：80-81.

［5］常艺馨．新媒体语境下偶像养成节目的创新初探——以《偶像练习生》节目为例［J］．科技传播，2018，10（9）：22-23.

［6］张晓露．从"使用与满足"理论看养成类真人秀节目的成功之道——以《创造101》为例［J］．新闻研究导刊，2018，9（9）：110+112.

［7］杨梦夷，许丽君．偶像养成类节目的现状与问题［J］．传播力研究，2018，2（14）：218.

［8］沈虹伶．基于新媒体环境下大数据驱动的受众分析与传播策略［J］．新闻研究导刊，2017，8（23）：71+93.

［9］朱婷．我国网络自制剧的受众分析——基于麦奎尔的三大研究传统［J］．戏剧之家，2017（5）：120-122.

［10］张杨，舒雅．新媒体时代的网络节目受众研究［J］．科技传播，2016，8（8）：81+89.

［11］康彬．新媒体时代的受众研究——由麦奎尔的《受众分析》谈起［J］．新闻知识，2011（1）：30-32.

作者简介

陈亮亮，北京印刷学院经济管理学院讲师。

段悦，北京印刷学院2016级物流管理本科生。

自媒体时代公众媒介素养提升刍议

——从习近平新闻宣传思想视角探微①

刘元华

摘要： 习近平新闻宣传思想实现对马克思主义新闻宣传观的创新和发展，针对当下我国步入新媒体时代出现的新特点，以世情、国情、党情为现实基点，对新闻宣传工作进行了专门指导，提供了强大的思想武器，自媒体应用时代的来临，全球化的发展使信息传播呈现前所未有和复杂多变的特点，我国社会公众对选择和认知传播信息的能力也随之而变。本文分别以新闻宣传的党性、规律性、传统媒体和新兴媒体融合为基点，着重分析自媒体时代的社会公众媒介素养的提升路径，适应日益变化的传播环境新要求，推动新闻宣传工作成风化人、凝心聚力。

关键词： 习近平新闻宣传思想；自媒体；媒介素养

随着网络化和信息化的发展，自媒体应用广泛，尤其社交媒体迅猛发展，人们通过自媒体可以即时分享信息、观点和喜怒哀乐，传播主体与传播受众在某种层面已经换位和融合，所以在某种意义上，对自媒体传播者的能力和素质要求标准也要参照传统媒体时代新闻宣传者的职责和使命。习近平新闻宣传思想是马克思主义新闻观中国化的一个集中表现，提出了"一个基本方针""三个坚持""四个牢牢""八个导向"，不仅是我国媒体工作者工作的根本导向、工作要求，也应当是我们广大公众在自媒体传播中应遵循的根本指导原则。由于在全媒体传播中媒体环境的变化、商业利益过度追捧和意识形态的别有用心导致在信息传播中出现新闻反转、媒体审批、侵犯个人隐私、公信力缺失等社会现象，这其中有媒体工作者工作态度、工作能力的原因，也有广大媒体受众的问题，所以在全媒体时代研究公众媒介素养具有重要现实意义。

① 北京高校中国特色社会主义理论研究协同创新中心（北京工业大学）阶段性成果，编号：JK027004201601。北京印刷学院 2018 党建课题《全媒体时代大学生媒介素养教育问题研究》阶段性成果。

一、自媒体时代的公众媒介素养

1. 自媒体时代

自媒体是指为个体提供信息生产、积累、共享、传播内容兼具私密性和公开性的信息传播方式。

自媒体是伴随经济全球化应运而生的新宠儿，为新媒体注入更强劲的活力，自媒体时代，每个人都有麦克风，每个人都可以成为新闻记者。人们可以充分利用博客、论坛、微博、微信等信息阵地，自由充分地分享观点、主张和喜怒哀乐。喻国明先生把这种方式形象地描述为"全民 DIY"。所以，自媒体时代每个人都享有传统媒体时代"一对多"的传播者崇高地位。

自媒体传播时代有着自身显著的特征：其一，自媒体传播模式是"一对多"的网状模式，无边际、立体化，资讯和信息传播速度迅速，获取信息方便快捷，信息发布自由度颇高；其二，公众表达意见的平台极大扩展，博客、论坛、微博、微信等都成为人们意见表达的公开领域，可以形成对政府有力的监督；其三，公众对信息的自主选择和共享量逐渐加大，公众对媒体的依赖感随之增强；其四，由于公众对信息随意转发或链接，导致信息的真实性无从考证或求证时间长，由此要求公众加强对信息的甄别和分析能力。

2. 自媒体时代公众媒介素养

媒介素养的概念属于舶来品，核心含义是指公民所具有的获取、分析、评价和传输各种形式信息的能力。

随着日新月异信息技术的滚筒式发展，自媒体得到了更加充分的应用。仅仅掌握基本获取信息和分析信息能力的社会公众，面对网络空间内井喷式的海量信息仍会出现不知所措、无从选择的被动局面。

正如前文所述，自媒体是"一对多"的"点对网"的模式，我们在享受自媒体时代的信息发布通畅、资讯发达等诸多优势给公众带来了丰厚的经济与社会效益的同时，我们也不得不正视自媒体时代伴随而来的弊端：传播门槛低，难于监管，信息真假难辨。因此在这自媒体盛行的新媒体时代，我们急需提升社会公众的媒介素养，推动网络更加健康发展。

二、习近平新闻宣传思想是我们探微自媒体公众媒介素养的理论指南

习近平新闻宣传思想主要是针对我国几十年具体的新闻实践，不断加以深刻洞察

进而总结和提炼后形成的，其回答了在新媒体时代我国新闻事业发展过程中提出的新问题，提出了一系列理论和观点，是对马克思主义新闻观中国化过程中的具有重要里程碑意义的理论总结，是作为指导我国新时期新闻宣传工作的重要原则和基石。

1. 明确新闻宣传的职责和使命

明确新闻媒体的意识形态性质是发展社会主义新闻事业的基本原则，尤其在当前意识形态斗争更加隐形化、多样化的特殊时期，新闻宣传工作必须明确限定和科学规划自己的职责和使命。2016年2月习近平总书记在党的新闻舆论工作座谈会上用12组词语明确了新时代党的新闻宣传工作的职责和使命，"高举旗帜、引领导向，围绕中心、服务大局，团结人民、鼓舞士气，成风化人、凝心聚力，澄清谬误、明辨是非，连接中外、沟通世界"。① 在发生着深刻变革的新闻宣传工作模式下，新闻宣传工作必须牢牢把控舆论主航向，把政治方向和党性原则放在第一位，在新的舆论格局中更好地体现党的主张、更好地反映人民心声，切实提高党的新闻舆论传播力、引导力、影响力、公信力。

2. 科学处理党性与规律性关系

习近平总书记指出："所有宣传思想部门和单位，……党员、干部都要旗帜鲜明坚持党性原则。"新闻宣传工作有它自身的内在规律性，坚持新时期党的新闻宣传工作的党性原则，并不意味着要破坏甚至毁弃其规律性。新闻学是一门科学，由于它特殊的研究对象，使得它与政治的关系密不可分，但是两者的关系要厘清，要在明确新闻学的理论属性而伴随的自身规律基础上，结合我国国情和当下全媒体新景象，强化党性特征。要讲政治，高举旗帜，要围绕大局，要坚持虚中见实，虚事实做，务实落实。

3. 扎实加强传统媒体与新兴媒体的融合发展

习近平总书记指出，"坚持传统媒体和新兴媒体优势互补、一体发展，坚持先进技术为支撑、内容建设为根本，推动传统媒体和新兴媒体在内容、渠道、平台、经营、管理等方面的深度融合"②。传统媒体与新兴媒体之融合发展，并不是简单意义上的将两者强行拼装和组合起来，而是要在各自守好责任田的基础上实现内容、形式等多方面的深度融通，相得益彰，水乳交融，发出强音。在两者发挥全力功效的基础上才能凭借强大、科学、合理的宣传战略布局，构建科学强劲的"中国特色"的话语体系，在激烈的意识形态斗争和国际话语权争夺战中取得胜利。

4. 讲述好中国故事，传播好中国声音

随着经济全球化的不断深入，提升国力的重要途径就是提高国家文化软实力。在习近平总书记看来，讲好中国故事，讲清中国的历史传统、优秀文化积淀和基本国情，

---

① 杜尚泽. 习近平总书记主持召开党的新闻舆论工作座谈会［N］. 人民日报，2016-02-20.
② 习近平. 共同为改革想招—起为改革发力 群策群力把各项改革工作抓到位［N］. 人民日报，2014-08-19.

就是让世界了解中国，让世界更加认识中国，让世界人民理解现在中国人民选择社会主义道路的必然性；讲清中华民族的精神追求；用好国家交流平台，加强国家传播能力建设。一句话，就是要"讲好中国故事，传播好中国声音，阐释中国特色。"①

三、自觉学习实践习近平新闻宣传思想，提升自身媒介素养

1. 以习近平新闻宣传思想的新闻宣传职责和使命为基点——提升公众网络政治敏锐度

习近平总书记在新闻舆论工作会议上指出，要坚持党性，坚持正确政治方向，站稳政治立场，坚定宣传党的理论和路线方针政策，……坚决维护中央权威。坚持党对新闻舆论工作的领导权，发挥新闻舆论工作的喉舌作用，维护党的权威。这是对新闻宣传工作者的党性和业务要求，虽然我们自媒体信息发布者不是新闻宣传工作者，但是面对的社会形势和信息环境是相似的，这就迫切要求社会公众在信息发布和甄别信息时，提高政治站位，提升政治敏锐性。

自媒体时代，既然每个人都可以发声，每人都握有麦克风，那么每个人都是新闻的制造者和传播者。尽管用新闻工作者的专业标准去要求每个公众有些苛刻并且也不太现实，但是公众必须要有一定程度上的网络政治敏锐度，努力甄别剔除恶意虚假信息。

随着自媒体时代的到来，信息已经成为一种财富、一种生产力和一种战略资源。西方一些不良企图的人士往往会利用网络空间虚拟性和传播迅速性，制造谣言并在网络空间内大肆传播。例如，前段时间网络空间传播的《一个印度工程师所写：令人忧虑，不阅读的中国人》《中国人是世界上少数没有信仰的可怕国家之一》《中国：不遵守规则的世界》等文章，这些文章夸大丑化中国人或以点概面或纯属虚假，背后的写手无非是受一些国际组织的指使，利用网络空间的虚拟性和自媒体传播的便捷性，妄图丑化中国体制，诋毁中国社会制度，逐渐和平演变。这些网文对我们中国和中华民族的恶意抹黑和诽谤，极大地伤害了民众的民族自信心和自豪感。

2016年在微博名"作业本"的网民网络侮辱烈士事件中，诸多自媒体扮演了误导公众、推波助澜的角色，不仅侵犯邱少云烈士的名誉权，更向社会散布抹黑英雄、歪曲历史的负能量，造成恶劣影响。类似的，还有从所谓的人体生理常识的角度"质疑"、贬损和丑化黄继光、邱少云、刘胡兰等烈士，这些人把否定历史当时髦，以解构崇高为能事，将民族英雄、革命先烈污名化。

---

① 中央宣传部（国务院新闻办公室）、中央文献研究室、中国外文局修订. 习近平谈治国理政［M］. 北京：外文出版社，2014：162.

这些自媒不仅混淆是非、忘本忘祖，违背了基本的信念良知，而且由于他们将这股歪风邪气带到公众视野范围内，一度扰乱公共网络空间的正义良知的界限和价值判断的标准，引起人们的高度警觉和强烈反对。所以当面对网络空间内诋毁我党我国社会制度、诋毁社会主义优越性、恶意中伤优秀历史人物的网文、微博和公众号时，公众必须擦亮眼睛，坚决拥护我国社会主义制度，坚持中国共产党的领导，夯实中华民族的自豪感和自信心，提升信息辨别能力和传播能力，自觉提升公众网络政治敏锐度。

2. 以习近平新闻宣传思想的新闻宣传规律性为基点——公众树立和谐发展的信息观

习近平总书记曾指出："新闻学作为一门科学，与政治的关系很密切……既要强调新闻工作的党性，又不可忽视新闻工作自身的规律性。"[1] 新闻工作有它自身的科学性，所以公众在自媒体传播中，作为信息的"发声者"，就要遵循新闻传播的规律，要扮演好媒体的"把关人"角色，树立和谐发展的信息观。公众在自媒发声时尽自己最大努力做到公正、客观、真实、全面。

网络空间内常常充斥着一些类似有科学依据实则荒诞甚至可能引起民众恐慌的信息，例如，2011 年日本地震后出现的食盐防辐射谣言，2012 年玛雅人所谓的"世界末日"谣言，温州动车事故谣言等，类似这类信息一经自媒体发布，在网络空间迅速发酵，误导社会公众，容易引起公众跟风似的不理智行为，对人们生活造成很大困扰。

例如在 2017 年年初，所谓解释"塑料紫菜"的自媒视频在网上疯转。视频中有人将紫菜泡水撕扯，继而用火烧，称该品牌的紫菜很难扯断，点燃后还有刺鼻的味道，是"塑料做的"，并劝诫网友"别吃了"。在此之后，网上还有其他相关视频流传。多家涉事紫菜企业负责人向媒体爆料称，有匿名电话向厂家索要钱财，如果不给就继续传播相关视频。2 月 22 日，福建省海洋与渔业厅组织专家通过权威媒体辟谣，通过拉伸、撕裂、浸泡等方法解读塑料与紫菜之间的区别，科学粉碎这一谣言。2 月 27 日，国家食药监总局局长毕井泉辟谣称，网传"塑料紫菜"视频不可信。2017 年 6 月，公安机关抓获了 18 名制造、传播"塑料紫菜"谣言以及实施敲诈勒索的违法犯罪人员最终将其绳之以法。这些信息多数是源自自媒体，真假难辨，在点对多的网络空间内呈病毒式迅速蔓延，公众无从考证信息的真伪，因为涉及健康、饮食等领域，公众容易盲目相信并转发，造成虚假新闻的宣传阵地。

上述罗列虚假信息的滋生蔓延并且产生明显"蝴蝶效应"的温床就是网络的虚拟性和便捷性，桑斯坦将其称为"信息流瀑"。某信息不论真实性与否，在网络空间散布并得到不断强化之后，就容易形成群体认知，这种群体认知相对于个体而言就代表了无形的群体权威。就像"流瀑"一样，一旦形成，就很难打破，就算最终被有关机构

---

① 习近平. 摆脱贫困 [M]. 福州：福建人民出版社，2014：84.

和部门证实是虚假信息，其在网络空间蔓延带来的实际生产和生活中的危害已经形成。

因此，广大社会公众树立和谐发展的信息观，需要注意三点：

其一，充分利用网络资源，有效实现信息资源分享。在网络技术的高速发展带来公众信息便捷传播的同时，必须加强自身应对媒介信息的能力修养，有效地利用网络公共资源，极力秉承客观真实原则，逐步促进社会健康发展。

其二，努力保障网络媒介信息的科学性，有助于保证信息真实，科学信息有利于公共空间形成，自媒体传播手段的不断发展带来了公众逐渐摆脱传统的信息被动接收的模式，获得信息接受者与传播者的双重身份。在网络公共领域中，大家需要仔细甄别信息的真实度、可靠度，并从公共道德和法治思维角度发表基本的价值判断，尽管不能要求每一位网民有绝对的价值理性和扎实的专业理论功底，然而还是希望网民关注公共群体利益，尽量谨慎评判，这样才能促进良性的信息传播局面形成，促进社会和谐。

其三，克服自媒体的不良影响，努力提升媒介素养，内因是根本，外因通过内因起作用，慎重发布个人观点和意见，提升道德素养，引导健康网络空间。

3. 以习近平新闻宣传思想的媒体融合论为基点——淬炼法治思维，强化规则意识

习近平总书记曾指出，"坚持传统媒体和新型媒体优势互补、一体发展，坚持先进技术为支撑、内容建设为根本，推动传统媒体和新型媒体在内容、渠道、平台、经营、管理等方面的深度融合"。① 发挥传统媒体与新兴媒体的各自优势，实现资源共享达到共赢。

传统媒体占主流的信息传播时期，曾出现一种现象叫"后真相时代"。这是由于媒介组织掌控信息传播主动权，往往采用部分真实的传播手法，或受限于真实信息获取路径，信息呈现的并非事实，受众根据媒体的信息往往得出差异巨大的结论，所谓"真实的事实"并非"查证的事实"。

例如，2016~2017 年网络沸沸扬扬的"江歌案"，2016 年 11 月，江歌在日本租住的公寓前被闺蜜男朋友杀害，网络上首先有很多公众指责留学生群体生活混乱；随后网络舆论又倒向声讨犯罪嫌疑人的变态行径；而后江母屡次欲与刘鑫会面和隔空对骂，舆论又纷纷指向刘鑫的不仁不义。从案件事实被披露之后，公众舆论历经几次反复。

纵观"江歌被杀案"整个事件经过，就呈现出典型的"后真相时代"特征：基于个体想象，事件真相刻意被制造、公众情感和立场被网络所裹挟。比如庭审中陈世峰的辩护意见被诸多媒体、自媒体直接当成事实进行报道，甚至有人认为"刀是刘鑫递出来"。

---

① 习近平. 共同为改革想招一起为改革发力　群策群力把各项改革工作抓到位 [N]. 人民日报, 2014-08-19.

同样呈现"后真相"特征的还有"罗尔事件"。2016 年 11 月某日，白血病患儿罗一笑的父亲在网络空间内发表《耶稣，请别让我做你的敌人》《罗一笑，你给我站住》文章后，大家基于对孩子的同情和对父爱的关怀，罗父的文章一夜间被频繁转发，罗尔"卖文救女"的动人故事在朋友圈被刷屏，但是随后意想不到的是，各种质疑声纷至沓来，罗尔被质疑炒作和诈捐，最后其女罗一笑因病去世，罗尔捐献女儿遗体。整个事件在信息发布、信息传递、信息解读过程中公众的善心被利用，公众的信任被透支，最初的良性关爱变得很脆弱和无力。

四、结语

我们要加强传统媒体与新兴媒体的融合发展，逐步淬炼公众法治思维，提升规则意识，其一，合理怀疑倒逼事实浮现。社会公众在面对文本信息报道时，很多时候并不知道真相究竟是什么，很多时候真相是人们在与外界之间持续不断的联系中找到相对合理的真相，这是人们对文本信息进行经验解读而后生成意义诠释的过程，也是揭开事件面纱的过程。① 传统媒体的优势在于正规、拥有新闻传媒工作机制，在新兴媒体涌现众多转载量和点击量的事件时，传统媒体应当勇敢出击，权威发布准确度高的新闻真相，及时纠正不良不实虚假新闻；其二，强化规则意识。公众需要摒弃惯性思维，坚持客观立场，同时坚持法治思维，强化规则意识，无论是微信朋友圈转载分享还是微博发声或是自媒体撰文，都要坚持舆论与法治的界限，尊重客观事实，同时尊重法治调查的程序和制度规则。

参考文献

［1］习近平. 共同为改革想招一起为改革发力　群策群力把各项改革工作抓到位［N］. 人民日报，2014-08-19.

［2］中央宣传部（国务院新闻办公室）、中央文献研究室、中国外文局修订. 习近平谈治国理政［M］. 北京：外文出版社，2014：162.

［3］习近平. 摆脱贫困［M］. 福州：福建人民出版社，2014：84.

［4］陶长春. 网络谣言对民意的表达与歪曲［D］. 武汉大学博士学位论文，2014.

［5］陆定一. 我们对于新闻学的基本观点［N］. 解放日报，1943-09-01.

［6］王晨阳. 后真相时代社交媒体法治新闻传播探析［J］. 新闻研究导刊，2017（12）.

［7］［英］尼克·史蒂文森. 媒介的转型：全球化、道德和伦理［M］. 顾宜凡译. 北京：北京大学出版社，2006.

---

① 王晨阳. 后真相时代社交媒体法治新闻传播探析［J］. 新闻研究导刊，2017（12）.

［8］崔柳，郑雨桐．公共事件中公众媒介素养提升方式探索［J］．传播力研究，2018（9）．

［9］彭少健．当前我国媒介素养研究前沿与热点综述［J］．中国广播电视学刊，2012（6）．

作者简介

刘元华，北京印刷学院马克思主义学院讲师，主要研究方向为传媒思想教育，法治教育。

生态位视角下移动阅读企业的竞争策略研究

田志虹　杨正芊

摘要：本研究首先将生态学中的生态位的概念引入移动阅读企业的竞争研究中；其次从"态"和"势"两个角度分析企业的生态位结构，构建了一个四维的生态位结构模型；最后基于模型和分析提出相应的竞争策略。

关键词：移动阅读；竞争策略；生态位

一、引言

根据易观国际发布的《中国移动阅读市场年度综合分析 2017》显示，截至 2016 年末，中国移动阅读市场规模达到 118.6 亿元，移动阅读应用已经成为最常用的移动互联网服务之一。目前，市场上已经初步形成了几大竞争阵营——以腾讯、阿里、百度为代表的互联网巨头，以中文在线、阅文集团为代表的传统数字阅读品牌，以咪咕阅读等为代表的电信运营商阅读基地，以及以亚马逊为代表的电商品牌。阵营之间和内部的竞争主要体现在对优质内容的争夺和对硬件产品和海外市场的布局。一方面，移动阅读产业伴随着互联网，尤其是移动互联网的发展，正在经历一段高速扩张的时期，产业发展整体积极平稳；另一方面，随着网民规模的饱和，移动互联网市场人口红利开始消失，用户规模增速下降（易观国际，2017），未来企业竞争由传统的资源竞争向特色竞争转变。在这个过程中，生态位理论的引入可以为移动阅读企业的竞争策略研究提供新的思路和参考。

2011 年，谷婵娟把信息生态化的概念引入手机阅读的信息管理领域，提出要合理协调手机阅读中的内容、技术、版权等生态因子，从开放性、多样性、竞争性、互动性角度构建手机阅读的生态系统。这是较早地将生态学理论与移动阅读领域相结合的尝试。2013 年，彭连刚提出了"移动阅读商业生态系统"的概念，借鉴了 Moore 的商业生态系统理论（Moore 1993，1996，2006），一方面明确了移动阅读产业这一生态系统与外界环境之间存在密切的物质能量交换，另一方面强调了产业内部各主体及产业本身的生态演化特性。除了对商业生态系统概念的应用之外，还有学者将生态位理论引入对移动阅读市场的竞争分析中。王亿本等（2014）考察了手机出版的技术竞争，提出手机出版产业的技术生态位由资源生态位和需求生态位共同决定，而凭借技术生态位才可以争取足够的实际生态位，才能够持续发展。吴钊（2015）在此基础上还补充了传播生态位和制度生态位，并认为生态位重叠是导致数字出版行业竞争的主要原因。

本文在前人研究的基础上，将生态位的概念和理论引入对移动阅读企业的市场竞争力的研究中，分析移动阅读企业的生态位结构，并且构建移动阅读企业的生态位结构模型，可以系统化、定量化地对比多家企业之间的竞争模式和程度，为企业竞争策略的制定提供新思路和新方法。

二、移动阅读企业生态位的结构分析

生态位是生态学中的重要概念之一，是某个单位生命在某个生态系统中所处的地位，这种地位是该生命与环境相互作用所形成的，包括了"态"和"势"两个内涵。"态"是指该单位生命的状态，例如，某只哺乳动物的健康状态、领地范围、所产幼崽数量、环境适应能力、智力或体力水平等；"态"是该生命体在成长过程中不断积累的结果，是一种现存状态。而"势"与"态"不同，"势"是指生命体支配、改造和影响自身所处环境的能力，是一种未来的发展趋势。在多家移动阅读企业并存的整个社会经济大环境中，它们相互竞争、合作，形成了相对的地位和相互的作用。这个竞争激烈的市场可以看作一个生态系统，而其中相互竞争的企业可以看作一个一个的生命体。因此，我们可以将生态位的概念用隐喻的方法引入对移动阅读市场竞争的研究中。然而，与自然界中的生命体不同的是，企业具有更强的主观能动性和主动选择发展路径的能力，因此企业可以基于自身的努力改变其生态位属性，优化其生存环境，增强竞争能力。

从生态位的角度来分析企业的生存能力和竞争能力也可以从"态"和"势"两个角度来分析，即既考虑企业现有的资源和品牌影响力，又考虑其后续发展所需要的各种能力。现实中，"态"和"势"两个角度往往是相互交织、相互依存的，不可强行分割。本文中，我们将移动阅读企业的生态位分为四个维度，分别是资源、市场空间、生存能力和时间维度，如图1所示。

（一）资源

资源对于任何生命体都是生存和发展的重要保障，对于企业也不例外。企业所拥

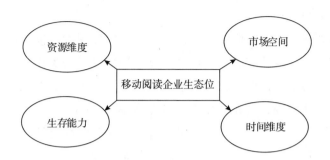

图1　移动阅读企业的生态位结构

有的资源一般包括资本、人力、技术、市场等有形的资源，还包括品牌价值、影响力等无形的资源。而作为移动阅读企业，丰富、高质量、可持续获得的内容资源是生存和发展的前提及基础，也是企业竞争的主要依据。不同的企业根据自身特点，选择不同的资源获取的途径，将形成不同的商业模式和竞争优势，在生态系统中占据不同的生态位。例如，阅文集团将内容资源作为其核心优势之一。根据阅文集团的招股书显示，截至2016年年底，阅文集团的签约作家约占中国网络文学作家总量的九成，文学作品储备达840万部。

咪咕阅读由中国移动成立，依托手机终端流量的优势，占据着巨大的读者资源，在2010年至2014年一直占据移动阅读市场的榜首，然而其在内容资源上的不足没有及时弥补，被后来者阅文和掌阅等居上，处于不利地位。

生态位有宽和窄之分，如果企业占据的资源种类丰富且数量巨大，则我们可以称其生态位较宽。例如，阅文集团已经构建了一个链接读者、作家、内容改编伙伴等成员的平台化的企业生态圈，占据了大量的IP资源和资源变现渠道，可以说在生态系统中占据了非常广阔的生态位。如果不同企业希望占据的资源发生了重叠，则成为生态位的重叠。反之为生态位的分离。

对于移动阅读企业来说，整个行业的经济基础、投融资渠道畅通度、信息捕捉与应用能力及资源数据库的建设情况、人才等都是重要的资源维度指标。

（二）生存能力

企业的生存能力主要是指企业的资源利用能力，包括主要资源的获取能力、建立与客户共创价值的能力、参与市场竞争的能力等。2018年发布的《2017年度中国数字阅读白皮书》称，当前我国移动阅读平台格局已基本成型，遥遥领先的是QQ阅读和掌阅，其次是咪咕阅读，以及与其不相上下的塔读、书旗小说等。咪咕阅读依托中国移动的流量优势，可以为用户提供大量廉价内容，然而从长远来看，并不利于创作质量的保证。

（三）市场空间

市场空间主要指企业在市场中的生存空间的范围和深度，包括行业和产业的覆盖面、客户群的覆盖面、企业服务的深度和广度、服务品种的类型数量，等等。在用户性别的分布上，除书旗小说以外，其他平台都是男性用户多于女性用户。在阅读偏好上，男性更青睐历史军事、都市现实及武侠仙侠题材的作品，而女性则更喜欢现代、古代言情小说及都市现实题材作品。相对来讲，男性对各种类型的文学作品偏好比较均衡，女性则比较集中，移动阅读平台作品的分布对其用户属性有很大影响，各平台在内容布局上要更加细分化、均衡化，或有针对性地形成自己的特色。目前各平台内容同质化问题严重，各平台如何打造自己的特色内容，形成自己特有的品牌形象，是未来竞争的重要影响因素。

（四）时间

时间这个维度指的是企业在处理机会和决策时的反应速度，也包括开发新产品和服务的周期、履行合同的准时性，等等。对于移动阅读企业来说，信息化时代市场瞬息万变，更要注重时间维度的把握。

三、移动阅读企业的生态位模型

为了便于对不同企业生态位进行分析和比较，我们基于上述四个生态位维度构建一个超体积模型，可以用函数表示如下：

$$Y = f(d_1, d_2, d_3, d_4)$$

其中，Y 代表移动阅读企业的综合生态位；d_1 表示资源维度；d_2 表示市场空间维度；d_3 表示时间维度；d_4 表示生存能力维度。d_i（$i=1, 2, 3, 4$）在某个时间点上可以得到一个值，即在这个时间点上该企业的现实生态位。四维超体积模型绘图后就是一个四维空间，其中，具有高适合度密度的那部分四维空间对企业来说是最适宜的生态位，即最佳生态位或基础生态位。

（一）维度的测度

生态位四个维度的值用 D_i（$i=1, 2, 3, 4$）表示，表达式为：

$$D_i = \frac{1}{J} \times \sum_{j=1}^{J} \left[\beta_j \times \left(\frac{1}{K} \times \sum_{k=1}^{K} \beta_k R(i, j.k) \right) \right]$$

其中，$i=1, 2, 3, 4$；$j=1, 2, \cdots, J$；$k=1, 2, \cdots, K$；$R(i, j, k)$ 表示第 i 个维度中第 j 个指标的第 k 个分指标的值；β 表示该指数在该层次的权重。

（二）生态位宽度的测度

首先，我们要给相互竞争的企业划定一个范围，在这个范围内测定各个企业的生态位宽度才有意义。一般设定相互竞争的企业主体个数为 N。移动阅读企业的生态位分别用 B_N、B_L、B_M、B_T 表示，分别为资源、生态能力、市场空间、时间这四个维度上的生态位宽度。企业综合生态位宽度就是这四个维度上的加权平均距离：

$$L = \beta_1 \times B_N + \beta_2 \times B_N + \beta_3 \times B_M + \beta_4 \times B_T$$

其中，β_i，$i = 1，2，3，4$ 表示各维度权重。

（三）生态位重叠描述模型

根据生态学中的生态位资源矩阵，可以用一个 $4 \times n$ 矩阵来描述移动阅读企业生态位的重叠，其中 4 代表四个生态位维度，n 代表 n 个有竞争关系的企业。该矩阵可以表示每个生态位维度被每个企业的利用量。据此构建企业的 $n \times n$ 矩阵，该矩阵即 n 个移动阅读企业之间的生态位重叠矩阵，如下所示。

$$\begin{bmatrix} 1 & & & \\ a_{21} & 1 & & \\ \cdots & \cdots & 1 & \\ a_{n1} & a_{n2} & \cdots & 1 \end{bmatrix}$$

矩阵对角线上各个元素值都是 1，则代表每个企业的自我重叠；而对角线以外各元素值都小于 1，代表各对相互竞争的企业之间的生态位的重叠。

$$a_{ij} = \frac{\sum_{r=1}^{4} P_{ir} P_{jr}}{\sqrt{\left(\sum_{r=1}^{4} P_{ir}\right)^2 \left(\sum_{r=1}^{4} P_{jr}\right)^2}}$$

其中，a_{ij} 代表企业 i 和 j 的生态位重叠值；P_{ir} 和 P_{jr} 分别代表 i 和 j 对生态位维度 r 的利用和占用程度。$a_{ij} = 0$ 表示生态位完全分离，$a_{ij} = 1$ 表示生态位完全重叠。

生态位的重叠势必会引起企业之间竞争的加剧。因此，为了减少不必要的竞争，企业会主动去寻求各自的发展空间和发展路径，移动阅读企业的综合生态位将主动或被动地发生分离，经过一段时间的市场调整后，该生态系统将达到新的稳定共存的状态。市场会达到怎样的稳定共存状态是与各个企业相互作用的结果。

四、移动阅读企业的生态位竞争策略

我们引入了生态位的概念，构建了四维的移动阅读企业生态位模型。利用这个模型，我们可以分析企业的生态位构成和两家企业之间的生态位竞争。前文已经分析，生态位的重叠将加剧企业之间的竞争，为了降低竞争压力，企业生态位会发生主动或者被动的分离。从企业的角度来说，一方面，可以加强竞争能力，排除重叠生态位中的竞争者，独占生态位，形成不可替代的核心竞争力；另一方面，企业可以主动出击，寻找具有差异性的生态位，从而实现与竞争对手的生态位相分离。具体来说，可以分别从资源维度、市场空间维度、生存能力维度和时间维度等角度思考企业的竞争策略。

（一）移动阅读企业要加强内容资源的储备和创新

内容资源是移动阅读企业的立身之本。例如，阅文集团旗下众多品牌的优势在于它们的原创产出能力。起点中文网、红袖添香、潇湘书院等网站可以产出大量的网络文学作品。同时，企业还要注重作者群体的培养，为内容的生产提供源源不断的生产力。

（二）移动阅读企业要发掘与竞争者有差异性的市场空间，提供个性化的产品，进行个性化服务

由于信息传播的便利性，现在的读者可以选择的阅读产品更加丰富，渠道更广，性价比也更高。在移动阅读领域，比起付费，读者更加关注的是产品和服务，即图书的内容质量。以个性化推荐和定制的阅读服务产品可以为用户提供更好的阅读体验，从而使企业获得更大的竞争优势。以阅文集团为例，它力争从最多维度呈现用户阅读的特性，采用算法对不同渠道和不同用户有针对性地推送内容。

（三）企业应当更加重视细分市场，而不是简单地采取大市场的战略

随着移动互联网人口红利的消失，移动阅读的增长也渐渐放缓。在这一形势下，企业获得新用户的难度越来越大，保留现有用户的难度也在加大。当前移动阅读的主要读者是年轻群体，其中以白领、学生等为主。但由于整体市场规模很大，其他细分市场中的读者影响力也不容小觑。当前，市场还远远谈不上饱和。有些企业已经看到了市场的变化，切入了细分市场。例如，有妖气等漫画阅读平台。

（四）移动阅读企业要做大做强，就必须学会与竞争对手及上下游企业合作，建立一个共赢的生态圈

例如，阅文集团在 2016 年就提出了"IP 共营合伙人制度"，目的是将产业链各端的不同合作者纳入到同一个体系中，各方协同合作，共担风险，最大化 IP 价值，打造一个整合的、良性的生态系统。

参考文献

［1］易观国际 . 中国移动阅读市场年度综合分析 2017 ［Z］. 2017，7.

［2］彭连刚 . 泛在环境下移动阅读产业商业生态系统构建研究 ［J］. 中国出版，2013（18）：54-57.

［3］吴小君，刘小霞.移动阅读时代数字出版商业模式探析［J］.中国出版，2011（16）：52-54.

［4］彭连刚.泛在环境下移动阅读产业价值链及商业模式研究［J］.出版发行研究，2016（2）：40-44.

［5］王亿本，罗宝勇.手机出版产业的生态学思考［J］.科技与出版，2014（4）：91-92.

［6］谷婵娟，钱晓菲，庄重.手机阅读的生态化发展策略探析［J］.图书馆理论与实践，2011（3）：45-49.

［7］吴钊.数字出版产业的生态位解构［J］.重庆社会科学，2015（11）：102-107.

［8］中国音像与数字出版协会.2017年度中国数字阅读白皮书［Z］.2018.

作者简介

田志虹，北京印刷学院经济管理学院讲师。

杨正芊，北京印刷学院经济管理学院2016级物流管理专业本科生。

我国网络媒体引入特殊管理股制度研究①

秦静娴　张书勤

摘要：近几年，我国对传媒行业的深化改革提出了相关措施，其中最重要的就是特殊管理股制度。本文针对网络媒体实施特殊管理股制度进行研究，在分析网络媒体发展的现状及引入特殊管理股制度的必要性基础上，指出面临的三个主要问题：股东利益的平衡、法律困境及特殊管理股股权的设定，提出了相应解决对策：界定特殊管理股股权的边界、完善法律环境建设、重构网络媒体法人治理机构。

关键词：特殊管理股；网络媒体；治理结构

一、引言

2013 年 11 月，党的十八届三中全会提出，"我国重点传媒企业在按照规定从传统的组织制度改组为符合现代企业制度后，要对特殊管理股制度进行深入探索，并按照规定实施该项制度"。2014 年 2 月，在传媒企业实行特殊管理股制度试点这一重要措施，被列为文化体制改革工作中的重中之重②。随后，针对在我国重点传媒企业进行特殊管理股制度试点，国务院也做出了明文规定，在得到批准后便可实施。2015 年党中央提出先在我国文化特殊领域探索实施特殊管理股制度，国家最少要持有企业 1% 的特殊管理股股票，董事会成员中政府人员要占有一定的比例，国家要审查企业重要的传播内容。2017 年，我国正式开始在网络上相关的出版领域、新闻信息领域、视听节目领域等开展特殊管理股试点。

"特殊管理股"是指在对股权结构进行特殊的设计后，让特殊管理股股票的持有者始终拥有对公司重大事项的最大的决策权和控制权。特殊管理股制度最特别的地方就

---

① 本文受北京市社科基金课题：重要国有传媒企业特殊管理股制度研究（项目号：16JDXCB006）的支持。
② 金雪涛. 我国传媒领域有效推进特殊管理股制度的思考 [J]. 中国发展观察, 2016（21）.

是，该股票的持有者能够在持有较少股份的情况下进而对企业实施绝对控制权或是一票否决权。特殊管理股制度有金股制和一股多权制两种模式。金股制是指由政府持有一股金股，其所持有的金股不享有收益权也没有表决权，政府不对企业日常的经营管理活动进行干涉，但可以参与决策企业的重大事项。一股多权制是指每一股股票都被赋予了若干的表决权，所以也被称为多权股，一般由公司的创始人持有该类股票，这使创始人拥有对公司的绝对控制权，以限制公司的外部投资者对公司的控制，同时也限定了国外的投资者以其注资比重的优势干扰我国企业的发展。

当然，在网络媒体中的特殊管理股其最重要的权力就是"一票否决"权，是指通过特殊的股权结构的设计，使国家能够掌控网络媒体的舆论导向，确保网络媒体的文化安全。

二、我国网络媒体的发展和实施特殊管理股实践

（一）我国网络媒体的蓬勃发展

1994 年互联网正式进入我国，之后我国网民数快速增长，截至 2017 年，中国网民数量已经达到全球总网民数量的 1/5，互联网的覆盖率为 54.3%；手机网民占网民数量最大，比例高达 96.3%[①]。近 20 多年来，互联网迅速发展，传媒产业一再被重新定义，其结构与分类仍在动态变化之中。2011 年的变化最大，传统媒体的市场份额被新媒体的市场份额快速赶超，因此，我国加快了对传媒市场结构的调整。传媒市场从原来的平面、广电、互联网、移动互联网的四大模块，逐渐演变为由传统媒体、互联网和移动互联网三大模块组成的市场结构，2017 年移动互联网的市场份额接近一半，传统媒体仅为 1/5，传统媒体正逐渐被网络媒体所替代。

2008 年网络媒体开始跻身主流媒体，从一开始以新浪网为代表的门户网站，随后到以今日头条和一点资讯为代表的智能媒体，以澎湃新闻为代表的专注时政与思想媒体开放的新闻平台，到现在流行的各大派系的短视频媒体如抖音、火山、西瓜视频等等，在互联网技术的变革和推动下，我国网络媒体已经发展到以移动化、数据化、智能化为特征的时代。相对于传统媒体的报刊、广播、电视等而言，网络媒体因为其即时性、便捷性、交互性等诸多优势快速超越传统媒体，成为影响受众的主要的甚至是垄断的信息来源。对于传媒产业而言，互联网不仅成为一种新的社会资源，更为媒体产业的创新打下了坚实的基础。建立网络空间信息传播新秩序的主动权和影响力必然要把控引领产业发展的能力和话语权。在网络媒体实施特殊管理股制度，不仅促进了传统媒体与新兴

---

① CNNIC 发布第 38 次 . 中国互联网络发展状况统计报告 ［J］. 中国教育网络，2016（9）.

媒体的深度融合与协调发展，也加快了我国移动互联网前进的步伐，对增强网络媒体企业实力，扩大企业影响力，促进企业形成建成良好意识形态具有积极的作用。

（二）我国网络媒体试水特殊管理股

在互联网发展的进程中，我国在行业政策法规上对于民营、外资进入网络媒体是比较宽松的，法律、政策上的限制较少，早期的门户网站如新浪、搜狐、网易以民营投资为主，并吸引了国外资本的入股，且先后登录美国股市融资。近几年以 BAT 为代表的互联网巨头也是以民营资本起家，并有国际资本巨额投资，其先后在境外上市融资。据不完全统计，在境外上市融资的我国网络媒体共 10 多家公司有双层股权设计。例如，2014年在美国纽交所上市的阿里巴巴，通过合伙人制度，阿里变相推出不平等投票权股票。阿里巴巴的外资股东软银和雅虎持有的股份分别是 31.8% 和 15.3%。但是，阿里巴巴的合伙人共同持有的股份只有 13%，其中马云本人仅持有 7.6% 的股份。但根据阿里公司章程的相关规定，以马云为首的阿里合伙人有权任命阿里董事会的大多数成员，而成为公司的实际控制人。目前在阿里由 11 人组成的董事会中，阿里合伙人团队任职了阿里大部分的执行董事和重要的高管职位。而第一大股东软银并没有安排人员在董事会中任职，仅仅在董事会中委派了一名观察员。又如，2014 年京东在美国纳斯达克上市，一上市就发行了两类股票，A 类股和 B 类股。A 类股是一股一权，而 B 类股一股就相当于二十份的投票权。刘强东持有所有的 B 类股票，虽然作为京东创始人他的出资仅占 1/5，但是他却拥有 83.7% 的投票权，从而他掌握了对京东的绝对控制权。近几年随着国家倡导在传媒领域引入特殊管理股，2017 年 8 月 21 日，人民网入股北京铁血科技股份公司，试水特殊管理股。铁血科技向人民网发行非限售流通股，发行的股份仅占铁血科技股份的1.5%。人民网则安排一位人员作为铁血科技的董事，作为监管，主要目的是保证正确的文化发展方向，同时，这位董事可以对总编辑的决策行使"一票否决"权。

在股东多元化、意见多样化、文化差异化的情况下，要保持网络媒体能够在内容服务上坚持正确的导向，担负社会责任显得尤为重要。互联网就是话语权的体现，国家需要掌控一定的话语权。政府掌控了网络媒体的舆论导向、意识形态，也就维护了国家的政治思想、政治文化的安全。所以，在以民营资本为主导的网络媒体中引入特殊管理股制度是十分必要的，主管部门要通过特殊管理股制度这只有形之手，配合市场经济的管理手段来维护网络媒体的正气之风。

三、网络媒体引入特殊管理股制度面临的问题

（一）与现有的法律制度相矛盾

特殊管理股这一管理制度起源于欧美国家，在国外的文化传媒企业中已经运营多

年并且有了一定的经验积累，我国是从 2013 年开始号召探索实行特殊管理股制度，当时我国的相关法规尚未出台，实施该项制度还有些困难。我国《公司法》第 126 条规定："股份的发行，实行公平、公正的原则，同种类的每一股份应当具有同等权利①。"这就意味着在我国的《公司法》中，规定的是同股同权原则。这一规定确立的"同股同权"原则是基于"同种类"的股份而言，对于不同种类的股份可以设置不同的权利。《公司法》第 131 条规定，"国务院可以对公司发行本法规定以外的其他种类的股份，另行作出规定"②，这一规定也就允许国务院在遵循"同股同权"原则的前提下，可以设计出普通股以外的其他具有特殊股权结构的股票。但根据《公司法》第 103 条第 1 款的规定，股东在出席股东大会时，所持的股票是一股一权的③。这一规定并未指出可以持有特殊管理股，此处说明特殊管理股的实施存在法律障碍。因此，如果要在网络媒体中引入特殊管理股制度，需要重新设计现行公司法中的股权制度及法人治理机制。我国要想在网络媒体上大范围地探索实行特殊管理股制度，只有尽快出台有关实施特殊管理股制度的法律条例，才能更加有效地落实该项制度。

（二）普通股股东与特殊管理股股东的利益不易平衡

在传统的公司治理结构中，股东集体享有所有者权益，可以以所持的股票比例进行投票表决，决定公司的重大事项。董事会则向股东负有诚信责任，需要履行勤勉忠诚的义务来保证股东价值的最大化。如果在网络媒体企业实施特殊管理股制度，政府掌握了对某些重大事项具有一票否决权的股票，一定程度上是把股东的部分所有者权益交给了政府，这样会产生如下的问题：有责任承担决策后果的股东无法做出决策，而不用承担决策后果的特殊管理股的股东却有权做出决策，当双方产生冲突时，董事会作为公司的执行机构有可能无法平衡普通股东与特殊管理股股东的利益。另外，由于对网络媒体的了解不深入，只掌握普通股股票的中小股东，因此缺少足够的投票表决权，对于可能危害到自身权益的重大事项无法表决而不关心公司的治理；控股股东因为不能享有绝对控制权，在监管力度缺乏的情况下，很可能会牺牲企业的利益来追求自身的利益。

（三）权力范围仍需有效的界定

虽然特殊管理股的制定使得政府对网络媒体有了一票否决权，但是这并不意味着特殊管理股就是全能股，不代表对企业的所有事项都能行使该权利。网络媒体企业的产品不仅具有经济价值，还具有倡导价值。所以网络媒体企业不仅要追求经济价值，

---

① 张志坡．论优先股的发行［J］．法律科学（西北政法大学学报），2015（2）．
② 蔡思婷．国有股权类别化法律问题研究［D］．西南政法大学硕士学位论文，2014．
③ 证监会：将认真考虑修改公司法中"同股同权"等规定［EB/OL］．华尔街见闻 https：//wallstreetcn.com/articles/3399058．

还要把握好对受众的倡导价值，使得其企业产品能够带动社会上的思考风气。同时也要把控好国家文化产业安全、社会舆论导向、企业外资收购等重大事项，当然最重要的是要保障自身的经济利益。若特殊管理股制度在权力界定范围上模糊，例如，权力的管控范围没有明确的界限，则很有可能会干涉到企业的日常经营活动，进而网络媒体企业的经济效益和发展会受到直接影响。为了避免这样不良的影响，对于特殊管理股的行使权力应该要有清晰的边界界定和权力限制。对于政府所持有的特殊管理股，其权力内容须被限制在特定事项；例如，对网络媒体传播内容的管理、公司战略资产的处置、引进外资等可以行使一票否决权，而像董事和监事的任命、发行有表决权的股份、企业日常的运营管理的合规性等方面不可随意行使一票否决权。

因此，在国家特殊管理股的推出问题上，应该主张由政府掌控对网络媒体所传播的关于国家意识形态、政治思想内容安全上的绝对控制权，而股权问题归其他股东，各司其职。特殊管理股权重再高，其行权范围也是有限的，并非全能股权。只有明确界定了权力范围，才能在政府控制文化发展的同时，又不干预企业日常的经营，实现网络媒体更好更快的发展，实现这一改革的初衷，协调好政府与企业之间的关系。

四、相关建议及对策

（一）制定相关的法律制度

2002 年美国《标准公司法》和 2006 年英国新《公司法》，都允许实行"类别股份制度"，特定股东在股息、表决以及清算等方面享有特别权利[①]。例如，美国和英国的许多报企为了防止被恶意收购，以及避免股市的变化对报纸销量的影响，同时也为了确保创办人具有最大的决策权和控制权，都实施了特殊管理股制度。

针对我国现有《公司法》规定的一票一权与特殊管理股制度的内容相冲突的问题，需要修改相关的法律法规。第一，关于股票"一股一权"的规定，最好改为"对于持有相同种类的股份，每一股份都有相同表决权"，同时授权国务院，让其尽快制定实施特殊管理股制度所配套的法规条例。总体来说，就是将原来普通股的"一股一权"修改为类别股的"同股同权"，为网络媒体公司的安全发展提供切实的保障也为公司的有效治理提供更多的选择。第二，国务院需尽快出台有关特殊管理股指导意见，明确规定界定特殊管理股的适用对象，例如，具有较高话语权地位的一些重点新闻网站、广电传输网络运营商；发展目标为文化传播的报业企业、网络视频类公司等。特殊管理

---

① 重头戏：国资管理体制改革 ［EB/OL］．搜狐其他，搜狐网，http：//www.sohu.com/A/31706993_115402.

股的"一票否决权"更需要通过法律限定在一定的范围之内，政府不可滥用权力，干扰企业的发展，影响企业的经济效益。

(二) 明确权力的行使范围

政府能够行使的权力是有限的，行使一票否决权，就必须界定清楚在哪些关键方面行使该权力。在一些有关时政类的重点新闻网站上，政府要把控好该网站上信息的输入与输出，对信息本身的安全可靠性进行审查，重要内容的发布更是要得到政府的审批；此外，政府需要对核心人事任命进行把控，为了保证网络媒体能向社会传达积极向上的内容，不扰乱社会言论方向，只有经过政府的批准才可以任免公司重要人员，对公司的重要工作进行安排。例如，只有政府才可以任命总编辑；对于中外合资的企业，政府必须保证公司董事长及主要高管是由中国人任职的；对于外资的加入，政府可以决定外国的股东是否可以持有公司的股份，持有股份的限额是多少，政府拥有反对任何威胁文化安全的公司交易或持股的权利，只有得到政府的批准，外资股东才能参与公司的重大决策。

总体而言，在网络媒体企业实施特殊管理股制度，政府也只有在不干预企业日常经营活动的前提下，才可以对网络传媒企业进行管控，行使一票否决权，进而确保党和政府对重要国有传媒企业社会舆论的导向权，不可成为"掠夺之手"，否则会不利于网络媒体在竞争市场中的发展。

(三) 完善法人治理结构

为了平衡普通股股东与特殊管理股股东的权益，还需要重构网络媒体公司法人治理机构。具体来说，首先，建立健全有效的监督机制，提高监事会的工作效率，建立健全公司的董事会制度，增强董事会的独立性，董事会成员最好由特殊管理股持有者组成。持有特殊管理股的国有股东也是公司的股东，但在出资比例低的情况下，还拥有对特定事项的绝对控制权，此时，特殊管理股股东就不应再有权力选举董事或被选举为董事，不可让其权力范围扩大。其次，规范监事会行为，发挥监事会职能。监事会的部分成员也是由股东产生的，同样的不该让特殊管理股股东参与选举监事会成员。规范监事会行为可以有效防止特殊管理股股东权力上的越权行为，监事会可以监督公司的各项决策权，特殊管理股股东只能在权力范围内行使决策，并保证决策执行结果均不会对其他股东的正当利益产生伤害。这样，网络媒体公司的股东会、董事会及监事会达到了相互独立的状态，这才是实施特殊管理股制度最为重要的前提，政府与企业的关系也就得以协调，如此既保证政府对网络媒体的监管，又不会越权管控。在遵循市场规律的前提下，特殊管理股力利的限制性与独立性有利于网络媒体企业做出更加真实可靠的决策，从而促进网络媒体企业更加长远地发展。

五、结语

对以民营资本为主的网络媒体积极探索实施特殊管理股制度，在把控好国家政治文化导向的同时，又充分运用了资本市场的灵活性推动了网络媒体的发展。但是，由于目前有关特殊管理股制度的法律法规还不是很完善，所以，国务院还需要尽快制定出细化的条例，对特殊管理股的权力主体、权力范围、行权流程进行约束，保证特殊管理股制度的实施是有法律依托的，由此设计出一种更适合我国国情、更有利于网络媒体发展的特殊管理股制度。

参考文献

［1］李𣈪．对国家特殊管理股法律规制的思考［J］．企业管理，2018（6）．

［2］杨永磊．论社有企业特殊管理股的制度构建［J］．嘉兴学院学报，2018（3）．

［3］陈孟．对人民网探索特殊管理股制度改革的分析［J］．当代传播，2017（5）．

［4］付国乐，黄睿．出版传媒公司和网络传播平台中特殊管理股的探索：实践路径与中国选择［J］．中国出版，2016（18）．

［5］黄子祺．出版传媒企业探索特殊管理股试点初论［J］．中国出版，2016（11）．

［6］冯乃冠．公司法人治理结构制度的完善途径［J］．法制博览，2018（14）．

［7］王妍．所有权与经营权关系的当代发展及后现代企业制度的生成［J］．当代经济研究，2013（9）．

［8］张世海．论特殊管理股在我国传媒行业中的作用［J］．中国出版，2015（16）．

［9］崔保国．中国传媒产业发展报告（2018）［M］．北京：社会科学文献出版社，2018．

作者简介

秦静娴，北京印刷学院经济管理学院会计专业硕士18级（在读）。

张书勤，北京印刷学院经济管理学院，副教授。

区块链在数字版权管理中的应用探索①

张佳倩　王　亮

摘要： 随着信息技术日新月异的发展，现行的数字版权管理模式已经不能适应数字信息时代版权管理的发展要求，当前版权保护问题日益严峻。本文通过分析数字时代版权问题现状，指出版权保护问题中的棘手问题，然后探索区块链技术及其在数字内容版权管理中的应用，最后提出基于联盟链的数字版权管理方案，以实现数字内容版权的去中心化保护和信息传播的有效监管，减少侵权行为的发生，净化数字出版的生态环境。

关键词： 版权；数字版权管理；区块链；联盟链

一、概述

随着技术不断进步，我国数字出版产业蓬勃发展，产业规模日趋壮大，产业链条日益完善，产品形态不断丰富。《2017~2018 中国数字出版产业年度报告》显示，截至2017 年年底，我国数字出版产业的累计用户规模达到 18.25 亿人（家/个）。2017 年我国数字出版产业呈现高速发展的态势，全年整体收入规模为 7071.93 亿元。在数字出版产业中位列前四位的依次是互联网广告、移动出版、在线教育和网络游戏。根据报告可以看出，数字出版业的经济效益和社会效益在我国的经济发展中发挥越来越重要的作用。

随之而来的还有数字版权侵权现象日益严峻，非授权用户对数字内容的非法传播以及授权用户对数字内容的二次非法传播等侵权行为难以得到有效控制，成为新闻出版行业对数字内容版权保护问题的痛点。各出版社产品种类烦琐，非法传播通常不易控制，很多情况下在发现被侵权现象时往往损失已经形成。网络服务运营平台因缺少

---

① 基金项目：2018 年北京印刷学院研发计划项目 "馆藏特色资源的数字化集成及其应用研究"。

比对样本不能很好地起到监控作用，也并未从中获得较多利益，往往也是受害者。加之移动互联网时代下，信息资源呈网状传播、信息体量巨大，使得集中化的管理十分困难，传统的版权管理模式已经不能满足当今数字版权保护的需要。区块链技术的出现让数字版权保护看到了希望和契机。区块链技术具有唯一标识性、不可抵赖性、不可篡改性及去中心化的全数据记录模式，可适用于监控数字内容传播的过程，恰好能够解决新闻出版行业运营中的很多问题。

二、数字时代版权问题现状

在信息技术的推动下，信息的传播速度不断加快，信息传播变得越来越便捷，互联网中的大量信息资源可以不受时空限制进行快速传播。人们在享受信息带来的便利和服务的同时，数字版权保护也面临越来越严峻的挑战。数字版权保护所面临的困境主要体现在以下三个方面：第一，数字版权保护意识薄弱。在信息资源数字化的过程中，电子形式的数字作品复制容易且成本低廉，这些数字作品可以经过互联网进行快速大量的传播，数字作品权利人难以对侵权行为进行有效监测和控制，加之数字作品权利人及相应的运营商对于自己权利认识不够全面，版权保护意识薄弱，大量的信息资源在未被授权允许的情况下被转载传播。第二，信息爆炸，维权滞后。互联网上的信息量十分巨大，当出现数字作品被侵权的现象时，作品权利人不能及时发现侵权情况，这种滞后性导致了对数字版权侵权行为难以取证。即便是网络服务运营商采取管制措施制止侵权行为的实施，但通常侵权行为还是给相关权利人带来损失已经形成且无法弥补。第三，数字版权侵权纠纷在处理实践中并不理想。作品权利人没有能力对互联网中的作品信息和用户信息进行全面掌控。一般情况下，网络服务运营商在接到通知之后，就立刻对平台侵权信息进行删除处理，只要证明自己没有理由知道或应当知道平台中的侵权行为，并在得知侵权行为后立即主动采取行动，就可以免责。在司法实践的过程中，侵权行为给被侵权人所带来的实际损失难以评估和衡量，同时作品权利人对于侵害事实、实际损失以及侵权人的违法所得的取证和举证存在较大困难。

《2017 年中国知识产权保护状况》报告显示，版权部门查处侵权盗版案件 3100 余件，收缴盗版制品 605 万件。由此可见，当前我国数字版权保护问题形势十分严峻，盗版侵权问题时有发生。2018 年 10 月 8 日，搜狐就今日头条和百度网盘侵权索赔千万一案，引起社会各界的广泛关注。2018 年 9 月 25 日《我在大理寺当宠物》在网络中热播，搜狐视频依法获得《我在大理寺当宠物》的独占信息网络传播、转授权以及维权权利。今日头条和百度网盘在未经搜狐视频授权的前提下将《我在大理寺当宠物》的内容资源进行网络传播，该行为对搜狐视频的合法权益造成了侵害，为此，搜狐视频请求法院责令今日头条和百度网盘立即停止侵权，删除全部涉案作品内容并禁止分享，并累计赔偿搜狐视频经济损失及合理支出共计1000万元。此版权侵权事件强有力地表明，用户版权意识觉醒对于版权保护工作来说是远远不够的。实现数字内容传播溯源，切断版权侵权内容的传播链条，是当下最棘手的问题。解决这一问题的最大障碍是在移动互联网环境下数字内容呈几何级数网状传播，并且在传播的过程中信息体量巨大，集中管理十分困难。直到区块链技术产生，它为解决目前数字出版行业发展中所面临数字版权保护系列问题提供了新的思路和方式。

三、区块链与数字版权

区块链技术近年来受到社会各界的广泛关注，它是一种新型的分布式数据库技术。区块链由一个一个区块组成，每个区块都是一个存储单元，用以记录和存储各区块的价值交换情况，前后区块通过哈希算法进行连接。随着价值交换的不断进行，越来越多的区块与区块之间相继链接，形成了区块链。区块链技术提供了一种去中心化的解决方案，数据信息可自动记录，交易方利用特定的算法程序驱动来解决信任问题，无需第三方机构的介入，低成本、安全高效地完成价值交换。

区块链技术构建了一个人人参与的去中心化信任机制，在此基础上进行可信任的数据共享，实现可靠的信任传递和价值传递。目前，区块链应用已延伸至金融科技、数字资产交易、供应链管理、社会治理、智能制造等多个领域。就新闻出版行业而言，区块链技术因其具有唯一标识性、不可抵赖性、不可篡改性和去中心化的全数据记录模式等特点，使其特别适合记录数字内容传播的过程，从而有效解决数字内容溯源的多数问题。

区块链技术可分为公有链、联盟链和私有链，不同的网络准入机制和应用场景可以选择不同的区块链类型。其中，公有链是指任何人都可以参与并在其中读取信息和数据，完成交易进行确认并达成共识的区块链；联盟链是由预选节点（即联盟）构成的区块链，在达成共识的过程中受到联盟的控制，联盟中每个机构都运行着一个节点，入链需要获得2/3机构确认。这些区块链可视为"部分去中心化"；私有链是指有且仅有一个组织具有写入权限的区块链。该组织可对读取权限和对外开放程度进行限制。我国出版行业有一定的准入门槛，既不能完全对外开放，也不能完全控制在某一个人或组织手中，因此，对于出版行业而言，建立行业内的版权联盟链是解决阻碍当前数字出版行业发展的数字版权保护问题的有效途径。

四、基于联盟链的数字版权管理方案

针对于目前数字版权管理所面临的各种问题，有效结合区块链技术的优势和数字版权管理特点，提出基于联盟链的数字版权管理方案。联盟链是由监管机构（政府部门或者是行业联盟）和合法内容生产者组成。监管机构的主要工作是确定合法内容生产者的资质，只有拥有资质的机构，才能入链，形成一种集中控制和分布式应用相结合的体系。该联盟链也不应该是完全封闭的生态系统，而应该设置相应的对外接口，方便网络服务运营商尽其版权保护的义务，同时方便用户了解所下载的内容是否真实合法（见图1）。

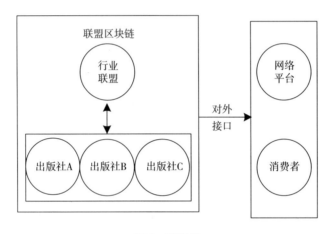

图1 联盟链

该行业联盟链可实现以下应用：

（一）区块链版权确权

在基于联盟链的数字版权管理平台中，各联盟机构可以对本机构中的相关创作者开放写入权限，并由平台提供统一化的编辑工具，方便创作者进行编辑和排版等工作。利用区块链技术的全记录模式完整有效地记录版权所有者从灵感出现、到构建作品再到完善完成作品的全部过程，给原创作品嵌入一个无法篡改的16进制密码并存储在区块链系统中，相当于为该作品创建了一张永久有效、独一无二的"原始电子凭证"，这种版权确权方式其完整操作过程是瞬间完成的，因而极大简化了版权确权的流程。在交易的过程中可进行大规模可信任的信息传递和价值交换，为安全交易提供可靠有效的保障。加之区块链本身就具有一定的公开性，因此，通过区块链进行版权确权使版权的所有情况变得公开透明，版权所有者可以及时了解和掌握其对原创作品的权利拥有和变更情况。

（二）"智能合约式"版权交易

在基于联盟链的数字版权管理平台中，各联盟机构可以相互发起版权交易活动，能够进行审核数字内容、发起议价、充值体现等操作。在交易的过程中，自动生成一份智能合约，数字作品的所有权形式、追溯规范以及交易情况都通过智能合约进行记录并存储在相应的数据库中，各联盟机构之间可以彼此监督、相互验证，实现以智能合约形式为主的去中心化版权交易，在保障版权交易安全的同时，又提高了版权交易市场的交易效率。

（三）实现对版权的"实时"保护

传统中心化的版权管理网站有着较强的被操纵性，网站的防御功能较差，安全性能有待提高，在面临侵权问题时缺乏可信性，给侵权行为的调查取证增加了难度。基于区块链技术的数字版权管理平台，可将版权登记、版权变更、版权交易等一系列活动进行实时全面记录，并且在平台中可以进行追踪和检索。区块链技术的应用使版权交易获得了实时保护，版权所有人的版权保护能力大大提升。安全便捷且低成本的版权保护模式点燃了版权所有者的维权热情，有利于数字出版行业版权生态的良性发展。

五、总结

区块链技术有着不可替代的技术优势，它的出现为数字版权保护提供了很好的解决方案。区块链技术是一种节点参与的分布式数据管理系统，各个节点可进行自我监督和管理，无须第三方机构参与，有助于降低工作成本、提高工作效率。另外，交易数据按照时间顺序相应地存储在各个数据块中，存储在数据块中的信息无法篡改，各数据块依次链接组成区块链，可以对交易全流程进行有效监测，当发生版权侵权纠纷时，为侵权认证提供有效的证据。

针对于新闻出版业数字版权保护痛点，利用区块链技术并结合出版行业特点，提出建立基于联盟链的数字版权管理方案，该方案可以瞬时完成电子作品的版权确权，完整记录数字化作品创作的全过程，实现版权实时保护以及线上授权。区块链技术的应用使数字版权保护实现由线下"集权"到线上"平权"的转变，有利于全面唤醒数字版权保护意识，有效地推动互联网时代数字版权保护的转型与发展。

但是区块链技术归根结底还处于理想化构架阶段，任何事物既具有正面效应也会带来负面影响，区块链技术在为新闻出版业数字版权管理带来诸多便利和效益的同时，不可避免地也会产生一些负面影响。虽然区块链技术能够在一定程度上有效遏制数字版权盗版问题，为版权所有人维护合法权益保驾护航，但是区块链技术作为一项底层技术，其本身的不完善在一定程度上也会带来部分负面影响。由于受到区块链技术的制约，在原来作品的基础上经过稍微修改后形成的新作品，可能不被系统认可，从而被误认为侵权作品，给作品的认定带来一定的麻烦。此外，区块链技术的全记录模式可以做到实时创作实时保护，创作者从灵感出现、完善作品到完成作品的全部过程都进行了记录，在作品产生之后经过申请版权登记，及时确权，对其进行有效的版权保护。但是从另一个角度来看，此种模式将作品在构思阶段就进行了记录和确权，导致其他作者对同类题材的创作造成极大的限制，不利于公众思想的表达和作品的创作。

参考文献

[1] 杜玉辉. 基于区块链技术的数字版权保护问题探析 [J]. 中国传媒科技，2018 (7).

[2] 牛敏. 基于区块链技术的数字版权管理模式研究 [D]. 北京印刷学院硕士学位论文，2017.

[3] 吴健，高力，朱静宁. 基于区块链技术的数字版权保护 [J]. 广播电视信息，2016 (7).

[4] 蒋润祥，魏长江. 区块链的应用进展与价值探讨 [J]. 甘肃金融，2016 (2).

[5] 蔡蕙敏. 基于区块链技术的应用及管理对策研究 [J]. 网络安全技术与应用，2017 (9).

[6] 吴健. 去中心化数字版权保护技术初探 [J]. 西部广播电视，2016 (12).

[7] 赵丰，周围. 基于区块链技术保护数字版权问题探析 [J]. 科技与法律，2017 (1).

[8] 梅海涛，刘洁. 区块链的产业现状、存在问题和政策建议 [J]. 电信科学，2016，32 (11).

[9] 刘霄宇. 浅议区块链的产业问题 [J]. 财经界（学术版），2017 (19).

[10] 孙毅，范灵俊，洪学海. 区块链技术发展及应用：现状与挑战 [J]. 中国工程科学，2018，20 (2).

[11] 马治国，刘慧. 区块链技术视角下的数字版权治理体系构建 [J]. 科技与法律，2018 (2).

作者简介

张佳倩，北京印刷学院传媒经济与管理专业研究生，研究方向为区块链与数字版权。

王亮（通讯联系人），籍贯吉林省长春市，北京印刷学院经济管理学院副教授，管理学博士，主要研究方向为数字版权管理。

网络游戏的版权保护

——"吃鸡"游戏外挂引发的思考

张朦梦　黄孝章

摘要：现象级游戏《绝地求生：大逃杀》随着"吃鸡"这一概念摘得国内国外游戏排行榜桂冠，全球玩家高达4亿人的流量红利也带来了地下产业链的青睐。2017年我国封禁150万游戏账号敲响了游戏行业外挂横生的警钟，同时也为网络文化安全带来了巨大的挑战。本文重点分析了游戏外挂侵权现象的根本原因在于高额利润的经济诱因促使外挂贩卖者们打起了版权的擦边球，版权意识的缺失和侵权成本低更是助长了游戏行业侵权行为时有发生。同时针对此现象提出通过技术与策略并进的方式，完善相关法律制度，提升全民版权意识的建议。

关键词："吃鸡"；网络游戏；外挂；版权

一、"吃鸡"游戏现状

一句"大吉大利，今晚吃鸡"，给中国游戏市场注入了一剂强心剂，"吃鸡"概念也火遍南北。

"吃鸡"一词来源于拉斯维加斯赌场中的口头禅"winner winner, chicken dinner"，汉译后为"大吉大利，晚上吃鸡"，而引爆这场"吃鸡"热潮的正是steam的一款现象级游戏《绝地求生：大逃杀》。

（一）"吃鸡"游戏简介

《绝地求生：大逃杀》为韩国开发商Bluehole旗下PUBG开发并于2017年3月发行在Steam平台的FPS/TPS（第一/第三人称射击）游戏。游戏中100名玩家飞机跳伞空投到荒岛，拾取武器、防具、补给、交通工具、活动奖励等进行战斗，目标是与战队成员共同击败其他战队并存活到最后。当最终获得胜利时，屏幕即会提示摆设烤鸡及烤炉以庆祝胜利并显示"大吉大利，晚上吃鸡"（winner winner, chicken dinner）字样，"吃鸡"的别称便是由此诞生。

"吃鸡"游戏中的逃杀模式，引入电影剧中的生存情节，如同《大逃杀》《饥饿游戏》情节一样，不再是给玩家单纯的"死亡到复活"的游戏体验，而更多的是为 VR 游戏沉浸式体验做铺垫，生命只有一次，给玩家个人增加情景代入感。同时每次游戏中降落地点、装备、敌人情况都是不确定的，这种随机性带给玩家好奇心也赋予游戏极大的可玩性。另外增加开黑组队、语音沟通系统，即增加了社交属性，也能集体制定战略，在刺激的游戏体验中增加愉悦和轻松，具有极强的用户黏性。

自 2017 年 4 月"吃鸡"游戏海外大火；5~8 月"吃鸡"网红玩家们陆续加入直播中，"吃鸡"类手游相继蹭热。而 9 月网易、小米等大厂趁热推出丛林大逃杀、小米枪战等"吃鸡"游戏。到 2017 年 10 月，游戏行业巨头腾讯正式加入这场大战，并在 11 月获得代理，让竞争进入了白热化。最终腾讯以 700 亿韩元（约 4.23 亿人民币）购入《绝地求生：大逃杀》开发商蓝洞不到 5% 股份，并确认为中国独家代理端游，并联合开发正版手游。

(二) "吃鸡"游戏的运营状况

1. 上半场的火爆

美国数据网站 SuperData 发布了《2017 年游戏市场收入规模》数据报告，包括 PC、主机以及移动平台，其中 2017 年最热门的游戏当属《绝地求生》。《绝地求生》为 PC 付费游戏市场收入最高的游戏，仅发售 8 个月就获得了 7.14 亿美元（约合 44.8 亿元人民币）的收入，《绝地求生》的收入占了去年 PC 游戏总收入的 12%。连续 34 周成为 Steam 平台销量冠军，全球同时在线人数超过 200 万，获得 6 项吉尼斯世界纪录。截至 2018 年 6 月 20 日全球已超过 4 亿玩家，且 MAU（月活跃用户量）2.27 亿，DAU（日活跃用户量）8700 万。自 2017 年下半年进入国内后，国内玩家数量急剧攀升，国内 DAU 指数一度占到全球 DAU 比例 1/3 以上。

《2017 年中国游戏行业发展报告》对于中国市场 2017 年国内游戏产业整体销售收入达 2036.1 亿元，同比增长 23%；其中移动游戏营收突破千亿元达到 1161.2 亿元，同比增长 41.7%，占据游戏产业半壁江山。其中腾讯手游 2017 年总收入 628 亿元，共发布手游产品 44 款；同网易两家厂商总收入占整个手游市场的 76%。

为了更好的游戏体验，玩家对硬件设备的要求也是不断升级，这就为国内软件开发、硬件供应及网吧等带来新的机遇。据《中国青年报》报道：自 2018 年起，一些电脑设备专卖的柜台就直接打出了"吃鸡神装"的广告。国内游戏设备厂商也都嗅到了商机，例如，雷蛇、华硕等品牌相继推出了打着"吃鸡神器"名号的专用设备。网吧纷纷组织"吃鸡"比赛分割这场游戏红利。

2. 下半场的退潮

2018年腾讯第二季度网络游戏收入是252.02亿元，环比下滑12.36%，净利润相比较以前下降2%，当年的增长出现了减速。腾讯不得不面对游戏业务疲软的影响。

据移动应用数据分析公司SensorTower数据显示，《王者荣耀》的销售量在2018年不断下跌。《绝地求生：刺激战场》和《绝地求生：全面出击》由于政策原因，导致无法商业化。因此，即便有巨大的流量，也无法为腾讯创造直接收入。

据数据网站Steamcharts的统计：与2018年1月相比，8月底《绝地求生》最高同时在线玩家数减少197万人，按照目前的人数下滑趋势，最高同时在线玩家数或将跌破100万人，退潮之快让人震惊。

众人纷纷分析原因，其中不乏有服务器问题，更有外挂的根源。对于生命周期极短的游戏产业，外挂是重要威胁之一。

二、"吃鸡"游戏外挂现状

随着"吃鸡"游戏的跑马圈地，网络中也涌现了各种"吃鸡"外挂，如飞毛腿挂，钻地挂等。

BattlEye是《绝地求生》的反作弊系统，根据BattlEye官方数据统计：2018年1月共封禁使用外挂账号104万，涉及近千万美元。对于背后估值近14亿美元的蓝洞公司来说，外挂非但偷走了其亿元级的收入，更重要的是对游戏平衡造成了巨大的破坏，促使游戏生命周期急速降低。

2018年1月据腾讯方报道，在《绝地求生》辅助程序中捕获到了HSR币挖矿木马。该挖矿木马名为tlMiner，由一游戏辅助团队投放，影响了数十万台用户机器。

2018年5月，在江苏连云港"绝地求生"游戏外挂案中，涉案金额达到3000多万元，仅绝地求生的外挂种类就600多种，这个平台在全国贩卖外挂的平台排前三。

2018年8月26日至9月3日《绝地求生》游戏官方运营团队更是查封了155，710个违规账号。在CCTV12——《道德与法》栏目中，《绝地求生》游戏外挂被当作范例。

在巨大的利益驱使下"吃鸡"地下产业链更是让人震惊。售价为100~120元的日卡及售价1000~1500元的月卡，甚至还有玩家定制高达6000元的外挂，代理商仅靠贩卖外挂就可以月入百万。

（一）外挂定义

外挂是指某些人利用自己的电脑技术专门针对一个或者多个网络游戏，通过改变或者复制网络游戏软件的部分或者整个程序，制作而成的一种作弊程序。对于外挂并无统一定义，可以总结为未经运营方授权并用于游戏中的，改变其原有游戏部分功能的程序。

从运用目的角度可分为：良性外挂和恶性外挂。其中良性外挂作为游戏的辅助程序，可以为玩家提供便捷，从而为运营商带来一定利益；而恶性外挂雷同于黑客程序，通过侵入服务器，篡改游戏数据，甚至盗取账号、财产，植入木马等。无论良性或恶性外挂，都会使玩家处于不公平的游戏竞争环境中，也会缩短游戏生命周期。

外挂从技术角度可分为四种：键盘鼠标模拟类外挂，侵入游戏客户端程序类外挂，包修改类外挂，自动脱机类外挂。

（二）外挂地下产业链

哪能获利，哪有流量，哪里就有地下产业链。随着科技的进步，地下产业链不仅进入了3.0时代，更是搭载上了区块链的红利列车，控制尽可能多的电脑组建僵尸网络进行挖矿。

以《绝地求生》为例，绝地求生中外挂产业链中的角色分为渠道商+外挂制作人。

如表1所示，渠道商是指代理商、卡盟（点卡批发平台），使用淘宝、自建平台、QQ群、微信群等渠道销售外挂。外挂制作人负责提供外挂的功能制作与杀毒软件免杀。

由于在《绝地求生》中不存在任何的虚拟财产盗取，没有任何盗号价值和货币价值，所以在产业链结构中相对简单，不存在木马制作人、箱子商、盗号工作室、商人等角色，只能依靠外挂本身的功能价格去盈利。

表1 《绝地求生》地下产业链

类别	角色	分级代理模式	营销方式
渠道商	代理商、卡盟（点卡批发平台），使用淘宝、自建平台、QQ群、微信群等渠道销售外挂	总代理商分发下级代理，下级代理销售给购买者	QQ群、会员制
外挂制作人	提供外挂功能制作与杀毒软件免杀	赚取差价	直播

资料来源：根据法制晚报、网络资料整理所得。

如图1所示，《绝地求生》的外挂产业采用的是分级代理的模式：即外挂制作人将外挂出售给总代理商，总代再将货分发给下级代理人，然后销售给购买者，赚取差价。

一般来说，代理人会用销售外挂的QQ群号作为游戏ID，在游戏中通过使用外挂让账号处于较高排名，或是通过直播平台直播"使用外挂"，以此吸引玩家。玩家通过添加QQ群成为外围客户，再通过层级消费进入VIP群享受不同等级的外挂"服务"。而除了玩家外，工作室也是外挂的大客户之一。游戏工作室的核心资源是外挂，就如直接所说，黑客制作外挂主要是提供给游戏工作室，一个好的外挂可以让效率提高几

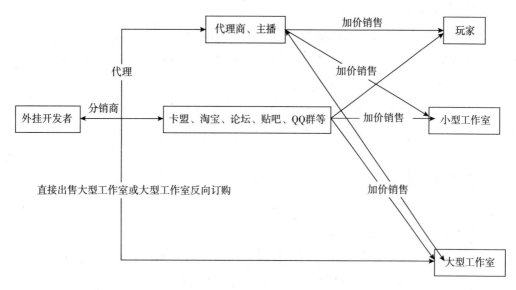

图1 外挂地下产业链示例

倍，几十倍甚至几百倍。没有好的外挂资源，只能雇佣大量的人力成为小型工作室，而好的外挂和黑客的支持，可以让工作室变成像比特币挖矿版的自动和高效。

(三)"吃鸡"外挂现象形成原因

产业化是外挂制造者从炫技转变为获利的标志，其本质是寄生于互联网细分生态中，利用信息差、技术优势进行侵权行为。但在侵权行为的背后是更露骨的用户需求，处于灰色地带的行业秘密，也是了解一个行业全貌的渠道。

1. 经济战

实质上，外挂始终都是由利益驱动的产物。无论在任何游戏中，玩家愿意支付高额外挂费用，是因为可以从游戏中获得超额收益，例如，虚拟货币、虚拟荣誉，或是更轻松的游戏体验。对于玩家来说，外挂带来的"便宜"，主要体现为在节约金钱的同时获得更多。在这场经济战中，外挂提供商不仅为用户做了垂直细分、定制服务等产品，例如，主播挂、路飞挂，还通过游戏运营商对外挂打击力度的强弱来灵活调整价格。

2. 版权意识

无论是外挂的开发行为，传播行为或是使用行为，都是对著作权人的侵权。版权意识是制度正常运转与最终能实现的关键。包括三个层次：一是知晓有版权及相关法律制度，二是有一定的版权经营和保护意识，三是尊重创作、有保护版权的自觉意识。

整个外挂的利益链条始于开发，终于使用，意识是支配人们行为模式的，在缺乏版权意识的情况下，利益链的参与者会严重干扰游戏秩序，侵犯著作权人的利益，加重运营商服务器负担，导致大量玩家流失。

3. 侵权成本低廉

网络游戏本身具有周期短的属性，且网络游戏比较复杂，一旦涉及诉讼周期较长，而权利人收集证据就困难重重，即便胜诉与网络游戏本身的经济效益相比，判赔力度并不高。造成侵权利益与侵权成本的不对等，这也是外挂屡禁不绝的主要原因之一。

目前针对非法制作和贩卖外挂的处罚，常见的是适用于《刑法》第225条对非法经营罪的相关规定。但由于外挂种类繁多，目前法律法规还存在一定的局限性。

三、解决外挂乱象的建议

（一）技术与策略并进

技术层面上，可以对游戏的通信协议进行加密，或通过服务器、客户端异常数据监测等技术迭代控制并筛查外挂。但游戏开发商、运营商与外挂开发商一直在进行破解技术和反破解技术的拉锯战。

在策略层面上，腾讯《绝地求生》采用诸如反外挂小组、举报查证、游戏信用等方法来杜绝外挂现象已取得成绩，也值得其他企业学习。但针对现有的举报作弊功能并未分级，所有玩家举报都处于同等级人工审核状态，致使出现很多错封账号，封停又解封的平台失信事件。建议举报与游戏信用更严密挂钩，并在举报页面多加入人性化选项以及对举报者进行奖惩。只有把更合理的监督制度引入玩家手中，才会结束技术上的拉锯战。

（二）提升版权意识

提升版权意识任重而道远，首先是规范媒体及新媒体引导用语，加强对媒体平台监督检查，针对非法的"免费下载"予以纠正；其次是学校或公共组织可以加强版权宣传，组织主题活动，形成良好的社会氛围。

（三）法律制度的完善

我国网络游戏产业起步较晚，在未来网络游戏的相关制度中借鉴国际条约及其它国家的成熟立法经验十分必要。

计算机技术的进步促使软件行业准入门槛变低，在相关制度上可以指定如：开发技术标准，游戏安全标准等；另外可将动态游戏数据纳入保护，填补外挂软件篡改动态数据进行作弊，暂时没有法律制约的漏洞；在损害赔偿上应制定灵活的标准。在《著作权法》中法定赔偿设定了50万元的上限，对于外挂供应商动辄百万的收入来说不足以起到惩戒的作用。在未来我国著作权的损害赔偿标准尚需进一步完善。

参考文献

[1] 谭晓平, 李东泽. 连云港侦破公安部督办"绝地求生"游戏外挂案 [N]. 江苏法制报, 2018-04-27.

[2] 张燕. "吃鸡"混战背后的商机 [J]. 中国经济周刊, 2017 (45): 56-59.

[3] 莫昕楠. 网络游戏外挂灰色地带的暴利生意 [N]. 中国青年报, 2018-02-06.

[4] 张燕. 第二季度网游收入环比下滑 12.36% 股价较年初蒸发近 1.36 万亿港元 [J]. 中国经济周刊, 2018 (32): 65.

[5] 姜河舟. 关于网络游戏外挂中的一些法律问题思考 [J]. 法制与社会, 2014 (3): 69-70.

[6] 高海涛. 游戏外挂与反外挂技术的研究与应用 [D]. 内蒙古大学硕士学位论文, 2015 (5): 3.

[7] TOMsinsight 团队. 中国互联网地下产业链分析白皮书 [R]. 中国: TOMsInsight, 2016.

[8] 张书乐. 外挂战的实质是经济战 [N]. 人民邮电报, 2017-12-22.

[9] 张凤杰. 我国公众版权意识提升的目标设计与对策 [J]. 出版发行研究, 2016 (11): 65.

[10] 陈美艳. 论我国网络游戏著作权的司法保护 [D]. 吉林大学硕士学位论文, 2017.

[11] 李陶. 网络游戏外挂的著作权侵权责任研究 [D]. 南京理工大学硕士学位论文, 2013.

作者简介

张朦梦, 北京印刷学院经济管理学院企业管理专业 2017 级研究生。

黄孝章, 北京印刷学院经济管理学院教授, 硕士生导师。

出版业大数据平台体系建设研究①

赵红莹　黄孝章

摘要： 本文从报业和图书出版两个方面介绍了出版业大数据的应用现状，详细介绍了出版业数据的主要来源和分类，构建了出版企业大数据平台体系，对促进出版业大数据的发展和应用具有十分重要的意义。

关键词： 出版业；大数据；平台

一、出版业大数据应用现状

出版业大数据应用才刚刚起步，《人民日报》、浙江报业集团、人民出版社、知识产权出版社等少数出版企业在新媒体业务领域已经开始应用大数据技术。

（一）报业大数据应用

1. 《人民日报》大数据应用

人民日报社的人民网借助大数据技术可以实时分析出哪些省份上头条和头版次数最多，哪些企业和企业家最受《人民日报》关注，头版全年热词聚焦在哪些方面等，如图1所示。

2. 浙江报业集团大数据应用

浙江报业集团的媒立方项目通过互联网和大数据技术应用实现了媒体融合和创新发展，项目由内容资源库、用户阅读行为数据库、智能分析服务系统三个组成部分构成。

本项目通过对集团媒体资源、国内重要媒体数据资源和 UGC 资源的综艺整合，运用先进的大数据存储计算能力、自然语言分析以及机器学习等技术，建立一个完整的、专业的、易扩展、易管理、规范的内容资源库系统。系统收集集团内容产品线上用户的阅读行为，形成基于集团用户通行证标识体系和基于社会用户的阅读行为数据库。

① 基金项目：北京印刷学院项目：基于互联网思维的传统出版与数字出版融合发展研究。

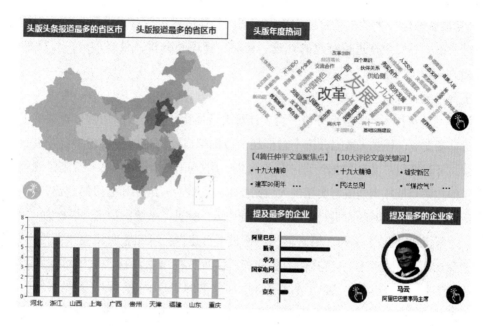

图1 人民网大数据技术应用

资料来源：根据人民网新媒体中心整理。

最后基于内容资源库和用户阅读行为数据库形成汇集多种智能分析服务的平台，融合在各类媒体形态的内容创作、发布、传播、评估等环节中，该平台相应的服务功能需同时具备集团媒体业务系统和外部机构用户对象的服务能力。

（二）图书出版业大数据应用

1. 人民出版社："党员小书包"大数据平台

"党员小书包"是以人民出版社出版权威的党的思想理论图书为主要资源，以大数据、云计算、移动互联网技术为支撑，以强化党员正面教育、加强理论学习、坚定理想信念为导向设计开发的信息时代新党员学习平台。"党员小书包"秉承互联网社交化、传播移动化、互动化的特点，将传统出版资源与移动互联网技术有机融合，具有移动阅读、在线学习、在线考核、在线交流、组织管理等特色功能；同时，PC端与移动终端双向融合，不仅可精准推送学习内容、为党员量身打造学习方案、按需提供个性化定制服务，还通过后台管理系统加强内容资源库与用户数据库的建设，实时记录党员的阅读学习行为，甚至能为党员考核、党组织建设提供权威准确的数据统计，全方位打造满足客户多样化、个性化需求的党员学习新平台，有效推动党建工作拥抱"互联网+"。

"党员小书包"大数据平台目前应用实践在"党员小书包"产品上，未来将逐步应用到人民出版社开发建设的中国共产党理论资源数据库、高校思政教育平台、党校理论培训平台等党建学习产品中，最终形成围绕理论学习的党建大数据平台。

"党员小书包"大数据平台在大数据方面的具体应用包括对终端用户的使用行为数据进行采集，并对数据进行有效的处理、存储、管理和分析，最终形成多维度的党员学习相关分析统计报告。

平台主要特点有：

（1）高校可拓展的大数据分析平台。针对大数据背景下的产品运营分析提供了一整套的工具端支撑，提供大数据分析平台框架。该框架成熟稳定，通过在用户方进行私有化部署，可帮助用户实现数据治理、行为分析、用户画像、用户触达、营销监测等具体业务工作。平台依托当前流行实用的大数据技术，支持所有组件和应用的"热插拔"，在平台后续业务有需求时随时进行新工具系统的引入，保证了系统的稳定升级能力。

（2）全面的大数据手机、管理能力。通过平台建设，可完整收集用户端行为数据，使用户保留再使用的可能，使其作为数据资产实现数据增值。这些数据可无缝和"党员小书包"服务平台打通，便于后续进行更加完整的用户画像，保证系统外延、升级能力。此外，还可以完成多资源数据整合，建立以用户为中心的统一视图，使原本处于不同层级的垂直业务系统实现串联，形成针对用户属性、行为的综合分析，为后续的标签画像、数据建模提供基础。

（3）丰富的标签画像能力。数据分析的目的在于进行精准的用户标签画像，进而针对不同的用户群体进行差异化服务，同时满足用户对自身管理的需求。平台提供了多种模型算法，拥有丰富的图形图表展现形式，支持多种屏幕的展示，能够满足多种统计分析需求，提升了"党员小书包"管理和考评应用效果。

"党员小书包"大数据平台的体系结构如图2所示。

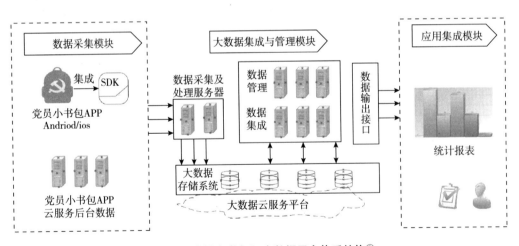

图2 "党员小书包"大数据平台体系结构①

---

① 张立，介晶，梁楠楠等．坚守与变革？遭遇大数据时代的传统出版业［M］．北京：社会科学文献出版社，2018．

2. 人民法院出版社：法信大数据平台

"法信"大数据平台全称是"法信——中国法律应用数字网络服务平台"。它是中国首个法律知识和案例大数据融合服务平台，于2016年3月31日在中国最高人民法院上线。该法律数字平台为法律人提供"一站式"的专业知识解决方案和类案剖析同案智推服务，并向社会大众提供法律规范和裁判规则参考。"法信"平台由最高人民法院立项开发，人民法院出版社承建，历时三年研发而成，2016年3月31日上线。"法信"平台囊括"法律观点、法律图书、法律期刊、法律文件、司法裁判、案例要旨"六大资源库，最大限度地汇聚法官审判办案时所需的法律文献。尤其是配备"同案智能推送"技术，法官可以快速参考同类案件，为办案提供"一站式"参考。"法信"平台下设六大资源库包含55个子库，总文献数达2000万篇，总字数达100亿字，是目前中国容量最大的法律应用知识资源库。

二、出版业主要数据来源与分类

（一）出版企业数据来源

出版企业数据来源包括企业内部数据和企业外部数据两部分。如图3所示，企业内部数字是指企业可控制和管理的数据，包括企业自营平台数据、自营天猫和淘宝等网店数据、企业微信公众号和小程序数据、企业微博数据、企业APP数据、直销数据、内部业务数据和内容资源数据等，企业外部数据是指企业不可控制的数据，主要包括政府数据、发行机构数据、电商企业数据、互联网合作渠道数据和数据公司数据等（如图3所示）。

（二）出版企业数据分类

出版企业的数据可以分为以下五种主要类型：

（1）政府管理数据。主要包括选题管理数据、CIP数据、ISBN数据、市场监管数据和CNONIX平台（建设中）数据等。

（2）企业基础数据。主要包括人员、部门、分支机构、固定资产、工商注册、税务登记、发展历史等数据。

（3）产品数据。主要包括图书数据、报纸数据、期刊数据、音像制品数据和数字出版产品数据等。

（4）业务数据。指出版生产各业务环节产生的主要数据，包括选题、出版合同、出版物生产加工、发行、采购、订单处理、发货、配送、储运、退货、结算、版权交易、音视频点击和播放等数据。

（5）用户数据。包括用户属性数据、用户行为数据和用户关系数据等。用户属性

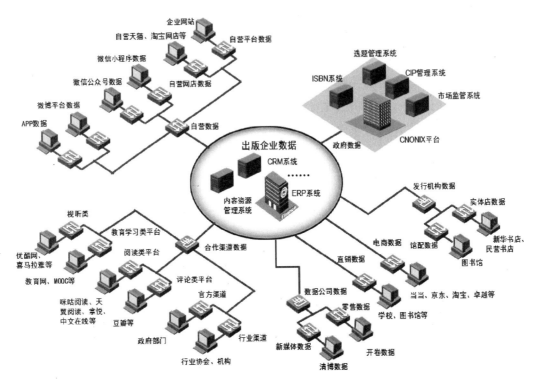

图3　出版企业数据主要来源

数据包括用户 ID、姓名、性别、年龄、职业、学历等数据，用户行为数据包括用户浏览、点击、行为路径、阅读、评论、转发、分享、下载、点赞、收藏、阅读内容、阅读方式、阅读时长、阅读时间段、阅读偏好、阅读地点、阅读工具、支付方式、购买能力等数据，用户关系数据包括邮箱、QQ、微信、微博、联系电话等数据。

三、出版业大数据平台体系结构设计

出版业大数据平台体系结构如图 4 所示，主要包括数据产生层、数据交换层、数据存储层、数据应用层、用户访问层和数据管控层。

（一）出版业大数据平台数据产生层

数据产生层主要是为平台提供源数据，主要包括企业内部数据和企业外部数据。企业内部数据包括内部结构化数据、非结构化数据和内部资源数据。内部结构化数据主要包括日常的业务数据，如出版数据、印制数据、发行数据、库存数据、结算数据、微博营销数据、微信营销数据、自营网店数据等结构化数据，存储在关系型数据库中。企业内部非结构化数据主要包括企业日常业务处理过程中产生的非结构化数据，存储形式多样，主要包括用户访问日志、用户投诉、用户点评、客户服务记录、会议纪要、相关文件等。

内部资源数据主要包括企业的数字内容资源数据，如内容产品的元数据、图片、文字、音视频、试题、课件等资源数据。企业外部数据主要包括政府主管部门 CNONIX 平台数据、政府监管部门数据、合作伙伴提供的业务数据、互联网数据运营企业提供的产品运营数据及可以从互联网获取的有关数据等。

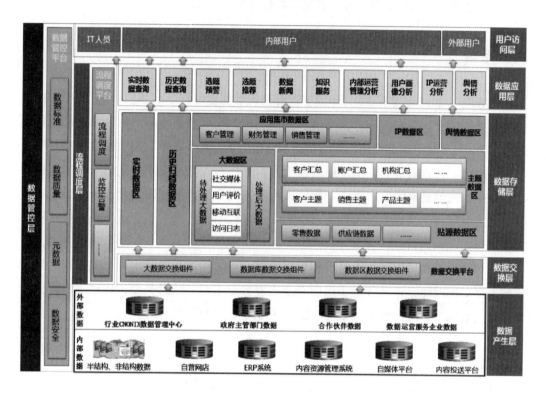

图 4 出版业大数据平台体系结构

（二）出版业大数据平台数据交换层

数据传输组件本质是通过分析数据存储结构和数据存储库的特点来有针对性地设计工具，是根据数据源存储的不同类别而设计的，用以追求卓越的性能。

数据交换层的设计目标主要有以下四个方面：

（1）保证数据在平台内交换快速。

（2）保证数据交换过程中不丢失、不出错。

（3）保证数据交换过程中不失真。

（4）保证数据交换过程安全可靠。

（三）出版业大数据平台数据存储层

数据存储层主要是根据数据访问需求从数据用途、数据模型保留周期、用户访问模式、工作负载等方面规划各区数据的存储模式。

（四）出版业大数据平台数据应用层

数据应用层的功能就是以多种展现形式满足各层级用户的数据应用需求。如选题预警、选题推荐、知识服务、数据新闻、舆情分析、IP 运营分析等。

四、结语

国务院于 2015 年 8 月 31 日印发了《促进大数据发展行动纲要》，在党的十八届五中全会上，进一步提出要在"十三五"期间实施国家大数据战略。中共中央政治局在 2017 年 12 月 8 日下午就实施国家大数据战略进行第二次集体学习时，中共中央总书记习近平指出：大数据是信息化发展的新阶段；要推动大数据技术产业创新发展；要构建以数据为关键要素的数字经济；要运用大数据提升国家治理现代化水平；要运用大数据促进保障和改善民生。大数据已上升为国家战略，已成为各行业、各领域高质量发展的新动能和创新驱动的新引擎。

出版业大数据应用还处于起步和探索阶段，本文阐述了我国出版业大数据的发展现状及存在的问题，详细分析了出版企业主要数据来源、数据类型，构建了出版企业大数据平台体系，对促进出版业大数据的发展具有十分积极的意义。

参考文献

［1］徐立萍. 出版业大数据研究的困境与破解［J］. 出版发行研究，2017（6）：40-43.

［2］徐曼. 出版行业对大数据的应用思路探析［J］. 出版广角，2017（17）：45-47.

［3］冯宏声. 大数据时代——新闻出版业如何跟进［N］. 中国出版传媒商报，2016-09-09.

［4］张瑞敏. 大数据时代网络意识形态治理的机遇与挑战［J］. 石油大学学报，2018（2）.

［5］张新新. 新闻出版业大数据应用的思索与展望［J］. 科技与出版，2016（1）.

作者简介

赵红莹，北京印刷学院经济管理学院 2018 级会计专业硕士。

黄孝章，1964 年出生，北京印刷学院经济管理学院信息管理系教授。

北京餐饮老字号品牌全聚德的互联网传播路径分析

王慧群

摘要： 面对互联网的快速发展和自身转型压力，北京餐饮老字号品牌全聚德决定做互联网转型的"排头兵"，发布了"互联网+"战略，利用网站、自媒体、手机 APP 以及第三方 O2O 平台等新媒体工具去拥抱互联网、拥抱年轻人，走出了互联网转型的第一步。本文主要针对全聚德的互联网传播路径进行分析，探索老字号"全聚德"在新时代如何与时代接轨，如何借助互联网进行传播。

关键词： 全聚德；老字号；互联网传播；品牌传播

一、新时代下老字号面临新挑战

北京城拥有着漫长的历史，在其发展过程中很多老字号品牌产生并保留了下来，北京老字号协会在 2014 年公布了包括全聚德、吴裕泰、稻香村、中国照相馆等在内的第一批获得"北京老字号"认证的 145 家企业。随着时代变化，现代市场和消费环境也不再相同，一些头顶光环的北京老字号企业经营状况逐渐恶化，老旧的产品与传统的经营方式无法适合消费者日益变化的习惯。目前，北京老字号企业的整体状况呈现出严重的两极分化状态，除一小部分企业发展态势良好以外，绝大多数的老字号企业面临着生存和转型困境。

面对互联网浪潮，全聚德在 2016 年 4 月 12 日在北京举行了"互联网+"战略发布会，决心利用互联网工具和互联网思维全面拥抱互联网、拥抱年轻人。根据 2017 年 1月 22 日中国互联网络信息中心（CNNIC）发布的第 39 次《中国互联网络发展状况统计报告》显示，截至 2016 年 12 月，中国网民规模达 7.31 亿，互联网普及率达到53.2%，过半数中国人已接入互联网，规模已经相当于欧洲人口总量。同时，移动互联网塑造了全新的社会生活形态，"互联网+"行动计划不断助力企业发展，互联网对于整体社会的影响已进入新的阶段。互联网的发展势头和影响范围的不断扩大，使这些传统老字号也面临着网络时代的冲击，如何在新媒体时代实现互联网转型也是老字号品牌现如今不得不思考的问题。面对这样的形势和趋势，全聚德勇敢"走出"转型的第一步，成为老字号界"互联网+餐饮"的旗帜。

二、全聚德的互联网传播路径分析

2016年4月12日，老字号品牌全聚德在北京发布"互联网+"战略，将利用现有老字号品牌、完整的供应链体系等资源，从经营产品、经营门店到启动用户经营计划，利用互联网工具和思维全面拥抱互联网。全聚德集团"互联网+"战略的新闻发布会昭示了其互联网转型的决心和努力。

互联网转型过程中，全聚德还成立了专业运营服务公司——北京鸭哥科技有限公司（以下简称鸭哥科技），是全聚德实现互联网化的专业运营公司。鸭哥科技于2015年10月15日，由中国全聚德集团与重庆狂草科技有限公司共同投资在北京成立。全聚德通过成立这一专业运营服务公司来做运营进而实现互联网化，打造"互联网+全聚德"的新产品、新品牌、新业态和新模式。全聚德通过鸭哥科技这一专业公司实现互联网化，通过技术的改良，依托特色菜品，是其能够进行互联网转型的重要路径。

（一）完善官方网站，提升传播效率

企业建立自己的官方网站，开辟自己的网络传播阵地，已经是信息化社会企业传播趋势的主流。作为传统的老字号餐饮品牌，企业网站是实现互联网转型的第一步。经过几年的建设，全聚德对于官方网站的建设已经初见成效，相比原版增添了更多内容和功能，极大地提升了传播效率。

首先，网站框架有所完善。全聚德集团自己的官方网站（http：//www. quanjude. com. cn/firstPage/loginFirst. do），由中国全聚德（集团）股份有限公司运行，通过自己的官网进行全聚德的信息发布、传播，为了迎合互联网的发展，还增添了互动交流和网上订餐的功能。这一页面是目前全聚德官网相对稳定的版本，在框架上相对单一的信息发布有所完善，实现了信息发布、企业宣传、品牌传播、网上订餐、交流互动等全方位的功能。

其次，网站内容有所充实。主要以传播"全聚德"这一老字号品牌形象为主要内容。既有全聚德的最新新闻和营销活动的发布，也有品牌文化和品牌故事的介绍，还有大师厨艺和一些视频的展示，通过这些内容让受众更加了解全聚德这一老字号品牌，加上网上展览馆板块对全聚德方方面面的展示，从而加深受众对品牌的认知，能够促

使消费者产生一定的情感共鸣和消费诉求。

最后，网站功能有所突破。为了迎合互联网的发展和消费者日益丰富的用餐形式，全聚德在官网上专门设置了在线订桌和网上订餐的版块，满足消费者的多种需求。除了这两个专门版块之外，还在首页设置了两个游动条幅，可以直接点击进入在线订桌和网上订餐的页面。同时，首页导航栏设置会员之家和员工之家的版块，这是全聚德在官网为其会员和员工提供的一个版块，这一版块的设置也能体现其以人为本的理念。

（二）运营自媒体平台，丰富传播内容

互联网的不断发展，新媒体的形式层出不穷，越来越多的企业都会发展自己的新媒体平台。除了官网之外，微博、微信平台等自媒体平台也成了企业进行品牌传播的必争之地，众多品牌也纷纷开通运营自媒体平台，通过发文互动聚集人气，开辟了企业传播的新战场。走在互联网转型前面的"全聚德"在自媒体方面也没有落后，前后开通了多个微信公众平台及微博账号，通过对这些自媒体平台的运营，对自身影响力的提升以及老字号品牌的传播起到了一定的正向作用。

1. 运营新浪微博

目前微博领域以新浪微博使用最为广泛，这其中关于"全聚德"的微博有很多，有官方运营的，也有自发非官方运营的，主要可以分为五种，全聚德股份官微、微博"全聚德小鸭哥"、各分店官微、全聚德个股微博以及非官方的全聚德员工贴吧微博。

官微"全聚德股份"是中国全聚德股份有限公司的官方微博，经过微博官方认证，2013 年 6 月 28 日正式开通并发出第一条微博，目前有粉丝 17093 位。从目前情况来看，发文周期不固定，发布内容也比较庞杂，包括企业荣誉活动和近期优惠活动和动态（新店新产品或分店动态）等，转载其他分店官微内容，也转载其他不相关内容。通过微博举办节日营销活动、"'五一'阿德带你逛北京""小饮茶会走进老字号全聚德"等主题活动。

微博"全聚德小鸭哥"是全聚德外卖品牌小鸭哥的官方微博平台，于 2015 年 8 月 14 日开通，相对于全聚德官微，这一为互联网而生的品牌微博发文频率相对较高，更善于结合一些热点事件进行造势和互动。

除了上述两个，全聚德的每一个分店都有自己的分店微博，包括王府井店、和平门店、亚运村店等，还有全聚德澳洲店等海外店铺的微博，这些微博运营情况不一。同时，全聚德个股微博"全聚德-sz002186"以及全聚德员工贴吧微博也都在运营之中。

2. 运营微信公众平台

结合新媒体的发展，全聚德也开通了其微信公众号。微信平台的情况跟微博相似，有全聚德股份、全聚德智慧餐饮（原小鸭哥）、全聚德会员中心几个账号，以及几个分店都有自己的微信平台。

全聚德股份是全聚德集团的官方认证服务号。下方自定义菜单"全品牌""聚快捷""德实惠"三个板块，既介绍了全聚德的相关信息，也有网上订餐的快捷功能，还有优惠信息的推送，同时首字合起来组成"全聚德"这一品牌名称，为受众塑造了立体形象。基本保持一周推送一次消息，每次 3~5 条消息，内容以全聚德的新闻、优惠活动等最新动向为主。

全聚德会员中心是全聚德针对其会员设置的微信公号，可以申请会员、绑定实体会员卡、查看门店信息等，推送消息的频率、内容和时间都与全聚德官微相同。

全聚德智慧餐饮，全聚德小鸭哥的官方微信，原名"全聚德小鸭哥"，经过两次更名，最终确定当前名称。2016 年 10 月 13 日完成微信认证，鸭哥科技有限公司。这一账号除了信息发布之外，还有外卖等延伸服务，完全贴合互联网发展，推送内容以"原创+热点"为主要模式。

与微博相同，几个大的分店都运营自己的微信平台，为官方认证的订阅号。

3. 开发手机 APP 改善传播体验

移动互联网时代，智能移动终端不再只是一种沟通工具，它更像是一种生活方式，一部智能手机可以满足你方方面面的需求。基于智能设备的发展诞生了很多终端应用，即手机 APP。随着移动网络和智能终端的快速发展和迅速普及，企业 APP 作为一种崭新的企业营销和品牌传播手段逐渐受到青睐。

为了加快网上订餐及外卖服务的扩散和发展，全聚德开发了手机订餐 APP，针对不同的智能手机操作平台，分别开发安卓版本以及 iOS 版本。但是由于技术问题，iOS 版本一直无法下载成功，成为手机 APP 发展目前最大的问题。以安卓版为研究对象，全聚德手机 APP 的功能单一，只供订餐使用。全聚德通过 APP 将餐饮服务融入智能终端和移动网络，使消费者能够随时随地享受方便快捷的餐饮服务，也同时使企业建立起与消费者互动、有效提升品牌影响力的平台。

4. 强化业务合作，打通第三方传播渠道

在用户经营方面，为了适应用户日益增长的需求，全聚德及时推出两个全新的业务板块——外卖和电商，相关报道显示其外卖业务达到 98% 的好评率，同时电商业务也在现有传统模式上进行创新，充分将用户和产品连接起来。

（1）与第三方支付合作。在移动网络时代，餐饮企业要实现"互联网化"，与新时代接轨，自然离不开移动支付。作为支付宝等第三方支付重点发力的生活服务领域，餐饮业正逐渐接入这些新方式，移动支付已经日渐成为潮流。

2015 年 8 月 12 日，全聚德与支付宝达成全面合作，正式入驻支付宝"商家"频道，同时全聚德旗下在北京、上海等地的 38 家门店支持支付宝付款。接入支付宝后，工作效率明显提升，还有效地减少了消费者的结账等待，这对于生意火爆的老字号全聚德来说很重要，能够有效提升顾客的消费体验，还经常参与一些买单"随机立减"的活动，这样一来能够更加直接给予消费者便利和优惠，让消费者切实感受到这个百年老字号转型的诚意。除了支付宝之外，全聚德还接入了微信支付、银联"云闪付"等其他移动支付方式。随着2016年初Apple Pay在中国的推行，非接触式支付方式因其便捷和安全等特性在国内广泛传播开来，全聚德也紧随其后，不断接入这些新兴的支付方式，通过这些来提升自己的影响力和传播面。

（2）与餐饮O2O平台合作

1）接入大众点评。大众点评是国内领先的城市生活消费平台，也是独立的消费与点评平台。依靠移动网络、信息技术和线下服务能力，大众点评覆盖了餐饮、娱乐休闲、酒店、亲子、丽人等几乎所有本地生活服务行业。根据此前的观察与调研，全聚德的分店都入驻了大众点评，除了查阅店铺信息、评分等，通过这个平台还可以实现在线订桌、手机买单、享受优惠服务等便捷功能。

根据官方数据，截至2015年第三季度，大众点评月活跃用户数超过2亿，点评数量超过1亿条，大众点评月综合浏览量（网站及移动设备）超过200亿，其中移动客户端的浏览量超过85%，移动客户端累计独立用户数超过2.5亿。巨大的流量可见其影响力，全聚德入驻这一平台就能够借助平台影响力实现自身信息的扩大传播。

2）入驻外卖平台。除了"小鸭哥"的微信平台之外，全聚德外卖还选择了与百度外卖合作的形式联手打造其外卖生态系统。基于互联网的外卖服务是店面消费的重要补充，能够满足消费者"懒"却"想吃"的需求，而且这一消费群体相对年轻化，通过"互联网+"的转型升级，能够打开一片新的增量市场，可以说，这一业务的开发是大势所趋。也将成为老字号品牌全聚德华丽转身的重要一步。

（3）与电商平台合作。随着网购逐渐成为青年人的购物首选方式，老字号品牌"全聚德"也趁势搭上电商快车。目前，全聚德在天猫商城、京东、1号店、央视网等一些知名电商平台开设了网上销售店铺。其中，天猫全聚德北京专卖店更是由全聚德仿膳食品公司直接管理运营的网上旗舰店。与传统店面对比，全聚德电商最大的优势就是广泛的辐射面和便捷的购物流程。全聚德电商专卖店能够实现全国配送，只要接入网络，消费者都可以购买品尝到全聚德美味。

全聚德与这些知名电商平台合作，能够实现多点多面、辐射全网，使得全国顾客都能便捷并且放心地通过网络渠道购买全聚德的产品，这也无疑扩大了全聚德的品牌辐射范围，使这一北京特色食品超越空间限制，走向全国，甚至以后能够远销海外，争取更大的市场。根据全聚德2015年年报得知，2015年全年，线上平台累计发货额3414.60万元，同比增长44.76%。[①]

---

① 中国全聚德（集团）股份有限公司2015年年度报告［R］.2016（3）.

5. 与世界接轨，开拓国际化传播

互联网的发展打破了传统的时空界限，也就使得这些当地的老字号"走出"区域、"走出"国门成为可能。面对这一趋势和优势，全方位发展，努力与世界接轨，不断开拓，逐渐打开国际化传播的大门。首先，互联网时代设计新标志。为了推进全聚德的国际化进程，全聚德集团发布了全新标志。与原来的标志相比，新标志更利于互联网时代企业文化的国际化传播。新标志文字部分不仅有汉字标识，也加入了英文标识，这一做法不仅符合国际惯例，而且显示了企业进军国外市场的雄心壮志。图案部分巧妙地将"CHINA QUANJUDE"的首字母嵌入其中，简洁大方。同时，图案中的两个英文字母"D"是烤鸭英文名"DUCK"的缩写。整个图案还是"中"字的拉伸和变形，象征着全聚德在国际化进程中将秉承中华传统餐饮的特色和优势，成为中国餐饮进军世界的桥头堡。图案也是两只紧握的手，象征着在国际化进程中，全聚德与世界其他企业合作的意向和诚意。图案是数学符号无穷大的变形，象征着企业在全球化过程中的无限机遇，也展现了企业面对广阔国际市场的勃勃雄心。图案里还包含了数字"1"，显示出企业做国际一流餐饮企业的决心。同时，图案的整体形象还是一条中国龙，将中华文化的图腾融入企业标识是一项创举，体现出企业做中国特色餐饮的意识以及代表中国餐饮走向世界的志向。

其次，借助奥运会拓宽国际化传播广度。奥运会是世界级的盛大体育赛事，全聚德紧紧抓住了奥运会这个难得的品牌传播和营销机会，将中国餐饮推介给外国贵宾。尤其是 2008 年的北京奥运会，全聚德作为餐饮界的中国选手，深入地参与其中。接待奥运评估团、创建奥运主题餐厅、烤鸭进入奥运会菜单，这一系列的创举为全聚德赢得了良好的国际声誉。在之后的伦敦、里约奥运会中，全聚德作为中国餐饮代表企业也深入参与了奥运会的后勤保障工作。通过奥运会，让全聚德品牌走向世界，让世界了解全聚德文化。

同时，努力与世界标准接轨，逐渐走入国际视野。全聚德一直有国际化视野，现如今，全聚德品牌已经得到 100 多个国家的认可，这是全聚德进入这些国家的前提和保证。同时，企业修炼内功，优化供应链和配送系统，按照国际标准进行管理，已经通过了 ISO9001 质量体系的认证。全聚德的品牌价值也得到了国际的认可。2005 年，

世界品牌实验室对全聚德的品牌价值估值超一百亿元；2007 年，在亚洲品牌盛典中，全聚德成为唯一一个进入亚洲品牌 500 强的餐饮企业；2015 年，全聚德烤鸭作为北京餐饮文化的唯一代表入选并在米兰世博会亮相，在中国馆"民以食为天"板块，通过挂炉烤鸭技艺泥塑展示、文字介绍、视频传播、全息投影等技术和手段进行陈列展览，在国际市场传播了良好的品牌形象。除此之外，全聚德还积极参与国际化的跨界营销，曾经联手好莱坞级别动画电影《蜡笔总动员》，通过娱乐化的方式来对中华老字号品牌文化进行弘扬和传播，为品牌实现国际化做出贡献。

三、全聚德互联网传播初见成效

（一）"互联网+"战略优势明显

全聚德在北京发布"互联网+"战略，推出了基于互联网发展的全新业务板块，从企业战略的高度着手，旨在打破传统门店经营受制于时空的局限，其实质就在于回归到用户经营的层面。这个变化不仅是经营方式的转变，更是思维模式的升级，这个转变的背后，全聚德要做的事情是如何把现有的每年几百万进店消费的顾客转化成用户。全聚德已经有超过 20 万的会员，随着"互联网+"战略的落地，门店的价值将会被重新定义，不仅是实现经营收益的场地，更是获取用户的场景。通过这些，用户会对全聚德的产品、服务乃至品牌文化产生很直观的感受，这对后期的用户转化十分有效。因此，我们将全聚德的"互联网+"战略称为一次传统企业在思维方式的变革，这是其他老字号餐饮没有做到的事情，也成为全聚德在互联网时代独特的优势。

（二）充分利用各种网络传播形式

新媒体是伴随网络、移动、数字等技术的快速推进以及在智能移动终端的运用衍生的各种新型媒介形式。新媒体在网络技术的基础上不断延伸，又诞生了各种不同的新媒体运用，微博、微信、二维码等，新形式可谓层出不穷。全新的网络传播形式为品牌带来了质的变化，使传播能够完全突破时间和空间的限制，企业的品牌传播在新媒体的推动下也在不断适应新情况，企业纷纷借助这个全新的媒介平台，为自己的品牌传播插上翅膀。紧跟潮流的全聚德也在充分利用各种网络形式实现了其互联网转型。官方网站、微博、微信、手机 APP 以及其他第三方传播渠道的综合运用，充分发挥不同媒体的不同优势，达到传播效果最大化。

（三）有效扩大自身影响力和口碑

在传统媒体环境下，企业只能以单向传播的模式进行品牌传播，受众接受信息是被动的，企业通过传统的媒介形式传递商品信息和企业文化，将这些内容直接灌输给消费者。在当今全新的媒体环境下，品牌传播转变为包括论坛、企业微博、微信平台、体验互动等活动的多向传播。深刻的品牌体验在消费者互动参与的过程中更易形成，继而自发地在社交圈传播开来，这样就有了对品牌的二次传播，最终实现品牌影响力的扩大。

全聚德能够综合各种新媒体形式的特性，利用二维码、手机应用程序与智能终端相结合，使品牌传播跨越时空的局限；利用大数据和借势营销，聚焦受众的关注点；利用网络社交渠道以及口碑传播对品牌印象进行优化，促进消费者对品牌进行自主传播；利用体验和互动的营销方式培育品牌忠诚度，从而有效扩大自身影响力和传播度。

参考文献

［1］赵妍妍. 移动互联网时代北京餐饮老字号的品牌传播［J］. 青年记者，2015（8）.

［2］肖洁. 对北京食品老字号视觉品牌策略的思考［J］. 青年记者，2015（9）.

［3］张宇. 北京老字号品牌策略研究［J］. 企业经济，2015（6）.

［4］陈刚，沈虹，马澈等. 创业传播管理——数字时代的营销革命［M］. 北京：机械工业出版社，2012.

［5］蒋哲. 中华老字号品牌国际化问题研究［D］. 首都经济贸易大学硕士学位论文，2009.

作者简介

王蕙群，北京交通运输职业学院宣传中心。

后　记

　　《北京文化产业与出版传媒研究报告（2018）》的出版得益于北京文化产业与出版传媒研究基地各研究人员的赐稿并反复修改，基地办公室工作人员在组稿、评选、多方沟通方面做了大量的工作。本书出版得到了北京文化产业与出版传媒研究基地平台建设的经费资助，得到了北京印刷学院经济管理学院和新闻出版学院以及学校相关学院老师的大力支持，得到了经济管理出版社编辑任爱清老师的鼎力扶持，在此一并表示感谢。今后北京文化产业与出版传媒研究基地将聚焦、服务北京文化中心建设及国家和北京市出版传媒产业的转型升级发展，明确研究方向，针对北京文化产业发展重大需求和关键问题开展跨学科研究，形成更多具有影响力的研究成果。本书中难免存在不当和疏忽之处，敬请各位专家和广大读者不吝指正。